上海一條馬路上的中國夢

STREET OF ETERNAL HAPPINESS

Big City Dreams Along a Shanghai Road

史明智——著｜葉佳怡——譯
Rob Schmitz

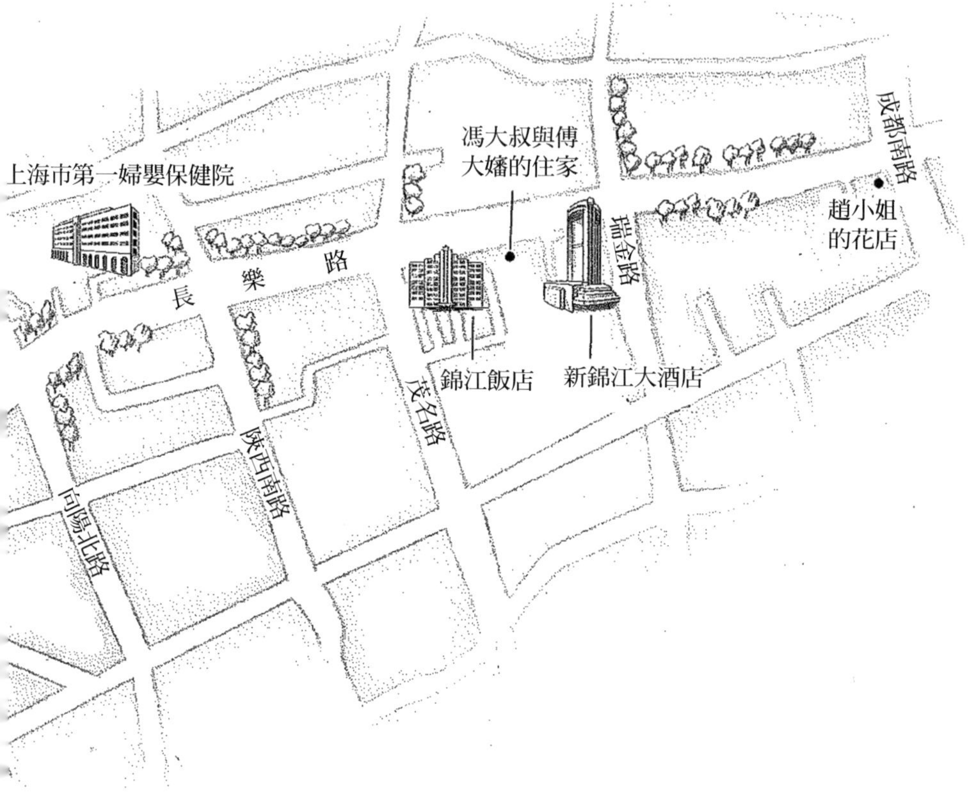

上海市第一婦嬰保健院
長樂路
馮大叔與傅大嬸的住家
成都南路
趙小姐的花店
瑞金路
錦江飯店
新錦江大酒店
茂名路
陝西南路
向陽北路

黃浦江
上海
長樂路
法國租界

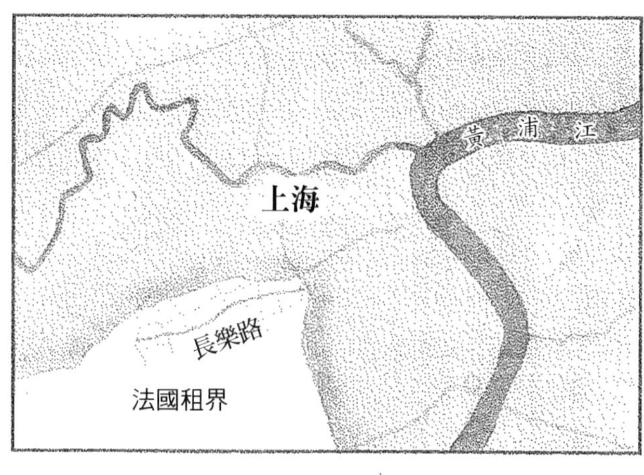

長樂路

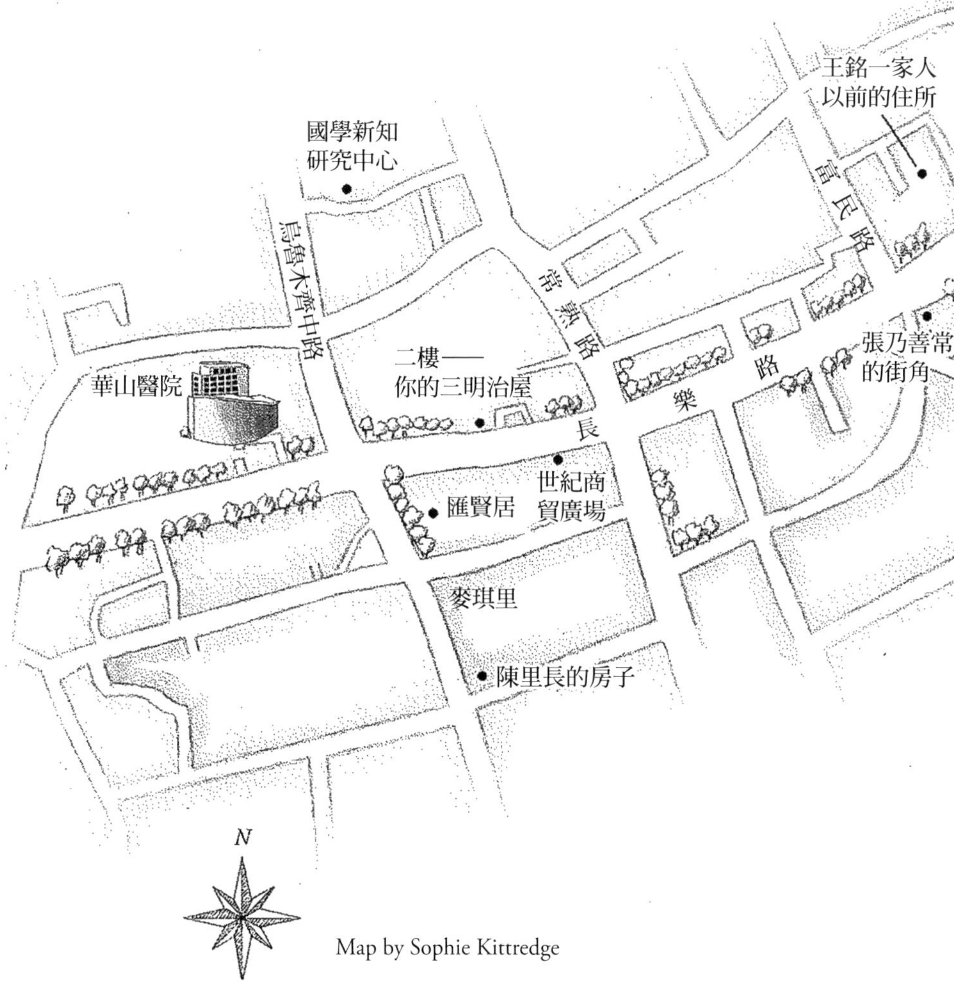

Map by Sophie Kittredge

目次

導讀

一條路說出當代中國社會的故事

白曉紅／獨立記者

過去十年來，每回到中國都觀察到，人們的自信心愈來愈強厚。這種自信心有時是以反帝的歷史觀展現出來，而有時更是以發展成頗具侵略性的民族主義情緒表達出來。記得六年前在從北京前往烏魯木齊的火車上，幾位中國人高談國際政治。一位年輕人就對中國與東南亞國家關係發表己見，認為中國要「強硬」才好。他忿忿地說：「我們今天可以抬頭挺胸了，今天的中國不一樣了。中國崛起了。」

「中國崛起」的期望，在習近平的「中國夢」口號下，得到最全面的發揮。由國家來談夢想，那這夢想就必須是普遍、全面的了。它就必是「整個中華民族的復興大業」了。而這「中國夢」對中國人民具有什麼意義呢？它究竟代表了誰的夢想？

史明智所著的這本《長樂路》，就是以中國人民的聲音，來探索國家標榜的「中國夢」意義何在。史明智以自己從二〇一〇年以來居住上海的時間裡，在生活周遭所做的觀察體驗，著寫成這本真真實實，第一手的報導文學，可說是當代中國人民生活的縮影故事。他的人物集中在他和家人居住六年的長樂路上，也就是過去屬於法國租界、故事豐富的一條路。

《長樂路》可被看作過去十年西方出現書寫中國趨勢的一部分：以顯微鏡式的書寫，呈現大社會。它將視角集中在一個社區，一條馬路，從個人的成長和奮鬥經歷，來呈現社會變遷，突顯個人發展和大體制之間的關係。《長樂路》書中人物來自各行各業，他們在時代變遷和國家體制之中求生存，求進展。他們的個人期許和夢想在體制中不斷受挫、妥協、扭曲，但仍必須繼續走下去。

《長樂路》的故事道出了這個城市在改革開放下的變化，而這些變化並不代表著進步。上海自一九九〇年代就已由建築業改頭換面了，人民的住宅，地方政府想拆就拆，既然土地是屬於國家的，要拆房做任何開發改建，人民除了小規模的抗議也束手無策。地方政府就這麼靠著一批批的建築計畫賺錢，地方官富了，開發商富了，給居民一點補償就了事。不願被拆房的，下場有目共睹：被威脅、暴力對待，甚至喪命的都有。

《長樂路》裡，史明智居住的樓房地點，就曾有一對老夫妻，因為拒絕搬遷，而遭開發商雇來的流氓縱火致死。官商共利體系導致的這場無人聞問的悲劇，在史明智筆下不斷與國家的「街道精神教育」對立著：「城市，讓生活更美好」和「文明」標語充斥在公共廣告空間裡，要求人民共同為「塑造文明城市」來努力。每有重要節日，地方政府更是加強精神教育，比如在博覽會數月前，全市民都收到了厚達兩百多頁的「禮儀小冊」，督促大家「做可愛的上海人」，其中指南包括如何剪髮，如何吃西餐。這是《長樂路》上不時出現的悲鬧劇，或者說，以鬧劇（「街道精神教育」）來道出悲劇（人民死亡）。

國家的「中國夢」是不是人民的夢，在中國城市裡的上億民工那裡，最能得到答案。「中國夢」要達到理想小康社會，它的一環，就是要控制城市化。對中國當政者來說，「城市人口要是沒管理好，那國家就亂了」。三十年來的改革開放期間，許許多多農民都決定離鄉到城裡改變自己和家人的生活。中國向世界市場開放後，本國發達起來的各項製造業都需要勞工，當農村男女來到都市謀生時，像上海這樣的城市也成了世界工廠。《長樂路》裡最突出的人物之一，就是來自山東一個礦村的趙小姐。她和上百萬農村人一樣，心滿憧憬的來到上海，這個對她來說連名字都美的地方。

而上海並非她夢中那個美好城市。在一家電子工廠的流水線上吃了兩年苦後，老闆開除了當時三十一歲的趙小姐。他的理由是，她年紀太大了。哭求一番也沒用，工廠政策是女工一到二十五歲就得走人。哪裡有什麼法規來規範這些工廠的聘用規則和勞動條件呢？國家政策關心的，是要維護這樣的體制：農村來城裡工作的，只得販賣最廉價勞力，不可享有任何城裡人享有的權利。

在戶口制度下，趙小姐的孩子不能在城裡就學，成了「留守兒童」。「留守兒童」占中國兒童人口的五分之一。趙小姐將大兒子帶到城裡，想讓孩子努力學習，在上海長大。但校方知道他的戶籍後，他必須立即停學，回到礦村裡。她的二兒子因母親遠在上海，長期無人照顧關心，個性自閉，精神焦慮。

在中國探訪期間，我曾看到許許多多農民工帶在身邊的子女，在大城市裡無法享有平等的教育權，不被學校接受，不能入學，只能在農民工社區裡自設的、設備缺乏的學校裡上學。比如在北京期間，曾看到這些自發的農民工子女的學校被一一關閉，因為他們不合建校規範。而民工子女無處就學，因為國家不給他們平等教育權。這些孩子的福利和個人發展，不是中國大夢關注的。他們只能在體制的縫隙間求自保。曾有位在北京討生活的民工對我說：「我們都是在同一個天空下生存，為什麼我們沒有和他們同樣的權利？」

《長樂路》裡的趙小姐問著同樣的問題。她和她的孩子長年體驗到什麼是「城市暴力」：就是在城市裡國家政策造成的社會隔離。她知道，對她這個階級的人來說，夢想的實現，必是得吃苦一輩子才能掙得的。或甚至是吃苦一輩子也掙不得。農民的身分，在中國是從未改變的，不論中國怎麼變，怎麼崛起，怎麼強大。身為農民，就算在城裡奮鬥一輩子，還是農民。《長樂路》裡道出她不服輸的精神，她與體制搏鬥的故事。

史明智以他切身的觀察和細膩的文字，描繪出許多中國人民的夢想。《長樂路》記錄的不只是一條馬路上的故事，而是當今中國社會的故事。它是對統治者塑造的「中國夢」做出的一份深切的質疑和批判。

第一章 CK及體制

——長樂路八一〇號

長樂路長約三公里，當交纏的路樹枝枒在冬日落光葉子，你就能穿過枝幹看到遠方這座城市著名的天際線：金茂大廈、上海環球金融中心、上海塔，這三大巨人矗立在比鄰的幾個街區，每一棟都比紐約帝國大廈高。

路樹底下的人們卻忙到無暇欣賞此景。在長樂路中段的上海第一婦嬰保健院裡，許多新生兒展開了人生的首日；長樂路西側的華山醫院急診室中，許多人則度過了人生的末日。兩院間的這段路上，則是形形色色的生活：一個蓄鬍的乞丐坐在街邊吹竹笛，情侶手牽手經過他，一堆車子被堵住，圍著兩個男人按喇叭，那兩人互啐口水爭論到底誰撞到誰，穿制服的學生聚在一旁圍觀，一個拄著拐杖的老婦人為了荔枝的價錢嫌惡地吼著一個小販，至於其他區段則是被川流不息的人潮推著走，不時傳來肉包攤的鹹香及車流廢氣的苯甜味。生活在這裡是喧鬧、髒亂，又生猛的。

地圖上的長樂路不過是上海中心位置的人民廣場西南側一條彎曲的細線。我家就位於細線的西側。從我家望出去便見樹冠，兩層樓高且幾乎終年成蔭。這些樹是底下唯一立定不動的生命。有許多早晨我繞著這些樹幹迂迴前進，從人行道走上路面再回來，身處爭搶樹蔭的行人之列。

中國少有街道像這裡一樣種滿路樹。到了週末，當地工人的擾攘為中國各地的遊客取代，他們用長焦鏡頭捕捉這兩排枝幹，欣賞其中的異國風情。這些樹在十九世紀中期由法國人種下，當時歐洲人和美國人正瓜分此城作為租界。近一個世紀後，法國人離開，樹卻留了下來。日本人曾轟炸上海，一度占領了這座城市，但最終撤退了，留下這些法國人種的樹毫髮無傷。接著是毛澤東帶領的共產黨發起革命，階級鬥爭，數百萬人英年早逝。樹卻長存無礙。這條街現在充滿資本主義，兩側滿是餐廳與各式店家，當我在人行道上漫步，偶爾會從關閉的閘門縫隙中瞥見傾頹的歐式房屋，心想這條街目睹了多少歷史的殘酷動盪。此地猶如一朵帝國玫瑰，凋落後又重新綻放。始終屹立的只有這些樹。

在這條街上住了將近三年，我才注意到陳凱（音譯）的三明治屋。這家店距離我的公寓不到一個街區，在一間很小的衣飾店樓上，且每到溫暖的夏天，幾乎整間店都被茂密的梧桐樹擋住。從狹窄的螺旋樓梯走向二樓，首先會看到整片落地窗，窗外一整片枝葉搖映，將底下上海市的喧囂隔絕開來。

陳凱——他總自稱ＣＫ——有時會彎著身體在櫃檯工作，一頭蓬亂黑髮幾乎蓋住眼睛，細瘦手指正在為一份三明治或甜點收尾，然後甩開額前鬃毛般的髮絲，轉身以機械化的動作從義式咖啡機裡為顧客揮出一杯滾燙的咖啡。不過店面通常空無一人。「沒關係，生意起步需要時間，夢想都是這樣的。」他如此告訴自己。每當此時他就會頹廢地坐在吧檯高腳凳上，長滿青春痘的孩子氣臉龐背對樹影搖戈的落地窗。他講電話時會切換不同的中國方言，為副業談生意：他還兼差賣手風琴。

他之所以想開三明治屋，是在芝加哥光顧過一家之後。那是他人生唯一的一次美國行，對美國人而言日常生活的一部分，卻讓他印象深刻，因而想為中國的外食客提供類似體驗。有點類似來過中國的美國人深受小麵攤啟發歸國。這種看似衝動的做法，這條街上我認識的很多店主卻都是如此。身處上海這樣富裕的大城市，只要有心幾乎什麼都能賣。

ＣＫ夢想有一天能靠這間帶有藝術氣息的「二樓」三明治屋維生。他投入多年販賣手風琴攢到的存款，和一個朋友合資共同打造了這個空間，希望吸引跟他們一樣的年輕音樂家和藝術家前來。

「某天我突然有了一個想法：說不定我能把這些人聚集、團結在一起。我想尋找那些想要掙脫體制的人。我想要同類的朋友，對藝術、時尚設計或其他不同產業有獨立想法的創業家。」他告訴我。

很多人有著與ＣＫ類似的野心，在長樂路散步於是成了一趟美妙的體驗；狹窄的街道兩旁滿是與ＣＫ的店類似的小店和咖啡館，雙眼明亮的異鄉人帶著夢想爭奇鬥艷，都想在這座大城市追求成功。

成功可不容易。ＣＫ和朋友Max都沒有在餐廳工作的經驗，更別提經營。他們相識於一家前法租界區的古董相機店，當時ＣＫ為了學習攝影在那裡打工。如同ＣＫ，Max也擁有創業家背景；經過多次搭班的長談，兩人都欣賞彼此製造及銷售商品的生意手腕。最後ＣＫ說服了Max與他合夥開一間三明治屋。

他們把店面命名為「你的三明治屋」，距離一個繁忙的地鐵站只有兩個街區，旁邊就聳立著一棟四十五層高的大樓，每天中午總有數百名上班族從裡面湧出，尋找一頓能快速解決的午餐。但沒人能看見這間被梧桐樹擋住的「你的三明治屋」，沒人在匆匆走過長樂路時能抬頭透視樹冠望見他們。

所以他們把店名改成「二樓」，暗示路過行人抬眼看看，新店名底下以低調婉約的字體寫了「你的三明治屋」。他們雇用了一位新主廚，也打造一座提供多種飲料及進口啤酒的吧檯，而且異常執迷於在菜單上玩花樣。某天我順路拜訪CK的公寓，看到角落堆放一疊電子平板。「觸控式菜單。」CK微笑著對我說。他想必覺得，無法互動的枯燥菜單正是吸引不了i世代年輕人的原因。

他在手風琴銷售事業上快速賺了不少錢，但作為餐廳經營者實在天真。此地的午餐食客通常是要辛苦掙房租的上班族，他們追求的是便宜的在地食物，通常也寧可選擇使用筷子入口的熟食。接下來幾個月，CK得努力適應這項現實。他開始提供價格親民的商業午餐，也稍微將三明治的價格調低。不過他自始至終都不擔心這間快餐店的命運，畢竟銷售手風琴的獲利穩定，此外，他覺得能在住處就同時處理兩項事業非常幸運，如同一隻懂得運用資源的松鼠為了過冬在自己的舒適樹屋中囤滿堅果。

這間三明治屋可說是避難所中的避難所。附近街區原本就是為外來者建立的庇護處。一八四二年初次輸掉鴉片戰爭後，清朝將部分上海市及其他港灣城市割讓給西方強權。法國占領了城市的這個區域，將曾經廣闊的稻田轉變為專屬街區，即一八四九年確立的法國租界。打從那時起，法國就為一個個弱勢族群提供庇護，比如一八六〇年，由暴動農民發起對抗清朝的太平天國起義，此地就收容過成千上萬尋求避難的中國難民。此後即便每任該市的中國領導都表示反對，劇場、電影院、舞廳仍在法國保護下繁榮興盛，很快地教堂、寺廟、清真寺也多了起來。

一九四九年共產黨取得政權，將外國租界詆毀為受到外侮的恥辱象徵。但在他們的政黨宣傳中卻漏掉一個事實：一九二一年，二十八歲的毛澤東便是在法國租界深處的一間女子寄宿學校，與其他思想激進的年輕人會面，召開了中國共產黨的第一屆全國代表大會。毛澤東和他的同志之所以選擇這裡，正是因為租界得以提供庇護。唯有在此，該市的中國掌權機構才不容易找到他們，免於被逮捕遭審判的命運，那會使得中國共產黨無法落地生根，將徹底改寫中國的歷史命運。

法國人依照典型巴黎城區的樣貌建造此地街區：這些狹窄蜿蜒的道路兩邊植滿了當地人稱為「法國梧桐」的樹木，意即「法國鳳凰木」[1]，但它們其實既不來自法國，也不是鳳凰木。正如同上海混沌的歷史，這些樹更四海為家一些：它們是倫敦梧桐，為原生自中亞的東方梧桐及美國梧桐的混種。此外，第一株倫敦梧桐其實是在西班牙發現的。

喬治—歐仁．奧斯曼（Baron Georges-Eugène Haussmann）男爵是使得倫敦梧桐舉世聞名的推手。這位城市規劃師熱愛倫敦梧桐枝葉茂密的外型，於是十九世紀當他將巴黎從布滿混亂的小街道，變身為兩旁植樹的寬廣大道街區，便在整座城市內種滿倫敦梧桐。沒多久，倫敦梧桐就在全球各地出現，直到今日，還占領著許多世界級的大城市，例如羅馬、雪梨、紐約。它的葉子和楓樹很類似，現在也是紐約市公園處的徽章圖案。

上海路樹中有三分之二都是倫敦梧桐。城市規劃師稱其為「超級樹木」，因為根系淺，而且對煙塵、極端溫差、蟲害的抵抗力極強。樹與樹之間的種植間距約五至七公尺之間，修剪時必須採取所謂的「重複截頂修剪法」（pollarding），截斷一側以刺激枝條往道路對側生長，兩邊的枝條在路面上方糾纏形成兩至三層樓高的深綠色隧道。這種綠色拱廊能為行人遮擋夏日令人汗流浹背的烈陽，也能阻擋從東海頻繁席捲而來的猛烈暴風雨。

我在二〇一〇年搬到長樂路，此地的巴黎街區樣貌猶存，但中國已重新為道路命名。薛華立路（Rue Chevalier）改成建國路，賈爾業愛路（Rue Garnier）改為東平路，取建立國家及東方和平之意。其他用來紀念已逝法國名人的道路則分別改為富民路、茂名路、瑞金路。每當走在這個新定居的街區中，我總藉著誦唸這些聽起來喜氣的路名練習中文，像是安福路、永福路、宛平路。我所居住的大概是聽起來最喜氣的一條：長樂路，代表「長久的快樂」，但我為了讀起來更通順，於是將其英文名修飾為「永恆的快樂」——Eternal

---

（全書注釋為台灣版注）

1 中國古代傳說認為鳳凰非梧桐木不棲，指的是青桐（屬梧桐科），與現代用於路樹的法國梧桐（屬懸鈴木科）不同。而現代植物學裡的鳳凰木則是另一樹種。

Happiness。

不過當地人看到街名時，首先想到的不是通順或喜氣與否。舉我公寓南邊的安福路為例，「安福」其實是江西省的一座小城名，當地以加工豬肉為火腿聞名。茂名路的「茂名」是一個繁榮的廣東港市。我所居住的街名「長樂」，也是福建省一座海岸城市的名字，明朝探險家鄭和就是從此出發，探索了幾乎整片亞洲。當中國政府重新命名這些擁有法國名字的街道時，他們將南北向道路以中國省分或省會命名，東西向則以當時繁榮的各地城市命名，而這些名字早在好幾個朝代前就已如此喜氣。

每次在長樂路上騎腳踏車，我總是非常需要好運。這條狹窄的街道是這區少見的雙向道，計程車常利用此街避開附近高速公路的車潮，但也得應付幾乎從每個縫隙竄進來的電動機車。這些電動機車通常會成群逆向行駛，每當有車迎面而來才會在最後一刻散開，弄得喇叭震天價響，一片車燈閃爍。道路規則正是所謂的適者生存，路權永遠屬於體積最大、攻擊力最強的車輛。位於食物鏈頂端的是上海市公交車，光靠體積就能得到機車騎士與汽車駕駛的尊敬，讓路給這輛龐然大物，如同動物的某種生存直覺，避開橫衝直撞的大象。正因為如此，腳踏車只能在路肩或人行道上自求多福，並為了發洩穿梭於路上的人流。

我選擇和電動機車一起用路。我通常騎得夠快能趕上它們，而它們的用路習慣（移動得像環法自行車賽的主車群）也能提供我必要的保護。但每天早上騎車，我還是得時時留心周遭環境。儘管這些上路的車輛貌似混亂，許多駕駛卻擁有盛期運動員般的專注力，遵循著路上的潛規則。他們彼此配合在路面移動，沿著長樂路或加速或繞彎，看似混沌卻自成系統。

二〇一二年一個寒冷的冬日，我爬上「二樓——你的三明治屋」的螺旋樓梯，想在角落的小卡座喝杯咖啡取暖。窗外梧桐樹的枝條裸露得像易碎的筷子，雜亂地指向各方，每當有凍人寒風沿街掃過，就會吱吱嘎嘎地刮擦著二樓的落地窗。

日照充足的餐廳中央架子上擺著CK的手風琴，這架黑色巨大樂器上面以優雅的草書體刻了義大利名琴的品牌字樣Polverini（博羅威尼）。店裡那天沒客人，CK抓下手風琴，頹然坐進一個沐浴在日光下的卡座，低著頭，按下放氣鈕，緩緩拉開風箱。樂器發出深深嘆息，簡直像來自CK本人。其實就在前一天，他的主廚一怒之下辭職，還帶走一半的服務生，如果今天有客人來，CK和Max只能靠自己了。

他停頓了一下，接著手指在鍵盤上快速舞動，彈奏出一首激烈的快板民謠。他隨著逐漸成形的旋律閉上雙眼，風箱收縮與擴張的律動有如流水，快速移動的手指彷彿有了自己的意志。那是一首他兒時的愛國歌曲，隨著他頭部的前後擺動，回憶突然洶湧而上，驅動歌曲進行，愈來愈快。

CK在十一歲時領悟了一件事：自殺並不容易。整整兩個月，他每天放學都在尋找可行的自殺方法。吞安眠藥似乎是最舒適的選擇，他心想。但藥師不願賣給他，「你太年輕了。」

她說。從家中公寓屋頂跳下來也是個方法，但算了，他做出結論：太痛苦了。「我發現自己沒有跳下去的勇氣。」

還有一個問題：他幾乎沒有獨處的機會。他是家中獨子，父母非常強勢，奶奶（即他的外婆）只有在他上廁所時才不會跟在身邊。每天早上他都與他們坐在咫尺喝粥。沿著郊區家門前的土路一直走就是他的學校，到了那裡換老師接手控制一切。放學回家後他又回到奶奶和父母身邊，做作業，學琴，吃菜飯當晚餐。就連睡覺他都無法偷到獨處的時間，因為奶奶就睡在身旁的竹蓆上。

某天下午他父親在桌前寫東西，他下決心最後一次盤點這間寒冷荒瘠的公寓。屋外飄著來自鄰近化學工廠與挖礦設備廠的濃重廢氣。他走過整間公寓，安靜地到處尋找最具有結束生命潛力的物件。這趟旅程終結在他唯一有正當藉口獨處的空間：廁所。最後決定就是父親刮鬍刀組中的一片直紋刀片。某天晚上就寢前，他偷偷把刀片藏入睡衣口袋。

那是一個涼爽的秋天夜晚，月光散滿屋內。夜晚一片寂靜，只剩奶奶穩定的呼吸聲。遠方斷續有火車開過。首先是一聲輕柔而悠長的喇叭聲，接著貨運車廂沿軌道開過，發出撫慰人心的隆隆音響，最後消失於黑暗中。ＣＫ在等待奶奶睡著的同時，想著這個家庭。

ＣＫ從小就常聽父親提到「體制」一詞。他從來不確定是什麼意思，但可以預測父親什麼時候會說出口。父親在說之前會微微停頓，緩慢而刻意地加重語氣，使其在句子裡有所區隔，好讓兒子知道此時該留心。

「你知道嗎？凱凱，你就是不可能對抗……**體制**。」這個詞早已以粗體銘刻在男孩的記憶中。

辛苦工作一天回到家，父親會要兒子坐下來好好聽他發牢騷。**體制**不讓他選擇自己的職業。**體制**不褒揚有才智的人。**體制**不鼓勵個體表現。你永遠不可能在**體制**內超前別人。「中國的國情不好！」他父親會如此憤怒地說。

「我父親自詡為知識分子，他不喜歡自己的工作，對於無法選擇想要的事業也不滿意。他知道自己比其他人聰明，希望能靠才華成功，但沒辦法。體制不允許這種事發生。我母親不夠聰明也令他沮喪。他不喜歡公司的同事，更痛恨中國。」CK說。

每當CK想提問，父親都會要他閉嘴，繼續自己的長篇大論。最後CK覺得在一個沒人聆聽的家裡說話毫無意義，從此乾脆不再開口。

CK沒有任何兄弟姊妹，他出生於一九八一年，正好是一胎化政策執行的第二年。他和母親、父親、奶奶四人同住於一棟破敗四層磚樓的頂層，是鐵路局分派給他們的房子，奶奶在那裡工作。這棟樓的樓梯間總是滿地垃圾。CK的父親用今日體制所使用的口號（也就是鄧小平的「四個現代化」和江澤民的「三個代表」）描述這個地方，「他稱這裡是『三不管地帶』——沒人打掃、沒人管理、沒人在乎。」

這也能用來描述CK成長的城市——衡陽。衡陽和上海的距離，就跟芝加哥和紐約差不多，歷史上就是個人們避免前往的地方。衡陽位於中國中部的湖南省，在中國歷史上曾短暫出現，當時唐高宗將一名不服的臣子貶到那裡。之後許多皇帝一次次地把叛逆的高階大臣貶謫那裡，治理一個邊疆轄區，此後幾難聽到這些人的消息。

然而衡陽的現代命運也沒好到哪去。如果看中國的運輸地圖，南北向與東西向的鐵路在此交會，在全國的中心形成一個X狀的網路。這裡是此區重工業的要地之一，到處都是化學工廠，另外還有產煤、鉛、鋅的礦場。汙染的空氣散發腐臭味，但製造了不少工作機會：CK的奶奶就是在鐵路局工作，母親在磷肥料工廠，父親則在衡陽第二建設公司。

CK的父母和共產中國同樣出生於一九五〇年代初期。這個世代的成長過程隨處都是共產黨精神分裂式的口號標語、革命，以及導致數千萬人死亡、受迫害或入獄的反革命，那些年可說少有寧日。生存仰賴的是某種適應政治環境快速變動的能力，並清楚知道這就像受困洪流之中，你必須忍住逆流而行的欲望。你總是有機會耐心地找到保全自己的出路，前提是你必須放棄試圖掌控體制。

CK的父母在青少年時期曾下鄉多年，那是毛澤東掌政時期都會孩子的必經之路。毛澤東夢想一個都市人與農夫並肩工作的無產階級烏托邦。但隨著一九七六年毛澤東去世，這個夢想也隨之消逝。大部分下鄉插隊的年輕人立刻丟下鋤頭回到家人身邊。但才剛到家，黨又再度介入，將所有人分派到國營企業工作。因此直到三十歲，CK的父母都不曾為自己的職涯做過任何選擇。

「你想要畫畫或拉小提琴嗎？」一九八五年的某天，CK的父母這麼問他。一家三口圍坐在飯桌上，兩個大人努力在孩子臉上尋找答案。他父親一直想當個作家或音樂家。他深信自己要是兒時得以熟習一種藝術專長，就有可能擺脫剝奪他所有職涯選擇的體制的掌控。因此，他認為應該將兒子推入藝術世界，要是中國經濟哪天又轉了風向，這將成為他的安全網。

CK的父母以家族成員的才華來收束兒子的選項。他奶奶在插畫方面非常有天分，父親則曾偶然在垃圾堆中撿到一把二胡（和小提琴有點像的二弦樂器），自學後也能演奏。這兩條顯然就是他的出路。

「畫畫或拉小提琴？」父親瞪著兒子，態度強硬。男孩想了一下子。

「畫畫。」他回答。

他的父母轉身背對他，悄悄地商量了些什麼，然後轉身回來，父親宣布：「你得學小提琴。」

CK當時才剛滿四歲。

CK的父母掏出六個月薪水買了一把小提琴，課程於是開始。幾年後，政府執行一系列民營化改革政策，許多經營不善的國營企業員工於是成了俎上魚肉，其中包括衡陽第二建設公司。CK的父親失業，再也付不出給小提琴老師的學費，正在努力尋找替代方案時，有人想起一位叔父擁有一台手風琴，新樂器於是又選定了。這位叔父花了半年教導CK基本的手風琴技巧，直到某天晚上，叔父工作的國營店面因電線走火而燒毀，身為經理的他被認定瀆職而入獄。

「根本不是他的錯，錯的是體制。」CK的父親說。

CK的父親不會彈手風琴，但反正有的是時間，於是自學後成為兒子的老師。但沒過多久，他的手風琴知識就超越父親，當出現兒子教父親的場面時，練琴時光有了微妙的權力翻轉。上課情勢常莫名緊張起來，父親可能因為任何小錯對他吼叫或甩巴掌。

CK的父親很沒安全感、喜怒無常，瘦弱到有點女性化。母親則個性冷靜又有自信，雙手如農人般強壯。中國人認為這類特質養成與童年有關。CK的父親在城市長大，母親則成長於湖南鄉下的洞庭湖畔，似乎吸收了寧靜湖面的堅毅與穩定。「某程度上來說她比較男性化，需要自尊與獨立。」CK說。

他父親也打母親，他常在夜晚聽見從兩人臥房傳來的尖叫聲，隔天早上會在母親臉頰及手臂上看到青一塊紫一塊。長大一點之後，他會試圖在兩人吵得最凶時介入。「我想保護她，但他的動作實在太快了。」

CK談及父親時語氣並不刻薄，反而帶有一種放棄，中國人在談到自己瞧不起又必須敬愛之人時經常如此。那不是父親的錯，他說，也不是體制的錯，是父親脾臟的問題。

中國人相信脾臟是一個人性情與意志的來源。此信仰更被「脾」這個字的寫法強化。再加上代表能量的「氣」，合起來就是「脾臟的能量」，也代表性情的意思。許多中國人相信脾臟損傷會導致情緒失控。CK父親小時候曾在一場鬥毆中被打到脾臟破裂，因此CK就曾說，他父親因為傷到脾臟，脾氣只能這麼壞。

一九八九年春天，CK八歲，當時他八歲，對於北京的學生抗議及絕食行動完全不理解。有些與民主相關的耳語，甚至傳出可能終結中國的一黨獨大。距離他們一千多公里的天安門廣場上，抗議者在學生人海中立起一尊白色的民主女神塑像。她在高處雙手抓著火炬，眼睛緊緊盯著掛在紫禁城前的毛澤東畫像，及其後方被層層包圍保護起來的當代父權政體，彷彿一位想保護孩子不受父親暴行傷害的母親。不過學生僅花了四天，用金屬、保麗龍、紙黏土將雕像組裝起來，卻要用它來對抗已存續千年的文化。於是一點也不令人意外的，中國的父權政府大勝，不但使用殘暴武力殺死千餘人，還終止了所有針對體制的討論聲浪——體制將永存不滅。

天安門事件結束後，CK再次被迫成為父親發牢騷的聽眾。「我當時還小，幾乎什麼都聽不懂，我就是覺得沮喪，想獨處。我不想困在家裡面對父親。」他告訴我。

沒過多久，CK的母親也找到屬於自己的聽眾，她要他坐下來，告訴他這個新消息：「媽之後會住在別的地方，每個星期三、四回來看你如何？」

離婚在當時的中國還不常見。人們通常會關起門來解決婚姻糾紛，由長輩調停，以確保家庭單位（中國文化的骨幹）不致瓦解。ＣＫ腦中各種思緒奔騰，班上同學一定很快就會發現，老師也會知道。他得獨自跟父親住，只剩下奶奶做他們之間的緩衝。此時父親走進房內，ＣＫ心裡想著，不知道父親是否也把母親離開的決定怪罪於體制？ＣＫ最後做下結論：家庭才是影響最大的體制。

「我想要跟媽媽住。」ＣＫ宣布。

他父親卻毫不猶豫地回他：「我們已經決定了，你跟我住。」

ＣＫ用手風琴學會的第一首歌曲是《草原人民歌唱毛主席》。ＣＫ順服地學會了這首歌曲，在父親嚴厲監視下像一台機器似地反覆吹奏副歌，要是有任何不服，拳頭隨時會落下來。沒在上課的時候，父親會向他抱怨，「你母親不好，她怎麼可以離開我們？」

學校每個人似乎都知道他父母分開的事。他的同學開始問問題，想知道父母不住在一起是什麼感覺。如果上課不專心，老師會用這件事讓他難堪。ＣＫ開始焦慮，想離開家庭和學校：想要抽離一切。「唯一安靜的時刻只有從家裡到學校的這段路。我基本上是從一個壓力源走向另一個壓力源。」

十一歲的一個秋天夜晚，ＣＫ躺在床上瞪著天花板，隨著奶奶呼吸愈來愈深沉，他也愈來愈無法抽離。他感覺到睡衣口袋裡摺疊起來的刀片輕輕壓著大腿。等確定奶奶睡熟之後，他在床上坐起身，從口袋抽出刀片，打開，深吸一口氣，右手緊握著刀柄，將刀片劃向左腕內側。

刀片先是劃開肌膚，然後切入肌肉，他看著血液湧出，然後加快速度，由左往右一次又一次地割。他在流血，卻不如他所預期地噴流。他改切另一邊的手腕，家中的女性家長仍在一旁沉睡。血液沾濕他的睡衣，但傷口不停凝結。他找不到靜脈，但手腕已經開始痛。「我一直割，但就是沒用。我看不清楚，手腕又很厚實，」CK告訴我。

最後他緩緩折起刀片，放回染血的睡衣口袋。**尋死實在太難了**，是在他睡著前浮現的思緒。

手風琴的風箱如同一位衝刺跑者的肺臟擴張又收縮。CK的手指在鍵盤上瘋狂地上下來回彈奏，顫音斷續噴發，流淌於左手幾乎如機械迅速穩當控制的低音部，左右兩側如此相互追逐。CK的雙眼仍因沉浸其中而閉著。一陣凜冽寒風掃過長樂路，吹得窗外枝枒敲打著店面的落地窗。一切顯得如此和諧，但CK突然彈錯一個音，接著又一個。他張開眼睛看著我笑了，停止彈奏。

「哇，你剛剛彈的是什麼？」我問他。

「《智取威虎山》。」他還在笑。

那首歌是毛澤東在文化大革命時期准許演出的八大京劇劇目之一的開場。其中引用了十四世紀《水滸傳》的許多內容，該書也是中國四大經典文學之一。黨的領導部門將此故事改編為音樂劇形式的宣傳材料：描述一位無產階級英雄奮起帶領大家支持體制。

ＣＫ搖搖頭，發現自己忘了花費整個童年練習的曲子讓他難為情。

「我以前演奏的都是中國傳統歌曲，後來才發現自己一點也不喜歡。」ＣＫ一邊抹去額頭汗水，露出那對明亮的圓杏棕眼，他最近幾個星期瘦了，雙眼看起來變得更大。「我喜歡不一樣的風格，花了好一段時間才明白，我可以演奏屬於自己的歌曲。」

說完ＣＫ開始彈奏另一首歌，緩慢、哀傷，令人聯想到巴黎冷冽寂寥的街道。又或者，令人聯想到上海。

ＣＫ大學畢業後，第一份面試的工作是珠江鋼琴，中國最大的手風琴製造商。童年的練習時光終於有了代價。自從與父親的刮鬍刀片肌膚相親之後，他接受自己得在父親簷下度過剩餘青少年時光的事實，所以決定專注於未來。他在學校努力讀書，也認真練手風琴，最後終於在離家數百公里的南部大城廣州，掙得在一間大學主修音樂的機會。珠江鋼琴面試他的人對於他能彈奏手風琴很驚訝，沒過幾分鐘，他就進了總裁辦公室。總裁遞了一架手風琴給ＣＫ，自己也從桌旁的琴盒裡拿起了一架，兩人進行了一場二重奏。接著當總裁要求他獨奏一曲時，他很謹慎地思考。

「我選了一首非常複雜的曲子：李斯特的《鐘》，然後得到了那份工作。」

CK被分派到公司負責手風琴銷售與行銷的部門。人生第一次，他父親以這個兒子為傲。在政府深具野心的市場改革之下，珠江鋼琴是少數熬過來的國營企業，有賴於中國消費階層的增加，又重拾銷量。CK的薪水、健康福利都非常不錯，還有可觀的退休金，但工作本身令人麻木。「每天只要工作二、三小時，你就沒事可做了，所以只能無所事事地坐在那邊聊天、看報。其他人會利用這段時間和同事培養感情，但我不覺得有什麼意義。」CK說。

CK反而利用空檔開始尋找更有趣的工作。經過快速搜尋，他找到了：義大利手風琴製造商博羅威尼即將在上海西方約二十公里處的市郊開設一間小工廠，公司希望尋找一名助理，能在義大利籍廠務經理及中國工人之間協助溝通。

博羅威尼生產的是世界級品質的手風琴，相較之下，珠江鋼琴的手風琴簡直只是塑膠仿製品。這項工作在技術上非常具挑戰性，他得學會製造過程中的每個細節，才能協助教導生產線上的低階組裝工人。

CK反覆閱讀那份徵人啟事。

「聽起來很有趣，我終於可以學到些什麼。」他告訴我。

他打電話回家，說他找到一個體制外的工作，父親勃然大怒：「你不能就這樣丟下鐵飯碗！」他在電話另一頭大吼。他在博羅威尼薪水比較低，也會因此失去珠江鋼琴給他的退休方案。

「突然之間，我父親變得很沒安全感，他對我非常生氣，不停重複一樣的話：『為政府工作的話前途無量呀。』」

不過在二〇〇〇年代初期，這已不再是事實。CK的父親自從被衡陽第二建築公司裁員始終沒找到工作。他母親也在四十七歲時被迫提早退休，因為衡陽化學工廠必須與新出現的私營工廠競爭，訂單銳減。二〇〇一年，中國加入世界貿易組織，國營企業中的涼缺變得更稀有。資本主義成為新常態。CK感覺一生仰賴政府的父母開始在全新環境內載浮載沉，眼巴巴指望他提供穩定的經濟支援。

CK耐心解釋做出這項決定的原因：他在珠江鋼琴只能盯著別人社交，什麼都學不到。在博羅威尼，他至少能得到發展自我及個人才華的必要技能。你應該能理解這種想法才對，他溫和地告訴父親。

體制正如同父親之前向年幼的CK解釋的一樣：它的存在是為了限制、控制你，而非幫助你學習及成長。但隨著父親年紀變大，他愈來愈在意金錢及體制提供的穩定性。「自從我進入珠江鋼琴，他突然就成為體制的擁護者，我根本不知道如何跟他討論逃脫的可能性。」

CK接下了博羅威尼的工作前往上海。他的新室友是一位中年的義大利工程師，剛好也是他的老闆。兩個人閒暇時都喜歡動手拆修物件。他們小時候都曾花上好幾個下午把東西拆開，再一點點拼回去，不過現在這麼做還能拿薪水。在上海外圍這間擁擠的博羅威尼小工廠內，他們的任務就是要調整品牌經典手風琴的結構，以降低售價。中國的手風琴手不是砸大錢買昂貴的義大利手風琴，就是精打細算地買最便宜的中國製手風琴，沒有介於兩者之間的選擇。這項工作於是落到CK肩上：為逐漸浮現的中產階級量身打造一架可負擔的博羅威尼手風琴。

CK花了好幾個月在生產線上，學習樂器內部每個細節的知識。他的老闆在義大利設計過法拉利，但根據他表示，手風琴複雜多了。

「一架手風琴非常小，裡面卻有超過三千個小組件，就算是一厘米的錯誤也會捅出大紕漏，你必須深入理解其中的化學成分、木料、鋼材，包括它們在樂器內彼此互動的方式及創造出來的樂音。」他解釋道。

在博羅威尼工作的一年內，他就熟悉了製程中的每個步驟。之後幾年，老闆也鼓勵他進一步學習，他於是成為公司內的萬事通。「我是經理、譯者、供應鏈人員、客服人員，我也負責製作樂器原型及音效品管，到了最後，我已經可以從無到有地造出一台手風琴。」

不到四年時間，CK的月收入就從四百美元漲到四千美元，等於從中國的均薪水準漲到美國的均薪水準。生平第一次，上海這個有著時髦房車、優美林蔭大道，散發國際風情的大城市，對他來說終於也有家的感覺了。

「你可以彈奏點別的嗎？」我問。

時間是早上十一點，ＣＫ已經彈奏了超過半小時，店內整個早上都是空的。午餐時間快到了，不用再多久，數百位飢腸轆轆的上班族就會擠滿長樂路的人行道。ＣＫ看了一下時鐘，想了一下，點點頭，雙手拉開樂器，彷彿讓它呼吸。

「這是為我之前愛的一個女孩寫的歌曲，歌名是《二三七》，也就是我們認識的那一天。」

歌曲開場是一個小調長音，然後一個長音、再一個長音，縈繞不去的曲調緩慢重複，彷彿一個迅速入睡之人的深沉呼吸。接著出現一段輕快旋律，有些部分聽來未經雕琢，就像一個男孩無憂無慮地沿街走來，還自顧自吹著口哨。

ＣＫ再次閉上眼睛，我偷偷瞄了他的手腕一眼。童年傷口早已痊癒，他的音樂流淌屬於他的店面，那一瞬間，體制消失了。

第二章

城市，讓生活更美好

——麥琪里

我的公寓北側窗戶可以看見長樂路，南側落地窗望出去，卻只有被牆圍住的一大片雜草及流浪貓，點綴著一些早已燒毀的傳統灰磚房遺跡。有時候，我會看見有人從那些空蕩的建築體中冒出來，望著天空緩慢移動，彷彿天光打擾了他們什麼。

遊民占屋吧，我以為。

我常常站在落地窗前想，這片彷彿大屠殺後的場景是怎麼回事。這實在很不尋常，在上海（甚至全中國）最繁華的街區之一，竟然有廣達三座足球場的空間被放在那腐爛。我問過住在樓上的公寓屋主，他聽了點點頭，表情深沉，吸了一口菸，把煙吐在我們所站的窗前，用眼神把那片土地逡巡了一遍。

「那裡本來要蓋成和這裡一樣的現代公寓大樓，開發者已經把整區都拆得差不多了。」他停下來深吸了一口菸：「但有幾個當地人不願讓步，沒辦法。」

聽起來沒什麼道理。開發商與擋在怪手前的當地居民之爭，在中國很常見，事情總是以相同方式展開：一開始，城市官員找到一個適合蓋豪華公寓建案的好地點，此時通常會出現一個礙事的破落社區，他們便開始與當地居民進行搬遷協商；他們會拆除這個社區，將土地拍賣給最高價的得標者，把市庫與官員口袋都裝滿人民幣。就算真有憤怒的當地居民面對開發商不願妥協，最後也總能解決。中國開發商總能找出「辦法」。

我問樓上房東，我們現在住的這棟公寓大樓之前的社區呢？他輕描淡寫地帶過，「就是一堆老舊破爛的小房子罷了。」回答時手還做了清掃的動作。

之後一名歷史學家給我看了一張泛黃的一九四〇年代地圖，我注意到許多雜密小巷由長樂路往南延伸，穿越一片片密集住宅區，就在我住的這棟高聳大樓所在。我靠近看並仔細數算，每個街區至少都有百餘住戶。我的家庭現在安睡的地方，曾經有數百個家庭生活其上。他們搬去哪了？當時是和平離開的嗎？

我和妻子是在二〇一〇年搬到上海的，還帶了我們十八個月大的兒子瑞諾（我們給他取了小名「瑞尼」）。迎接我們的是一個微笑的藍色卡通人物，它有著橡膠手腳，類似綠色黏土人岡比和藍色小精靈的綜合體。它叫海寶，是二〇一〇年世界博覽會的官方吉祥物，從機場到住處的途中幾乎每塊招牌上都有它。數以千萬遠道而來的訪客來此慶祝上海正式躍上世界舞台，海寶也如影隨形地跟著這些人。無論是提領行李的輸送帶中島、機場接送大廳、計程車椅背還是地鐵站，都有海寶向我們揮手。他就像二十一世紀版的毛澤東肖像，數十年前占據著共產中國的公共場合：無所不在地凝視著大家。毛澤東的肖像看起來莊嚴、自信，也有點嚇人，但海寶不知所措的大眼睛卻顯得有些空洞迷失。

瑞尼每次看到海寶都要揮手尖叫：「藍藍！」

「那是海寶。」我告訴他。

「海寶。」瑞尼緩慢地唸著，笑著不斷覆誦：「海寶……海寶……」那是他學會的第一個中文詞彙。

出現海寶的招牌其中有一塊特別引起我的注意。海寶有禮地將雙手背在身後，襯著上海閃閃發光的天際線，上面亮黃色的大字寫著：城市，讓生活更美好。「The city...makes life more beautiful.」我自言自語地把句子大聲翻譯成英文，努力想搶救這多年沒使用的語言的殘餘能力。

這句中文標語是世博會的官方文案，英文版比較簡潔：Better City, Better Life.（更好的城市，更好的生活）。上海被塑造成中國的模範城市，中國政府正野心勃勃地推展都會宣傳，努力說服數千萬的鄉村國民：城市生活真的比較好。

這與多年前我所習慣的中國官方宣傳截然不同。二十世紀末我初次來到中國，才二十出頭，在中國鄉間擔任和平部隊志工。我的月薪是一百二十美元，雙倍於八億中國人（大約是中國總人口的三分之二），這些人大概每日工資頂多就是兩美元。我所居住的小鎮邊緣有手繪標語，以亮紅色的字提醒大家：女孩也是人——為了警告那些因重男輕女而默行殺嬰傳統的務農家庭。

十五年後，我擔任駐中國的通訊記者，帶著家庭來到中國最富裕的城市，目睹到的是驚人的轉變。這個國家即將取代日本成為地球上第二大的經濟體；數以千萬的中國人早已白手起家擺脫貧困。我們公寓看出去的景色是閃閃發亮的新興高樓組成的起伏天際線。不過政令宣導的傳統仍無所不在。確實，海寶的活潑調性比九〇年代的標語可愛，但存在的理由仍然相同：提醒大家今日中國的止確方向為何。殺女嬰是不好的，而城市是好的。

混合了時髦現代的摩天大樓，綠蔭處處的十九世紀歐洲房舍組成的社區，上海正處其發展的巔峰。政府花了將近四百五十億元進行改造，五年內造出七條地鐵線，成為世界最長的地鐵網路。進出這座城市搭的是時速三百二十公里的子彈列車。如果這是屬於中國的世紀，上海絕對位居領導地位。

不過改變來得雖快，舊習卻很難改。中國的成長計畫內並不包含社交禮儀；長樂路上常有人在人行道上吐痰，亂丟垃圾，排隊時相互推擠只為搶先。老上海一輩的男人常穿著睡衣在住家附近走動，小孩習慣在眾目睽睽的公共場合蹲下尿尿。寵物主人任由狗大便留在人行道上發酵。這些都是中國都市常見的標準行徑。數百萬移工從農場進入此地與有禮世故的都市人混居，雙方對彼此都帶有戒心。

外國人會怎麼看待這一切呢？為了迎接即將到來的二〇〇八年奧運，北京想了許多方法根除這些惡習，也獲得各種不同程度的成效。除了「城市，讓生活更美好」之外，「文明」二字更是大量出現在上海的廣告版面。文明在英文裡的形容詞是「civilized」，這些招牌要求市民幫忙將此地塑造為一個「文明的城市」。上海政府更是在接近博覽會的幾個月裡卯足全勁，居民全都收到了市民手冊。《做可愛的上海人》是由上海市精神文明建設辦公室於二〇〇五年編纂。這本厚達二百四十二頁的導覽書包含各項指南，從如何剪頭髮（你的髮型不該太花俏，最好就是簡單自然）到如何吃西餐（不要捧起碗盤就往嘴裡倒），簡直包山包海。對於住在長樂路上的上海本地人（即祖先就住在此區的人），需要閱讀這類主題的書令他們難堪。他們本來就認定自己是最優雅世故的中國人。他們曾被歐洲最文明的強權統治過，也享受這些由西方人引入的文化與安逸。獨特的歷史已將上海塑造成最棒的世界級城市之一。這種「東方巴黎」式的禮儀手冊到底有什麼用處呢？

但現實是，上海近半的居民（在二千四百萬人中高達一千萬人）都是近年才從中國貧窮地區移入的勞工。他們被貶稱為「外地人」，也就是《做可愛的上海人》的目標讀者。其中一個章節開頭更是直白地自我揭露：「上海人常被視為冷淡、疏離或沒有情緒，不像其他地方的人溫暖又有活力。」接著才開始解釋：

都會居民，尤其是那些本地人，對陌生人之所以冷淡，是因為人口流入，居民彼此差異太大，互信度也就不高。就算在美國，紐約人或芝加哥人也比其他小鎮居民更不熱心……上海大部分地方都已經被外地人占據。

隸屬市府官方的作者群站在保衛的立場，身處二十一世紀的中國，人人幾乎都在遷徙流離。書中「競爭與謙遜」一節，懇請上海人多接下一般被認為卑微的工作，並開放心胸，因為移工把上海人排擠出去，有部分正是因為這股勞動勢力。

上海人不願意在傳統市場賣菜或開理髮店，也不願意當建築工人。就連在上海之外或國外創業的上海人也愈來愈少。上海人對小事爭論，對大事卻不置可否的態度，這項負面性格至今仍在。

「如何正確理解上海人」一節中的主要結論之一，上海人的主要缺點就是會挑剔他人自己也有的缺點。但書裡卻沒針對這點有所討論。

我們的新住處位於長樂路上的一棟八樓公寓，就在名為「匯賢居」的大樓社區內，包括七棟白色高樓，其中一座有四十層樓高。如果把整個社區丟到我的家鄉明尼蘇達州，匯賢居會是全州第七高的建物。但在上海，它不過是編織在數百棟形形色色摩天大廈之間的一組小塔罷了。這些匯賢居社區大樓圍著一片長方形中庭，附有一座弧形池塘、一片草皮，還有兩座遊樂場。

底下則是多層地下停車場，停滿了象徵中國經濟起飛的各色珍寶：價值數百萬的霓虹奢華跑車。一年後我和瑞尼在停車場散步，無比震驚於他迅速增加的中文語彙，對消費主義宣傳的朗朗上口。

「寶馬！賓士！保時捷！法拉利！」他用中文大叫。

我們公寓南方有條安福路；北方則是長樂路。無論往何處看都是幸福快樂。

除非我們剛好望向安福路灰泥牆的另一端，也就是那片被夷平燒毀的土地。那年秋天，我和瑞尼沿著那片被遺棄的土地外圍散步，如果從地面看過去，一切似乎沒什麼不對勁。三公尺高的圍牆包住整片區域，大概每走五步就會看到世博會的歡迎海報。「海寶！海寶！」瑞尼大喊。

唯一的入口是一扇平常總鎖著的老舊鐵門。某天下午，我敲了敲那扇門，一名瘦巴巴的警衛探出頭來。

「你想要幹嘛？」他凶道，仔細觀察眼前這個金髮外國人。

「我想進去看一看。」我說。

「你應該不認識這裡的住戶吧？」想到一個外國人順道來此喝茶的場面，他咯咯笑了起來。

「不認識。」

「抱歉，外國人不能進來。這是規定，沒辦法。」

他說完用力甩上鐵門，吵醒了在推車裡睡覺的瑞尼。或許中國人比較有機會進去吧，我想。

次回拜訪時，我帶了幾個中國人來，而且沒敲門。

我趁警衛去吃午餐的時候推開無人看管的鐵門，身邊還有一位中國同事和無家可歸之人老康。老康的全名是康承剛（音譯），在家園被摧毀前曾在這區住了二十年，現在只能在不同朋友家流轉借住。我在一個致力於此地街區歷史的網路論壇上找到老康。他是個挺著啤酒肚的大漢，臉上鮮有笑容。他的眼睛像是往下彎的新月，蓋著下垂的眼皮，眼神冰冷得如同尋求復仇之人。

我們從一座灰磚拱廊下穿過，那是土地上少數僅存的建物結構。一旦走進那片區域，我首先注意到的就是我所居住的公寓大樓就矗立在我們正前方，數十間客廳玻璃的反光就照射在我們躡手躡腳走過的碎石地上。隔壁聳立的就是ＣＫ三明治屋對面塞滿上班族的玻璃鋼骨辦公大樓。我們正在非法入侵他人土地，而且感覺所有人都在看。

我們努力穿過及胸的雜草，幾分鐘後終於停在土地邊緣一棟三層樓的建物前。屋頂已經塌陷，窗戶也只剩不規則的碎玻璃片。「歡迎來到我家。」老康輕聲說。

一條亮黃色的警示帶圍繞著這棟建物，彷彿包裝禮物的緞帶。老康抬起警示帶，示意我們穿過被雕花水泥頂蓋遮住的灰磚門廊。前方已經消失的屋門似乎是硬扯掉的，只留下三個變形的絞鍊。我們走進之前用作餐廳的空間，陽光從上方三樓高的一個洞口照射進來，像聚光燈一樣地打在滿地的斷裂木條、碎玻璃還有腐壞的家具上。

城市的聲音從牆的另一邊湧進來：一輛公車因為紅燈踩了剎車；一名拾荒者按響了推車上的車鈴；遠方有一個嬰兒在哭泣。我們跟著老康腳踩著吱吱嘎嘎響的樓梯走上三樓；他曾在這裡與另外兩個家庭同住。萊姆綠的壁紙環繞著一個沒有屋頂與地板的空間，只剩下幾根供人小心穿越過的木梁。我往下看了看公寓下層的空間，小心維持腳步平衡。這裡彷彿有過一顆隕石穿過屋頂，直搗摧毀每一層的天花板與地板於瞬間。我從廚房窗戶望出去，隔著一片雜草地還有三棟被燒毀的焦黑空房，整塊區域像是被燃燒彈攻擊過。

曾有超過三千人住在此區，擠滿一排排灰泥與紅磚建成被稱為「石庫門」的三層樓房。每棟建築物都緊挨著彼此，並因此形成所謂「弄堂」的狹窄小巷，所有入口都覆蓋有厚重的磚製拱頂。走進這類石庫門家屋的大門口，你會先經過一片長草的狹仄前庭，然後是一扇單門後連結著走廊，之後有樓梯通往家中的各式房間。

石庫門合併了傳統的中國前庭與西式的聯排別墅，一如所有能代表上海的事物，融合了東西方最流行的風格。就在時代進入二十世紀之交，上海大約有百分之六十的房地產（超過九千戶）都是石庫門風格。這些聚集在狹窄巷弄內的安靜街坊得以遠離都市喧囂。

根據市政紀錄，麥琪里是上海最古老也保存得最好的石庫門街區之一。一九五八年，官方頒發「卓越社區獎」給此地，在國家拍的宣傳影片中還能看到麥琪里身影。當時每棟房子都有一個雕花屋頂，石砌門廊底下會有兩扇接地的黑色木門。門上掛有銅製的精巧門環，但後來在毛澤東的大躍進時代全被熔掉當作鋼料。

麥琪里是以麥琪路命名，那是法國租界時期的一條大路，之後被共產黨政權重新命名為烏魯木齊路，名字來自新被納入國土的新疆首府。麥琪里的一百七十八棟建築在一九三七年完工，對上海房地產卻是最糟的一年。該年八月，日本開始空襲、海襲，甚至地面攻擊這座城市，拉開了第二次中日戰爭的序幕。這場持續三個月的攻擊在日後被稱為淞滬會戰。十二月時，日本已經在城市中殺害了二十五萬人，也幾乎毀滅了所有街區。

麥琪里被殘酷地從地圖上抹去，但肇事者並非日本人，而是淞滬會戰六十四年之後的地方政府。二〇〇一年，上海市發展前所未有的迅速，全城放眼所及都是起重機，地方居民與拆除單位爆發的衝突不停登上新聞頭條。就在那年，北京被獲選舉辦二〇〇八年的奧運，而此時上海與南韓麗水市主辦二〇一〇年世界博覽會的競爭，也正進行到最後的緊要關頭。負責評選的國際展覽局（Bureau International des Expositions）位於巴黎，他們即將決定最後勝出的城市，但對於上海的人權紀錄有所疑慮。上海提出的宣傳主題是「城市，讓生活更美好」，但如果頻頻出現當地居民因為阻撓城市開發而被趕離家園的新聞，這主題怎麼可能成立？

為了回應相關批評，地方官員改嘗試另一種比較親切、溫和的開發策略：「舊城改造」[2]。一旦有老街區被指定為改造計畫，開發商就必須在同地點的新建物中為前居民保留家戶，為了補償，政府會免除開發商數百萬美元的土地使用費。

麥琪里是上海初期舊城改造計畫的街區之一。根據新頒發的規定，當地居民應該擁有拆除後原地重建建物的居住權。二〇〇二年二月，徐匯區官員將土地拍賣給一個叫城開集團的開發商。同年夏天，城開集團往所有麥琪里的住戶門縫底下塞通知單：他們將被永久重新安

2 即台灣所謂的都市更新。

置到一個上海外圍的區域，等於被放逐到荒郊野外去了。

居民群起抗議。舊城改造計畫承諾他們有居住此地的權利，但他們被蒙騙了。城開集團因為參加計畫省下了數百萬美金的成本，但地區官員卻偷偷將舊城改造指定地的名目變更為土地儲備。二〇〇二年十二月，最後一群市級官員（包含上海市長）都因收賄進行偷來暗去的土地交易而進了監獄。共產黨官員將數千名麥琪里的居民騙離家園，而上海市仍贏得二〇一〇年世界貿易博覽會的舉辦權，取勝主題是「城市，讓生活更美好」。

徐匯區政府的操作手法讓我聯想到《做可愛的上海人》的一條禮儀規定。在談論「說話與交談」的章節中，政府委派的作者教育上海人贏得他人信任的要訣：

> 你應該誠懇地表達真實狀況。有些人喜歡吹牛或做出不切實際的承諾，那麼做通常只會壞事。

就許多方面來看，進入二十一世紀的上海讓我想起剛進入二十世紀的紐約。紐約在美國的鍍金時代，經濟快速成長，富有階級興起，此模式現在在地球的另一邊重現，當然也包括偷奪土地的骯髒勾當。類似麥琪里那樣的土地強取，讓人不禁聯想到被都市計畫規劃師羅伯特．摩斯（Robert Moses）摧毀的紐約街區；他也幫忙規劃了一九三九年和一九六四年的世界博覽會。

但最讓我驚訝的相似之處，在於不同地區的人們快速湧入後的雜居現象。長樂路上，來自四川、湖南、福建移民方言的令人難解，正如同十九世紀義大利、法國、德國等歐洲移民大量湧入時的紐約。兩者成為充滿新移民的大熔爐，驅力都是貧窮，這些人願意承擔風險，野心宏大，為了重新開始而離鄉背井，甚至拋下一切。那些抵達埃利斯島的移民，正如同一世紀後的這些中國「外地人」，離開有記憶以來祖先就居住的農場，直奔此城。

這些人同樣也缺乏教育和待人接物的禮儀。在一段一九〇〇年代有軌電車乘客所拍攝的影片中，紐約客過馬路時全擠成一團。他們會直接站到車前，穿梭在馬車之間，完全不在意被擋到的人。在另一個場景，行人為了趕著通行不停肘擊他人。這段影片拍攝於百老匯大街和聯合廣場路口，但只要把有軌電車和馬車換成不停按喇叭的轎車和機車，完全就是長樂路的現況。

我不需要在母國歷史中太深入挖掘，就能找到一段類似時期：經濟起飛並開始宣導文明精神。二十世紀之交的美國發行了數百種類似《做可愛的上海人》的禮儀書籍，內容可說驚人地雷同：

一八七九年，西索・哈特利（Cecil B. Hartley）於波士頓所出版了《紳士禮儀指南》（*The Gentlemen's Book of Etiquette*），其中的餐桌禮儀章節就曾這麼指出：「用餐或許看似簡單，但沒有任何場合比在餐桌上更能展現紳士與粗漢的差別。」「我曾見過男子喝湯和嚼食的聲音大到桌子另一端都能聽見；他們口中塞滿食物，幾乎有嗆到或窒息的危險，還拿自己的餐刀去抹奶油或沾鹽，甚至把手指插進糖碗，做出各種離譜行徑，但完全沒意識到這些作為多麼惹人側目。」

《做可愛的上海人》的中文作者群顯然也厭惡這類行為，在「文明進食」一節中幾乎如同家長般嘮叨：「坐直身體，不要把手肘擺在餐桌上，不要隨便把腳伸出去或踢到別人。一次不要拿太多食物；如果覺得不夠，可以之後再拿。咀嚼時請把嘴巴閉上，不要發出任何舔舐或咀嚼聲。如果食物太燙，放涼之後再吃。進餐時擤鼻涕和打嗝是沒有禮貌的行為。」

哈特利也是這般對讀者說教：「千萬不要用刀子把食物放進嘴裡，就算是起司，也得用叉子吃。湯匙只能用在液體類的食物。絕對不要用手指觸碰食物。叉子無疑是後來取代手指的發明，但既然我們不是食人族，我願意將其視為手指的優良版本。」

「注意你手上的筷子。不要用筷子敲杯子，也不要亂拋。你不該在用餐前把筷子丟給別人……你不該用筷子翻弄食物或跟別人的筷子『打架』。」《做可愛的上海人》繼續嘮叨。

「當理智告訴你已經喝夠了，就別再讓任何人說服你喝下一滴酒。」哈特利如此警告十九世紀的美國人。

不過《做可愛的上海人》解釋，為了避免被人灌酒，偷偷把酒倒在地板上是可以接受的。作者還提醒讀者：「不要一口就把酒喝乾，不要一看到酒精就忘形，也要避免發酒瘋和胡言亂語，丟人現眼。」

不過官方刊物《做可愛的上海人》缺乏哈特利《紳士禮儀指南》的魅力，書中充斥著條列式的各種禁令，並滿是中國人對數字的執迷：「五種意識」、「四項精神」、「五類挑戰」、「四種永遠」。另外還有「七不」：不吐口水、不亂丟垃圾、不毀損公物、不破壞綠地、不亂穿越馬路、不在公共場合吸菸、不口出穢言。

不過，直到世界博覽會來臨前，上海仍無法完成預定目標。除了公共設施基本上沒有受到損害之外，我光是在長樂路上走個幾分鐘，就能看到一堆人執行這些所謂的「七不」。

「你不可以進來這裡。嘿，就是你，出去！」

下午一點，午餐時間結束，麥琪里的警衛回到崗位上，非常準時。

「老康，是你嗎？誰跟你在一起？」警衛抬頭對著空蕩蕩的三樓質問老康。

我從老康廢棄的公寓三樓窗戶往外看，那名瘦小的警衛規矩地站在警示黃線外。身上的外套鬆垮地掛在他骨瘦如柴的肩膀上，帽子也斜向一邊，整套制服對他而言都太大了，像個要去玩萬聖節討糖遊戲的小男孩。

「他們是我的朋友！」老康吼回去。

「他是外國人！」警衛大吼，手透過破窗指著我。

「那也不代表他就不是我的朋友！」老康反擊。

我們半走半跳地下了樓梯，走出建物面對警衛，他似乎對於必須處理外國入侵者感到緊張，但盡量保持警衛平日該有的鎮定。

「你們在這裡做什麼？」他問。

「我是一名外國記者，我在採訪他。」我指向老康。

這是這裡的警衛最不想從入侵者口中聽到的回答。他的警覺心又往上提高了一級，重心從一隻腳換到另一隻腳。

這名警衛努力在腦中尋找適當詞彙：「欸，你不能在這裡採訪他。」

「當然可以，這是我家，我邀請他來這裡採訪我。」老康說。

我身上有一份中國政府的「外國記者採訪規定」，就是用在這種時候。我從包包裡取出那份黃色文件，打開遞給警衛。「上面說只要對方允許，我可以在任何地方採訪任何人。」我指向規定的第十七條。

「我允許他。」老康大聲宣布，還因為這麼明確的中國法規露出微笑。

警衛不理他，繼續掃視文件。「上面也說你必須向警方出示你的記者證。」他指著法條。

我拿出記者證遞給他。他仔細檢查證件的正反面，還用特定角度在陽光下看，一副在百元鈔票上找浮水印的樣子，然後把證件還給我。

「你這樣是非法入侵。」他堅定地說。

「不，他沒有，這難道不是我家嗎？」老康說。

警衛想了一下，用戴了白手套的手指搔搔後腦杓。「沒錯，是你家。」他不得不承認。

「我沒有允許他訪問我嗎？」

「你有。」

「那就完全合法了呀。」老康做出結論，轉身面向我說：「別理他。」

警衛安靜下來，跟著我們穿梭在半毀的房舍之間，當老康告訴我們房子被拆毀那夜發生了什麼事，他也抬起耳朵上那頂過大的帽子跟著聽。

二〇〇四年一個清朗的夜晚，大部分麥琪里住戶都已跟城開建設達成協議，搬到上海邊緣的小公寓了，但還有數十位居民留在當地，基於徐匯區政府違法拍賣土地而拒絕讓步。不過兩年過去，區政府官員開始失去耐心，他們要求城開集團的拆除團隊負責把剩下居民攆走。

「至少有二十個流氓圍住我的房子，他們先是切斷水與瓦斯，然後把前門直接從絞鍊上扯下來。我拒絕離開。他們就開始從窗戶丟石頭進來，還潑餿水。實在很噁心，味道太糟了，但我清理乾淨後，還是不走。」老康回憶道。

拆除大隊非常有耐心地等待天氣變化。某天晚上開始下雨，老康正在客廳放鬆坐著，卻突然聽到外面傳來很大的引擎聲。一台挖土機在緩慢停在他屋前，在屋頂上方高高舉起怪手。

「碰！碰！碰！」老康大吼著模仿記憶中從樓上聽到的敲擊聲。屋頂塌了，木頭與灰泥落得到處都是，差點砸到他。各種殘骸及陣陣雨水淹沒家具。「所有東西都濕了，我只好離開。」

從此老康再也沒有家了，只靠著社會福利金到處借住朋友家，並且不停上訪要求政府補助房屋被摧毀的損失。「你不能讓我這樣在外面街上到處流浪。」他告訴我。老康愈來愈激動，警衛也愈靠近聽。「你得給我個地方落腳，或為我租個房子。為什麼不修好房子讓我搬回去？」他問。

警衛忍不住哄笑出來，因為這個荒謬的想法笑到彎腰，然後說：「不可能。」

老康不理警衛。「他們至少可以為我付房租。我不需要一間好房子，只要能住就可以了。哪裡並不重要，十平方公尺大的空間就行，大約一個月二千元人民幣就有了。」

老康講得好像我能影響相關決策一樣。麥琪里居民已對徐匯區政府提起訴訟，但一名當地法官將訴訟駁回。他們向政府提交的請願書也全被忽視。共產黨控制了司法系統和媒體，所以受到不公對待的人只能尋求不受共產黨影響的外力協助：外國記者。本地媒體必須受到嚴格的審查控管，但我受外國記者簽證保護，想要報導什麼都行。剛見到老康時，我曾懷疑他告訴我的一切是否符合「誠懇地表達真實狀況」。他是否為了獲取政府注意力而修飾任何細節？我聯絡政府官員，他們有機會反駁老康的指控，但是沒有，他們直接拒絕受訪。之後我所找到的警方紀錄確認了老康的說法。再加上具體證據就立在眼前，就在我們上方：被拆毀街區內某棟房子屋頂上的大洞。

「我已經八年沒有自己的家了。」老康在我們踩過一片礫石堆離開屋子時這麼說。「你們國家也會發生這種事嗎？」

我想起曾在美國報導過的那些土地徵收案。「有，但承包商不可以在過程中騷擾居民，那是違法的。而且人們最後通常不會無家可歸。」

老康點頭說：「美國這點就是跟我們很不一樣。我們這邊有法律，但沒有確實執行，大家都沒有權利。無論中國發展得多好都一樣——體制才是最重要的。如果他們不改變整個體制，經濟發展一點用也沒有。政府似乎只在意科學、科技、經濟上的發展，而不是整個體制。」

老康提出的概念攸關中國未來，且眾所周知，許多學者多年來針對此關鍵議題辯論不休。建立公平的法權需要先有獨立的司法系統，也得開放人民對政府提告，並因此影響黨的勢力。多年來，許多中國觀察家都認為隨著資本主義及經濟的蓬勃發展，司法系統也會隨之獨立，但目前仍未發生。

我們走到這片土地中央，面對著一戶被燒毀的石庫門空殼。上海是世界變動節奏最快的城市，而我們就站在城中央的空白地帶，面對一片被放逐死滅的虛空。

一群老婦人從麥琪里半毀的房舍中冒出來打招呼。

「他是外國記者。」老康驕傲地宣布。

警衛焦慮地看了我一眼，對那群婦人說：「別跟他們說話。」

「為什麼不行？」其中一位婦人語氣諷刺地說：「我們只會跟他說住在這裡有多快活，好快樂。多麼有尊嚴的生活呀，看看這個美好的地方就知道了。」

婦人的咯咯笑聲讓警衛難堪，他只好把眼神別開。老康揮手要那群人後方的一名男子過來。「那是老陳，他和妻子住在那邊那棟房子。他負責帶領抗爭。」

我和老陳握手。他的全名叫作陳忠道，但後來我都暱稱他為陳里長。

這位麥琪里的非官方里長是個六十多歲的細瘦男子，頭髮梳得很整齊，有一雙冷靜和善的眼睛，鼻子很大，溫和微笑時會露出兩顆大門牙。他的房子就位於這片空地的入口附近。陳里長蒐集了麥琪里的警方紀錄、法庭文件及其他所有不法的相關證據。因此拆除團隊幾乎沒碰他的房子。整棟房子堪稱狀態良好，周圍還種著些樹。一棵垂柳就立在石門入口處。陳里長與我交換電話號碼，我問他和其他人為何還能住在這裡。

「噢，他們每隔一陣子就想把我們踢出去，但我們一直在抗爭。」他說話帶有濃濃的上海口音。

其實他們得以留在此地，不是因為不屈不撓，陳里長解釋，是因為一件雙屍命案。二〇〇五年一月九日的凌晨，三名拆除團隊的男子攜帶許多汽油桶出現。前一年他們以各種威脅恐嚇手段趕走了大部分居民，從幾週前一直到那天晚上，他們也在十幾處放火，想嚇唬這些堅持不走的居民，但大家都早已在身邊備好水桶滅火。

但就在一月的一個晚上，那三名男子把汽油灑在一對老夫妻家的一樓。他們的是七十多歲的朱水康和李杏芝，住在麥琪里已經超過六十年。朱先生曾參加在韓國作戰的人民解放軍，是退伍老兵。根據法庭紀錄，那些人在凌晨一點對汽油點火，不到幾分鐘，火焰就吞噬了整棟房子。隔天早上，朱水康和李杏芝成為床上的兩具焦屍。

幾個月後，兩人的媳婦在法庭上向法官泣訴，表示公公從戰爭中活下來，卻和妻子在年老又毫無防衛能力下，在腐敗官員的指使下遭受殺害。法官判那三名城開集團的男員工有罪，其中王長坤和楊孫勤被判死刑緩期執行，陸培德獲判終身監禁。

就是在判決確定同年，上海市政府為了「文明」宣傳發行《做可愛的上海人》。文明一詞的定義在第七十五頁：

> 文明代表的是人類社會移除了無知、殘酷、落後的發展狀態，是一個國家的特色，也代表了國家的進步與啟蒙。其中包括物質文明、政治文明、精神文明，表現出的新型態人際關係足以反映一個平等而團結的社會，大家都能和善對待，幫助彼此。

麥琪里謀殺案發生在上海的關鍵時期。整座城市為了世界博覽會已準備好成為全球的焦點，然而就在城市中央，這座社區業已半毀又遭祝融肆虐，還有人慘死在開發商手下，上海實在無法承擔這種負面形象。徐滙區政府只好把這片土地賠本買回來，迅速用三公尺高的奶油色灰泥牆將四周團團圍住。中國領導向來擅長造牆，只是這座牆是想避免行人看到屠殺遺跡。

儘管家屋半毀，陳里長夫妻及另外四個家庭還住在這座圍牆內。他們拒絕讓步，堅持要求政府同意他們的訴求：他們能夠在原地獲得新住屋。區政府已經恢復供應這片土地上的水電與瓦斯，陳里長現在唯一的抱怨就是漏水的屋頂（多年前怪手打壞屋頂，但其實拿個桶子接對地方也並非不能解決）。就跟數十年前一樣，麥琪里還是一個適合安靜居住的地方，儘管有警衛二十四小時輪班看守，此地居民仍可以任意來去。留下的居民甚至在朱老先生和李老太太舊家建造了一座社區花園，那片地陽光普照，現在裡頭栽種著洋蔥、辣椒、西葫蘆。我常常從住處往下看他們在花園忙碌，那是一座在中國最大城市中央的集體農場。

那年秋天的一個大晴天，我和瑞尼一起沿著圍牆散步。當時是二〇一〇年十月，世界博覽會快結束了。在安福路上瑞尼走在我身後，手中抓著一條繩子，沿途拖著他最喜歡的玩具：一隻輪子喀喀作響的白色木頭鴨子。

當我們踢著地上枯黃的梧桐落葉散步時，木頭鴨子的喀喀聲驟然停止。我看見他手指圍牆，露出微笑。

「海寶！海寶！」他尖叫。

牆上貼滿我們剛抵達時看到的同樣海報：那隻微笑的藍色橡膠生物漂浮在上海天際線前，眼神空洞地望向遠方，底下以紅色大字寫著「城市，讓生活更美好。」我們沿著圍牆散步，每隔三公尺就會看見一張海報：城市，讓生活更美好……城市，讓生活更美好……城市，讓生活更美好……

瑞尼不停追著一隻隻海寶，那些標語就像一組合聲，搭著木頭鴨子的喀喀聲不斷重複播放。他每看到一隻海寶就狂喜不已，渾然不知圍牆背後躺過兩具焦屍。

第三章 熱熱鬧鬧——長樂路一〇九號

我想買花給妻子，在找花店時認識了趙希林（音譯）。趙小姐的花店位於長樂路東側，就在接入金陵路通往外灘之前（外灘是一條沿著黃浦江的高起步道，沿途整排是十九世紀西方強權在這裡建造的殖民風建築）。這間街角小店的位置很好，和一條忙碌的南北高架道路僅隔一個街區，我工作結束騎單車回家偶爾會經過。

同一條街上也有很多販賣玫瑰、百合、鬱金香的花店，但我喜歡趙小姐的街角小店，因為實在太有活力。這附近的店面都很小，寬頂多四公尺半，深約三公尺，就像一排可以走進去的衣櫃。店老闆和商品常被迫擠到人行道上。我常看到趙小姐坐在店棚底下的摺疊椅上納涼，順道照看一個剛學步的孩子，孩子父母的店開在隔壁數過去幾間。兩家店之間，有間衣飾店的老闆是安徽女人，還有一間機車行的老闆是江蘇男人，常常弓著背蹲在地上處理解體的機車，人行道上散滿機車零件。三人常聊天交換附近鄰居的八卦，時不時大聲爆出家鄉話，同時注意不讓那孩子跌在尖銳的機車零件上，或不小心遊蕩到這幾間店外的人行道上。購物者急匆匆經過，他們則不時溫柔地把那孩子當彈珠似地在三人間推過來抱過去。

中文裡有個詞彙描述這種溫暖忙碌的街角場景：熱鬧。對於都會中國人而言，人生就是永遠在追求這種熱鬧的旅程。

我成長的環境和熱鬧剛好相反。明尼蘇達郊區是世界上最冷、最安靜的地方之一。但在中國住過幾年之後，就連我都開始尋求熱鬧的地方。不過趙小姐的街角之所以吸引我，還有其他原因。她擁有一種鄉村性格，讓我聯想到我所教過的四川學生。她很愛笑，講話大聲又有自信。她會開別人玩笑，但大多時候是自嘲，自詡為上海人的人鮮少會這麼做。她臉上唯一的皺紋從眼角延伸到額頭：那是笑紋。

趙小姐有兩個已經成年的兒子，任何人剛認識她一分鐘內就會知道。大陽很高，像媽媽，又瘦又帥，沉靜的雙眼是杏仁形狀，鼻梁修長。小陽比哥哥矮一點，眼睛比較細，體態像公牛般強壯。她的常客熟知這兩位年輕人的一切，比如知道她多麼以大陽的聰明為傲，又對他的成長經歷感到多內疚；知道她擔心小陽沒商業頭腦，不知他能否在大城市生存。不過至少小陽替她生了個孫子，她總咯咯笑說，這樣總算是有點長處。這間店內的一切，包括玫瑰、百合、訂製花束，都是為了讓她的大陽小陽擁有更好的生活。

趙小姐從不顯懶散，她總是站在店門口前方的熱鬧街角，直挺的身影俯視路過的嬌小女性，她們的小手包貼緊著弱不禁風的身體。不過趙小姐畢竟在上海住得夠久，擁有基本的時尚概念。每當遇到特別的場合，她盛裝打扮，放下頭髮時，看起來就是個漂亮的中年女士，散發克服過各種鄉村難關的自信。我們常會坐在她店門口的板凳上打發午後時光，吃著切片水果，沉浸在各式談話中，享受這座城市的熱鬧節奏。

多年前，在一間煤礦區邊緣的水泥公寓中，趙小姐就曾有過前往上海的白日夢，成長於上海一千公里外的鄉間，她對這座城市的理解只有兩點：有錢到不行，以及充滿召喚魅力的名字。上海中文字面的意義為「踏上海面」。其實上海市中心距離海岸其實還有數十公里。

這座城市沿著長江眾多細小支流之一的黃浦江建造，從飛機上往下看，這段水路就像從模糊腫大的動脈分支出許多細小微血管。

當時趙小姐從沒搭飛機去過上海，她連飛機都沒搭過。對於上海，她靠的全是想像力。她想像一波波海浪沖上沙灘，在白沙的另一頭，她想像一棟棟玻璃鋼骨大樓豎立在地平線上，一如她家鄉附近炎夏時高聳的玉米莖。一九九五年的某一天，她實在敵不住好奇心的誘惑，她用一個防水布袋裝了隨身用品，向丈夫與兩名年幼兒子告別，搭上夜班火車來到上海。

「上海跟我想像的一點也不同。」趙小姐傻笑道。

上海到處都是擎天辦公大樓和嘈雜車流。到處都在施工，天際線到處看得到起重機，城市外圍有一圈臭氣熏天的工廠，廢氣汙染整片天空。

趙小姐也試著上海化。

她為了這天存錢買下一套衣服：紅洋裝、紅襪子，還有一頂前面別上一朵巨大塑膠花的紅帽子。「我猜想他們在大城市都這樣穿。」趙小姐一次笑著告訴我。

她本來想像抵達上海時可以一腳踏進海裡。「我走過一座橋，然後問了幾個工廠工人：『下面是海嗎？』」

工人看她一眼，再看向橋底下漂滿垃圾的窄河，然後爆笑出聲。

等到要搭地鐵時，她以為眼前看到的是拖拉機。「我以前從沒看過什麼地鐵，只見過拖拉機。」

趙小姐在上海沒有親戚，只有幾位同樣來自山東省的朋友，他們都太忙了，沒跟她詳細解釋過這座城市。這些人都是北尚電子（音譯）的員工，工廠位於上海近郊的工業區，工作是為新力公司（Sony）組裝電視。就像那時候的許多移民，趙小姐抵達時只隱約知道能得到一份流水線上的工作，仰賴的正是中國自古以來最重要的人際系統：靠關係。在圍繞上海的那圈工業地帶，關係是一扇大門，讓人能找到製造外國產品的好工作，賺的薪水也會比在老家多上好幾倍。每條北尚電子的生產線都由同鄉的員工組成，並說著隔壁生產線完全聽不懂的方言。

趙小姐當時二十九歲，幾乎比她的同事都大上十歲，在來自山東的同鄉中，她的年紀也最長。家鄉那頭，她的離去在丈夫工作的棗莊煤礦局裡引來一些閒話：哪個男人會讓自己的老婆丟下丈夫孩子跑去大城市打拚？趙小姐的丈夫聽人家說話時習慣瞇起眼睛，嘴巴也會微張，表情永遠有點疑惑的樣子。他是一個寡言的矮小男子，卻娶了個話多的高大女子。面對他在煤礦公司那群愛插科打諢的同事，他不知如何回話；當妻子找他談，用從小在高粱田吶喊的丹田之力教訓他時，他也說不出任何反對的話。他妻子說：中國正在改變，人們現在可以自己賺錢了，她得先去搶在別人前頭撈一筆。畢竟現在中國變動太快，他們的孩子只靠他在礦場一個月賺的五十元人民幣，怎麼可能會有競爭力？趙小姐記得先生用招牌的神祕瞇眼表情看著他，沒說話，似乎只對她的不安感到困惑。

他們的村子很落後，她說。九〇年代時我在四川教書，也常聽到「落後」這個詞。當我騎著腳踏車漫遊於鄉間，總會在跟村民閒聊時稱讚他們的稻田很美，但總會得到「落後」的回應。「你們國家有人過這種日子嗎？」一位村民為了捍衛自己使用「落後」一詞的正當性這麼問我。

我環顧四周：一個孩子盤腿坐在泥土地上，光著腳在做功課，衣服上沾滿自己剛剛在田地上撒的肥料。雞和小豬隨意在屋子進出，還有一隻沾滿大便的鴨子叫個不停。「現在很少了。」我緩緩地說，緊張地翻弄手中的單車頭盔。

「就是嘛。」男人往地上吐口水說：「我們很落後。」

這實在不是他們的錯。我第一次到中國是九〇年代，當時這個國家正從長達四十年的落後經濟政策中奮起，心態上沒經過太多掙扎。「有錢是光榮的。」九〇年代初期的鄧小平直接這麼宣布。到今日還有許多歷史學家在爭論他是否說過這句話，但也不重要了：民眾已認定這句話來自他們個頭矮小卻積極的領導人，黨內沒人否認，這個認知也就固定下來了。一九九二年，鄧小平登上火車前往南中國，進行了持續一個月的行程。每到一站，他都鼓勵工人靠自己白手起家，並保證政府不會再是阻礙。經過數十年各式空洞標語的洗腦，中國人終於允許賺錢了。鄧小平不停強調「改革開放」，一方面要改革經濟，也要開放國家面對外面的世界。中國共產黨稱此為「中國特色的社會主義」，也就是其他人口中的「資本主義」。

趙小姐以自己的方式對「改革開放」做出回應：她因為文化大革命失去受教育的機會，

被父母安排結婚，然後在一個樹木都被附近煤煙薰得黝黑的村莊撫養孩子，但現在，她打算抓住這個得以自主的機會——搬到上海。

她跟鄧小平一樣決定搭火車過去。一九九五年春天出發之前，村莊裡的女人突然都不跟她說話了。「她們都厭惡地看著我，怎麼會有一個女人想要離家那麼遠？她們大部分都留在家裡做針線活，很多人也沒在工作。她們以為我是要離家去幹什麼見不得人的勾當。」她難為情地說。

隔年春節，她和同事回到村莊，身上穿著工廠的連身工作服，胸口口袋燙繡了北尚電子的字樣，總算擺脫大家對女孩到大城市工作的種種迷思。「我們很驕傲，終於能讓大家知道我們不是在什麼奇怪的按摩院工作，我們努力工作，我們吃苦。」她不停強調「吃苦」，這個詞彙定義了這個國家第一波工廠移工的生活。

「紅玫瑰、白玫瑰、鬱金香、百合、香水百合……」趙小姐在我探頭進去詢價時逐一唸出店內的花名。「百合今年確實很貴——我一把賣到一百五十元人民幣，但品質還是不大好，哎呀！」

那是二〇一二年初，胡錦濤領導的最後一年，這個國家的巨型經濟體在過去二十年曾大幅成長超過百分之八，但最近開始趨緩。身為駐中國的財經記者，我學到了一件事情：對於經濟學家針於這個國家的發言一定要心存疑慮。當一個國家的高級官員承認國家捏造ＧＤＰ

數據（如同二〇〇七年親和的未來總理人選李克強在晚宴上對美國駐華大使雷德（Randt Clark）所透漏的），我們實在很難搞清楚實情。

當然，經濟學家當然自有其他檢驗中國經濟的方法：貿易圖表、工業用電輸出、地方政府公債。我也有我自己的方法：透過趙小姐這樣的小生意經營者。趙小姐給我看批發商的價目表：「看看昨天這些訂單，五十朵玫瑰就要價五百元人民幣，十九朵藍玫瑰要五百七十元人民幣。就在幾年前，每朵玫瑰只要三元，現在是三倍。我以前會把滿天星免費送給客人，現在都不行了。」

前年趙小姐的盈餘是十萬元人民幣，大約是一萬五千美元，但今年沒了。花價升高，她開始丟失客人。「我覺得時機要變壞了。」趙小姐告訴我。

趙小姐店面前的雨棚上用紅字寫著「錦樂花店」。「錦樂」代表「明亮快樂」，其中第一個字是借用自上海最古老建築之一的「錦江飯店」，就離她的花店兩個街區。第二個字就是「長樂路」的「樂」。

每天早上八點，趙小姐會拉起錦樂花店喀拉喀拉響的舊鐵門，然後把一張及腰的桌子拉到櫥窗前，櫥窗內滿是亮粉紅和亮黃色的鮮花。桌上有一籃粉紅薄紙，底下擱有幾個桶子。開門沒多久，一台廂型車會從虹橋機場附近的批發市場運來預訂的花朵，這些花都是連夜從中國西南的花卉首都雲南昆明空運過來的。趙小姐和送花小弟互道聲「早」，接著合力把花從車上卸貨下來，暫放在機車行前的人行道上，機車行一個小時後才開門。然後趙小姐開始在桌上剪花，把多餘莖枝丟往桌下的桶子，再把最熱銷的玫瑰、百合、鬱金香用粉色薄紙包好，確認昨天接到的來電訂單已處理完畢。接著她會把剩下的花放進白色塑膠花瓶內，把花瓶整齊放在櫥窗裡的三層架上以及店內牆面。

層架放滿的店內很難行走，隨意都會掃到這些散發春天氣息的七彩花瓣。地板空間只夠放兩張凳子，一只裝滿開水泡茶用的綠色塑膠水壺，以及一張趙小姐每天用來吃午餐的小摺疊桌。店面後方櫃台凌亂擺放了零售花商需要用到的物件：計算機、電話、電視遙控器，以及一面黏貼著每週訂單的大鏡子。這間「明亮快樂」的花店只有三公尺見方，每個小空間都得妥善利用。

趙小姐從批發商收購的花價持續上升的同時，網路花商也開始和她搶客人。這種無形的競爭讓她無法漲價，只能自己吞下提高的成本。現在有兩個員工負責幫忙送花，但再過不久她就請不起他們了。

「妳的兒子呢？」我問。大陽和小陽現在都二十好幾，也離開煤礦區和她一起住在上海。她聽了我的問題咯咯笑了，彷彿兩個兒子是扶不起的阿斗。

「哎呀，他們都不想為我工作。大陽前幾天還問我：『要是下雨怎麼辦？我可不想在雨中送花。』他們根本不知道什麼叫做吃苦。」

兩人都找到了服務頂級有錢人的工作。小陽在希臘餐廳當廚師，大陽是上海外圍如雨後春筍出現的其中一座高爾夫球場的櫃檯人員。「我賺的錢比兩個兒子都多，但他們說他們比較快樂。」她告訴我。

「『我們有很多同事，大家都相處得很開心。』」趙小姐模仿他們的聲音。「他們昨天才又提醒我。他們跟時下的年輕人都一樣，根本不想認真工作，只希望工作自由、有休息時間、薪水好，還要環境氣氛愉快。他們要求得太多，永遠不可能滿足。我們可是什麼都無所求。」

在北尚電子生產線上吃苦兩年之後，趙小姐的老闆向她宣布：「妳太老了，不適合在這裡工作，妳被開除了。」他語氣冷酷。

趙小姐那年三十一歲。

當時是一九九七年，鄧小平過世的那一年。他留下了改革開放的傳奇，成效非常不錯。中國沿海工廠迅速成為全球知名的製造中心：世界的工廠。接下來十年，總共有二億五千萬中國人決定離開鄉下，加入這波人類歷史紀錄以來最大的移民潮。這人數接近當時美國的總人口。一位當時曾在新興都市東莞工作的人這麼告訴我：「那個時期，光是走進工廠就夠嚇人了。你會看到數百人圍在工廠大門前推擠，就為了看門口廣告上貼的徵人條件。你看過那種人們在軍隊入侵家鄉前逃難的電影嗎？大概就是那樣。只是電影裡的人是要逃出來，工廠前的人是為了擠進去。」

所以趙小姐被解雇了。中國工廠喜歡聘雇年輕女性，她們的手指比較靈巧，趙小姐的老闆直接這麼向她解釋，而且管理階層已經決定要開除所有二十五歲以上的女性。「妳應該對自己可以撐這麼久感到開心了。」趙小姐哭著求他，但工廠老闆就是不信任年紀比較大的工人，因為他們比較容易抱怨工作環境，而資深的他們又容易對年輕同事造成影響。

生產線上的另一名員工介紹了一位經營花店的年長男士給趙小姐。於是她開始幫忙顧店、送花，為了回報，對方則教她搭配花束及寫書法。「他兒子在澳洲讀書，已經和一個日本女人結婚。他妻子是副校長。他素質很高。」趙小姐說。

我常聽到中國人尊敬地提起「素質」一詞。這個詞的意義在中國千年歷史中不停演變，而且很難翻成英文。基本上，那代表一個人的「內在特質」或「本質」。如果根據儒家傳統，一個人的素質是由出身、教育，以及對經典文本的知識所決定。時至今日，素質已成為「教育與文明程度」的代名詞。拜國營媒體和其他宣傳標語所賜，這個說法現在再次流行起來，傳達出一個訊息：素質愈高的公民，愈能代表中國。

「剛到上海時，我只是個愚蠢的鄉下人。我根本一點也不懂存錢。如果賺了一百元人民幣，我會全花在衣服上，等認識老師後，他才改變了我的人生。」趙小姐告訴我。

老師給過她最重要的教誨，就是別依賴男人。

「他告訴我：『妳必須成為獨立的人，有謀生技能，還要管理自己的錢。』」她說。

這建議非常恰當，尤其考慮到她婚後的下場。

趙小姐自小體弱多病，她的家族在山東郊區經營農場，而她在其中毫無用處。青少女時期，她的鼻子和牙齦都容易流血。第一次去醫院看病時，她說自己連路都沒辦法走。她父親罵她懶，但結果她是得了白血病。

像他們這樣的鄉下人遇到這種狀況只好賣牲口籌錢，於是趙家賣掉不少豬、雞、羊以及一頭公牛，才能負擔一種結合中西醫的療法。她每週都得輸血，也進行骨髓移植，期間還生吞了許多泥鰍。她在醫院和另外七名白血病患同房，幾個月內，另外七個人都死了。

接下來想必就是她了。她父母賣掉最後幾隻牲口，買了一副棺材。趙小姐的母親會上村內的教堂，打算在女兒死前讓她受洗。教堂召集了許多人來為她的健康禱告，甚至為了救她殺了一頭羊。

她的康復被大家視為奇蹟。「是上帝救了我嗎？」趙小姐不確定，但對此般好運心存感激的她仍決定開始上教堂。

雖然找到生命中的上帝，趙小姐卻失去找到好丈夫的機會。村民間竊竊私語，說她病後再也無法生小孩，說她家窮到只剩一副沒用過的棺材。趙小姐長得不難看，但村中所有男人都因為這場病不敢再靠近她。

她的姑姑找了一個對她病史一無所知的男人。那名男子矮小醜陋，「從山裡來」，這句話的意思是窮到脫褲。儘管條件不好，他卻是她唯一的提親者。趙小姐的家人對此非常興奮。

趙小姐本人可不興奮。她當時十九歲，只看了那名表情困惑的鄉下人一眼，就把自己生過白血病的細節全盤托出，但對方家庭不相信這個故事。「山裡來的人生性多疑，他媽媽以為我是想找藉口不給嫁妝。」

兩人結婚後一個月，趙小姐就懷孕了。兩年後他們生了第二個兒子，但因為一胎化政策被罰繳一個月收入。他們的手頭很緊，趙小姐的丈夫也會在煤礦場忙碌一整天後，為錢找她吵架，還常常動手，她於是開始考慮逃走。她不能離婚，因為丈夫以她父親的性命要脅。有一天，趙小姐問他：「你可以對我好一點嗎？我保證和孩子一起待在這裡。」

來自山裡的矮小肥胖男子沒有回答。

所以這個有兩個孩子的已婚母親獨自遠走上海，被丈夫、娘家，以及全村的人鄙視，唯一的例外只有她母親。

「比起錢，我家鄉的人更在意感情與關係。」她說著邊搖頭：「她們可以為一個男人死，為他哭，甚至犧牲父母、家庭、金錢。」

趙小姐指指店內架上的各色花朵，她的生命充滿醜惡，但她的店鋪相反。

「這裡的生活還過得去，但整體還是很苦。我每次想到事情後來的發展就會哭。但我已經不是重點了，現在我只為兒子而活。」她告訴我。

趙小姐在長樂路開設花店沒多久，丈夫就把大陽送到上海，這位來自山裡的男子認為長子應該成為中國最富有城市的居民。趙小姐好興奮。

「他要是能上大學，我們家鄉所有人都會以他為傲，我們也有機會改變這個家族的命運。」她說。

大陽當時小學六年級。這男孩遺傳了母親的高壯身材和高顴骨。他在棗莊煤礦局學校非常受同學歡迎，不但跑得快，成績也好。

他在煤礦小鎮的實力到上海持續發揮，在新學校成績頂尖。在地方小學讀過一年之後，本地某間中學的長官看上他的體育才能，招募他入學。他畢業於比樂中學時是百米短跑冠軍，作文比賽也得第一名，是班上頂尖的學生。如果他繼續努力讀書，上個菁英大學絕對沒問題。與此同時，趙小姐的花店營運也蒸蒸日上，開始接到來自上海各地的訂單。對母子而言，他們在大城市成功的夢想似乎就要實現。

不過留在家鄉八歲的小陽卻很慘。父親每天在煤礦工作輪值好幾班，他大部分時間都獨自在家，個性因此變得內向，老是關在房內讀書。她會掛掉趙小姐打去的電話，就算她回家，他也不跟她說話。當她邀來村中其他孩子跟他玩，小陽對他們拳打腳踢，他們遂不再上門了。小陽是所謂的「留守兒童」。

隨著大約二億五千萬人從內陸移居到近海城市，很快心理醫生就開始意識到小陽這類孩童的問題，他們因為被留下而產生自卑情結，自尊心低落。他們害怕與人互動，不願意接聽父母電話，情感疏離。根據一項政府研究指出，他們當中有一半的人有憂鬱和焦慮的問題。

官媒估計大約有六千一百萬名被丟下的男孩女孩，大約是中國兒童人口的五分之一。

趙小姐工作太忙，沒注意到跟這項研究有關的資訊。她找上小陽的老師，對方猜測小陽有自閉症的問題。她於是立刻決定將小陽移到幾十公里以外的特殊學校，就位於省政府附近。

至於上海的大陽也很快要遇到麻煩了。他從中學畢業後進了一所校譽很好的高中，距離母親在長樂路上的花店只有一個街區的距離。

但就在開學前，趙小姐接到學校電話，想知道她兒子的戶籍狀況。

趙小姐就怕接到這類電話。中國的戶政登記法律，對於孩子可以在哪一區上高中有嚴格規定，而她和大陽都沒有登記住在上海。不過，上海正在針對相關法條進行改革，且她有一些來自外地的朋友已經成功登記為上海居民。趙小姐在此地經營花店，大陽就讀頂尖中學時的成績又很好，她希望這些條件可以讓他成功進入上海高中就讀。

趙小姐於是說了實話：「我告訴他們，我們的戶口登記在棗莊。」

電話另一頭出現漫長的沉默，最後女子開口：「如果他這輩子還想上大學，就得回去那裡讀書。」

中國政府規定，如果要參加大學入學考試，就得在戶籍地報名，並要求學生就讀戶籍所在地的高中。

趙小姐回想她為了讓孩子擁有更好生活做出的所有努力，還有她對大陽的期待，他所表現出的潛能，他無休無止地努力讀書，拿好成績，作文得獎……瞬間一切似乎都白費了。

大陽得回到礦坑去。

中國確實有很多人遷徙，但這個所謂「戶口」的國家戶政系統卻想盡辦法把他們綁在家鄉。如果你想聽任何一個中國農民咆哮抱怨，出口詛咒，只要說出「戶口」二字就行了。在此地居住超過十年，我從未聽過任何鄉村中國人對此系統表示滿意。

中國人對戶口的不滿要回溯到千年之前。三千五百年前的商朝開始，君王就知道為了徵收稅金及確保年輕男子入伍服役，詳實登記人口很重要，此外也能藉此有效就近監控任何潛在的社會與政治亂源。毛主席之後發現戶口系統的另一個附加功能：建立計畫經濟體系。

中國共產黨於一九四九年掌權之後，開始借助史達林的經驗推行工業化政策。蘇聯的居民證制度（或稱內部護照）將工業與農業人口區別出來，限制他們在國內的移動，藉此幫助政府推行社會主義經濟。

也因為如此，一九五八年開始，住在上海的中國人開始得到城市戶口。如同中國各地大城市的居民，大部分居住在長樂路上的居民都被指派到工廠工作。當時中國大多人口處境都跟趙小姐老家的差不多：居民拿的是農村戶口，且必須在集體農場工作。火車站跟公路沿途都有檢查哨，就為了不讓城市或鄉村人口離開原居地。中國的新政府因此得以控制大家工作的地點，並精確計算每位公民對國家的經濟輸出。

但這系統也有問題。在大飢荒時期，農村戶口幾乎等於死刑。當時大約有五億持農村戶口的人口為集體農場工作，而政府往往在農民還沒分配到食物之前，就把收成取走了。大部分被奪走的食物都直接進了城市人的肚子裡。

此外，農村政府官員因為中央施壓而必須提高產量，往往以嚴重浮報收成數量作為回應，結果反而導致更慘的結果：當中央政府向農場徵收作物時，許多像是趙小姐居住的村莊被迫放棄所有收成以達到目標數字。從一九五八到一九六二年，根據估計共有三千六百萬鄉村人口活活餓死，而那些持城市戶口的人（包括長樂路上的工廠工人）則在餐桌上吃著他們種出來的食物，無視鄉村大量堆積的屍體。

但從經濟學角度來看，戶口系統確實加速了國家的工業化進程。一位戶口專家稱其為「中國史無前例經濟成功的祕訣。」但一份現代戶口系統五十週年的報告指出，這項制度讓中國社會付出殘酷巨大的代價：

> 藉由限制農村人口移動，政府強迫他們務農，卻只給予幾乎僅能維生的補貼；他們沒有社會福利，又被剝奪移向城市的能力。中國於是出現兩個截然不同的社會。尤其因為戶口無法變更又代代相傳的特性，農民成為實質的下等階級。

一九八〇年代改革開放，中國政府移除了戶口檢查哨，逐漸允許居民更為自由地移動，重新賦予人民原本憲法就保障他們享有，卻被主管機關漠視的權力。

儘管有所改變，中國社會仍然持續受到戶口制度衝擊。到了二〇〇〇年，戶口系統已然創造出兩個中國：其中一個就像上海，充斥閃閃發光的摩天大樓和現代大眾運輸工具，吸引許多未開發區的移工及國外旅客前來；另一個中國就與趙小姐的家鄉類似：貧窮落後的鄉村，其中數千萬人仍靠每天不到二美元的收入艱困度日。觀光客才不想去後面這個中國，中國人也急於從中逃離。

然而一旦成功到了上海這類大城市，他們立刻發現農村戶口在此地毫無價值可言。類似趙小姐的這些鄉下人如果想申請結婚證明、護照或健保，就一定得回到原居地。

我最常在長樂路上聽到非上海人抱怨戶口制度的部分，就是對他們下一代造成的影響。這些搬到城市的夫妻生下數千萬孩童，就跟太陽一樣，這些孩子在城市出生長大，也在城市上小學、交朋友，甚至把城市當作家鄉。但他們戶口卻還在鄉下。所以等到即將進入高中，他們被迫搬回父母的出生地。此時如果他們不是留守兒童，被送回鄉下跟祖父母住的機率非常高，還是一個他們只拜訪過幾次的小鎮，等到高中讀完，這些人就成了教科書常見的問題翻版。社會學家針對這類戶口系統的缺失寫過不少譴責文章，其中常拿曼德拉執政前的南非種族隔離系統作類比。

廢除戶口系統對政府並非易事，畢竟這項系統曾幫助他們掌控十三億國民的經濟輸出，至二〇一一年也幫助中國成為了世界第二大經濟體。針對移工家庭的限制也有助防止曾在許多大城市郊區興起的棚戶區，像是印度和巴西。連移工本身也有許多人意識到廢除這項系統可能造成的危險。一名來自安徽的工廠工人告訴過我：「沒有戶口系統之後，外來者會潮水般地湧入上海，其中許多人無法找到工作。很快到處都會是窮人，他們的孩子滿街亂跑。你能想像犯罪事件會有多少嗎？」

每次只要政府試圖捍衛這個系統，這些說法都會出現，內容確實也很有說服力，但西方媒體常忽略這些論點。當你考量到中國是人口超過十億的開發中國家，貧富差距又大時，便會對其中大城市的安全程度感到吃驚。上海安全無害的街道是促使我舉家搬回中國的原因。這裡住了二千五百萬人，但我們晚上可以放心在街上散步，完全不用擔心被搶或遭人騷擾。如果是在之前居住的洛杉磯郊區，夜間散步輕易就能召喚出任何人的求生本能。

除了避免棚戶區效應，中國已經迫使超過二億五千萬人與原生鄉村保持關係，長期而言，這也造成了正面的影響。隨著中國經濟以二位數的百分比快速增長，群聚到大城市的這些年輕男女開始賺到足夠的錢帶回鄉下和孩子團聚，買房子，並應用他們在城市學到的技能幫助振興家鄉產業。

二〇一三年，我回到十五年前住過的四川小鎮，對於當地的大幅改變嘖嘖稱奇。我之前的中國同事是住在史達林式的水泥小屋內，飼養的雞就在庭院隨處晃蕩，但現在他們住在豪華的公寓社區，還有車能在週末時帶全家出去度假。移工帶回來的金錢與技術，對此區經濟繁榮貢獻良多：中國式的下滲經濟學。

在中國經濟政策擘劃者的思維裡，戶口系統雖然讓數千萬人在自己國家成為非法移民，但就跟一胎化政策一樣，如果政府想提高十三億居民的生活水平，這種手段是必要之惡。

二〇〇二年，趙小姐的大兒子在上海只靠棗莊戶口已經撐不下去了，於是大陽搬回老家，重新進入棗莊煤礦局附屬學校就讀高中一年級。此時他父親在煤礦局的工時已經是正常的兩倍，彼此很難見到面。中國剛進入世界貿易組織（WTO），奧運委員會剛選擇北京作為二〇〇八夏季比賽的地點。所有礦區都需要破紀錄的產量，以因應中國逐漸蓬勃的經濟情勢——為了維持整個國家的成長速率，平均一週會興建一座煤礦發電廠。由於父親幾乎都在礦區工作，弟弟又遠在特殊學校就學，大陽為了抵禦寂寞，只好把注意力都放在課業上。他在上海成績卓越，輕鬆就能勝過其他同學，所以認定在棗莊這種落後地區讀書應該是易如反掌。

「我一定會成為班上的頂尖學生之一。」大陽猜想。

但才入學第一天，他就慌了。班上同學的程度領先他好幾年。他把上海學校的物理課本拿給老師看。

「我的老師把書翻過一遍，然後開始笑，指著班上成績最差的學生說：『你到上海去也能拿第一名。』」

突然間，大陽非常希望能瞬間移動回母親位於長樂路的花店。隨著開學第一天終於結東，他發現鄉村學生使用的是特別為大學入學考試量身訂做的課本，內容比起上海這種大城市用的要難上很多。他們的考試程度較難，純粹是因為需要篩掉的學生比例更高。他的老師解釋，山東人口將近一億，「考試必須要有辦法在人海中篩選出菁英。」

大陽意識到自己在此不過是顆不起眼的砂礫。他的新同學都比他努力，上課時間比上海多上一倍：從早上七點開始上課，一路到晚自習的九點。

「所以額外的時間都得用來記誦課本的內容，學生連下課時間都不休息。」大洋告訴我。上海學生偶爾會有所謂的開書考試，但家鄉的學生一切都要靠腦袋記住。

這裡的大學入學只靠「高考」一槌定音，學生自然被迫得記住課本的所有內容。在極度仰賴人際關係的文化環境中，高考是很好的均衡制度：無論背景，只要好好讀書，都有辦法在拿到好成績後，改變整個家族的命運。正因為擁有這種翻轉整條血脈宿命的功效，中國學生幾乎用盡所有的時間學習和準備高考相關的考試。

因為同學腦中早已裝了比他多上好幾年的考試知識，大陽在學校幾乎滅頂。他的考試成績變差，對學校失去興趣，也常蹺掉晚自習去網吧打電動。好學生不再跟他說話，他上課時幾乎都在睡覺。他的高中老師甚至認為這位十六歲學生應該回去重讀中學。

「但那代表我大學畢業都快三十歲了，對我往後的人生打擊實在太大。」大陽說。

另一個選擇比較吸引人：退學。

大陽將回到上海，但不是以榮譽學生的身分，而是移工，一如二十年前的母親。

二月是花商的旺季，隨著農曆春節與情人節兩個重要節日接連到來，玫瑰花的需求量大增。

二〇一二年，趙小姐還沒從龍年的春節戰場中緩過來，店外整夜鞭炮劈啪作響，店內則滿地凌亂的緞帶、薄紙、賀詞布條，以及為了迎接即將到來的情人節而擺滿架上的紅、粉、白三色玫瑰。

她看起來很累，因為前晚幾乎都在照顧兩個月前出生的孫子，當時還是兔年。這個胖嘟嘟的男嬰是小陽的孩子，現在和趙小姐住。當大陽決定退學回到上海，小陽也趁機從自閉兒童特教學校逃出來，跟著哥哥來到這座大城市。

兩人都搬來與母親同住。當時小陽二十四歲，家鄉的人都聽說他跑去上了特殊學校，所以一開始很少有人來說媒，這讓趙小姐聯想起自己兒時的白血病，及之後烙在她身上的汙名。不過現在她手上有了別的王牌：她在大城市賺了不少錢，這在家鄉也成了廣為流傳的八卦之一。

大家都知道趙小姐在省政府附近的高鐵站附近買了兩間公寓。十五年前因為趙小姐離家到工廠工作不和她講話的女人，現在全都迫切想得到她的注意力。大家都認定只要跟趙小姐的兒子結婚，就等於拿到離開鄉下的車票，最後趙小姐選了張敏（音譯）做為小陽的妻子，她是一位聰明有自信的農家之女。

趙小姐包裝著玫瑰花束告訴我：「情人節非常累人。但想到包好的花能被年輕人當作愛的信物送出去，我還是挺開心的。」趙小姐用力把五十七根花莖綁緊，花明天會有人來取，她想著這些浮現了微笑。外頭的氣溫冷得凍骨，但她還是把門開了一個小縫，好讓吹入的潮濕冷風延長商品壽命，凋萎得慢一些。當時已經接近傍晚，霧霾讓太陽看起來就像一顆橘紅圓球，輕輕被擺在長樂路一排排梧桐樹枝條頂端。隨著交通尖峰時間到來，外邊斷續傳來隱約的喇叭聲，作為上海結束一天勞動的固定背景音樂。

大陽正在高爾夫球場工作，不在家。他有很多年整天打電動，靠著拿趙小姐的零用錢過活，但後來總算振作起來，找了份工作。趙小姐告訴我：「他認為高爾夫球會在中國發展起來，所以正在學打高爾夫球，希望有天可以當教練。他上次還跟我說：『媽，我可以把球從這裡打到延安高架路呢。』」那是上海最繁忙的道路之一，距離趙小姐花店不到二百公尺，視野可及。

趙小姐看起來鬆了口氣。過去幾年大陽過得很辛苦，他在上海讀中學時的同學紛紛從國內頂尖大學畢業。他本來也可以有那樣的成就，趙小姐每次想到都心痛不已。

「有時候我覺得是我毀了兒子。」趙小姐把手上的花暫時放到一旁說：「我總跟他說要做個好工人，要為國家奉獻，但看看他之前遭遇的一切。」

趙小姐說，就在前幾天，有對來自福建的夫妻想在對街租店面，還想把孩子也帶來。

「我告訴他們：『回福建去，我們都被騙了！』」

趙小姐也同樣這樣建議她所有的鄉下朋友。「我跟他們說，要是帶孩子來，你會毀掉他們的人生。」

我覺得這話聽起來太誇張了，也這麼告訴她。我說，她畢竟在上海過得不錯，家鄉人們都羨慕她的成功。她兒子或許沒上完美的學校，但工作努力，就像她剛到大城市時一樣。

「大陽的人生真的毀了嗎？」我問。

趙小姐任由這個提問在冰冷的花香中懸宕，沒有回答。

「我們都是中國人。」趙小姐指著走過人行道的路人說：「我們被同樣的高層領導，也屬於同一個國家。為什麼沒辦法擁有同樣的權利？」

她來大城市時帶著夢想，也為了實現夢想努力工作，只因為沒有正確戶籍，眼睜睜看著到手的成果荒廢。不過趙小姐還是享受到了祖輩未曾有過的其他權利。她自由地離開家鄉，努力工作後賺到的錢比家族中任何人都多。她的兩個兒子或許沒有受到上海教育，但在往後的年歲，他們可以享受母親打拚下來的物質好處。

坐在我身旁凳子上的趙小姐大大嘆了一口氣，吐出的熱氣逐漸消散在寒冷的店內空氣中。

「等我丈夫退休，大陽也找到老婆後，我得休息一陣子。我已經在這個小空間內待了十五年，從來沒旅行或外出用餐過。有時我甚至懷疑，自己能否有一天為自己而活。」

這是中國母親常在思索的問題，而答案幾乎永遠都是：不可能。中國傳統認為母親就是要照顧丈夫、父母、小孩，以及所有孫輩，為自己而活被視為自私的行為。

不過趙小姐已經打破過傳統。她把丈夫留在家鄉，自己創業，賺自己的錢。她想辦法掌握了自己的人生。不過現在她覺得必須為孩子負責，總是為他們擔憂，她甚至也為他們的孩子擔憂。

「等我的大兒子結婚之後，我也還得照顧他的孩子，對吧？中國人就是放不下。我們永遠在為他人而活，為下一代而活，沒完沒了。我們很笨吧？」她問。

這個下午在錦樂花店內出現了很多無解的問題，而這個問題也同樣沒有答案。

趙小姐的電話響起。「喂，你好？大陽啊……」她馬上回復到平常笑吟吟的神情，兒子打來分享他的一日。

我走出店外給她一點隱私。夕陽籠罩著整個上海，反射在辦公大樓上的光芒透過梧桐樹枝條在我頭頂閃爍。隔壁機車行的老闆在街燈下修理一輛機車，他的妻子則在店內煮了麵條餵孩子吃。

在上海喧囂的車流聲中，傳出趙小姐聽兒子描述一天趣事的笑聲。她又快樂了起來。

第四章

再教育

——長樂路一六九號

長樂路的早晨比中國多數地方都還要早開始。首先讓人感受到生活脈動的，就是每到凌晨四點會有一台台裝滿新鮮魚貨的小廂型車開進長樂路中段的傳統市場；然後是一疊疊裝箱蔬果，被彈性繩綁在機車後座，司機載著它們在陰暗空曠的街上急速奔馳。凌晨五點，所有市場攤販準備就緒，並把昨天腐爛的農產品丟上人行道。幾分鐘後，垃圾車上滿載穿著淺藍連身服的清道員出現收拾殘局。接著上場的是洗街車，一台附輪子的巨大水箱，鏟雪車般緩慢地在人行道上滑動，頂端喇叭大聲播放著電子版本的迪士尼歌曲《小小世界》。

二〇一三年生氣蓬勃的是日清晨，陽光在六點〇九分從上海市的地平線探出頭來。上海西邊大約五千公里處，曾是絲路貿易小鎮的喀什市，天空還是灑滿星星的一片漆黑。如果中國採取不同時區制，這裡應該是凌晨三點，但並非如此，所以這裡也是凌晨六點，而太陽還要再三個半小時才會升起。這座城市與上海之間的距離就如同洛杉磯與紐約，但兩座城市，無論是公共廣場、火車站還是高中教室，鐘面的時間都完全一樣。

無論你在中國何處，遵循的永遠是北京時間。

上海那天看來會是個陽光普照的秋日，最高溫落在攝氏十度左右。目前氣溫大約五度，一陣陣微風將煙霧從長江三角洲上的工業王國往東吹進上海。梧桐樹的樹冠整片由綠漸次轉黃，當強風沿街吹送，香蕉色的葉子就從枝葉散落，輕輕落在底下不停冒出喇叭響的汽機車流中。我看了一下手機上的空氣品質檢測表，上面顯示「不健康」的橘色指標。

那天早上我去拜訪了趙希林的花店，沿著長樂路回家時，我看見人行道上一扇窗口冒出蒸氣，許多手插口袋的過路行人正匆匆趕赴工作，蒸氣模糊了他們的臉。

我肚子餓了，所以停下來，鎖好腳踏車，跟著站在窗口前排隊。

「吃吃看，不好吃不用錢。」窗口內傳來的聲音粗啞有力。我看到一隻滿是風霜的皺手，將蔥油餅（上海受歡迎的小吃）塞到一名穿時髦套裝的女性的纖纖細手中。她身後排隊的人龍愈來愈長。

「師傅，」她用非常尊敬的方式稱呼老廚師，「我不想要蔥油餅，你有沒有油墩子？」油墩子真的就是一整塊油滋滋的，是一種炸蘿蔔餅，也是有名的上海點心。老闆用汗濕的手抹了抹額頭，手上的油讓銀白的劉海都翹了起來。

「有，當然有！」老闆大吼。「但妳得等，我得再做一批。妳為什麼不乾脆買蔥油餅就好？」

「你的蔥油餅比其他地方都要貴上一元。」

「因為我的蔥油餅比他們都好吃。要是妳吃了不喜歡，我一分錢都不收。」女子噘噘嘴，最終買了三份蔥油餅。

上海的小吃產業非常興盛。從小籠包到蟹殼黃，就算只在長樂路上走一個街區，你也一定會聞到一陣陣家庭手工的小吃香氣襲來，這些小販可能使用上面有爐灶的推車，或者直接在自家一樓烹調。在這位老廚師的廚房內，你能看到一堆切了一半的自種洋蔥、紅蘿蔔、蓮藕亂糟糟地散落在樹墩砧板上，一只盛了麵糊的紅色塑膠桶，一個塞滿蔥油餅的電子煎盤，另外在瓦斯爐的大火上還有一只盛滿油的大鍋。他把一團團蘿蔔餅麵糊扔進油鍋（裡面是生麵糊混了切碎的蘿蔔絲、蘑菇、芹菜），接著是一陣滾燙的嘶嘶作響，蓋過了老人窗外呼嘯而過的機車聲響。

他的廚房在一棟超過百年的灰泥建築內，地板上繁複多彩的圖樣暗示這裡曾住過富貴人家。不過就像許多法國租界裡的房子和別墅一樣，經歷數十年的戰爭與共產黨的各式運動，這裡的住戶早已撤出，重新入住的大多是一般平民，原有空間也被分割成一間間窄小擁擠的公寓。

這位老廚師就住在一樓後方的一個陰暗小間中。他和樓上另外四間公寓的住戶共用這間廚房。每天早上他們下樓準備去上班，經過廚師身邊時都會道聲：「早。」他占據公共空間經營自己的生意似乎不是個問題。他是這裡的資深住戶，並擁有自己房間的地契，所以和其他年輕住戶相比，位階相對高一些。就算那些年輕人彼此私下有過抱怨，對這名老人還是抱持基本的敬意。

「嘿，就你，買份蔥油餅吧。」師傅對著路過行人喊。

窗口外排隊的人潮開始減少，但他仍努力想把剩下的餅銷出去。一名戴眼鏡的中年男子慢下腳步，努力想看清楚師傅窗口外白板上混亂的藍色中文字，但最後什麼都沒點。

老廚師叫馮建國（音譯），以他的母語上海話發音是「否機國」，但我都叫他馮大叔。馮大叔很少露出完整的微笑，當他努力賣餅或對某事產生懷疑時，臉上會露出一抹詭祕的微笑，其餘大多時候他總是一臉疑心重重的模樣，彷彿電影中的布魯斯．威利在思考對手何時會出手。馮大叔矮壯結實，看起來足以迎向任何險阻，不過那副寬闊的胸膛總是覆蓋著白色圍裙。

生意好的時候，他一天煎一百八十份蔥油餅，每份賣人民幣三元（大約是五十美分），比附近小吃攤的賣價高上將近一元。「我的餅味道很特別，大家都愛。」他說。

他以前在長樂路過去一點的錦江飯店廚房工作。幾分鐘後，他的老同事在休息時間經過，四位都穿著圍裙，其中三位還抽著菸。他們對我這位出現在馮大叔廚房裡的外國人很有興趣，以為我是來買餅的。

「沒有人的蔥油餅做得比老否好。」其中一位用濃重的上海口音笑著大聲嚷嚷。馮大叔聽了沒說話，只是繼續把餅甩上煎鍋，臉上掛著一貫的詭祕笑容。

長樂路這段街區夾於兩間同叫「錦江」的旅館之間，西邊老錦江飯店是馮大叔曾經工作的地方，一棟一九三四年建造的十五層磚造建築，創立者是著名的青樓女子董竹君，她後來也成為上海第一位成功的女性生意人。當時飯店還是上海最高的建築物之一。共產黨掌權後，董竹君聰明地選擇與黨合作經營，此後不但提供住宿招待國家元首如胡志明和金日成，就連一九七二年，美國總統尼克森簽訂引入大量外資的上海聯合公報時，也曾在此落腳。

但國營的決定對錦江飯店帶來的卻是負面影響。如同當時的當時許多國營旅館，上海經濟重新起飛期間，它在新一波豪華旅館的衝擊下，喪失了原有的地位。新錦江大酒店就是一棟四十層樓的玻璃鋼骨建築，頂端還有旋轉餐廳，一九八八年在這個街區的另一頭開幕時，是當時上海最高的建築。

這兩棟新舊旅館拉出了一條時間軸，連結了一九三〇年代的上海興盛象徵，以及今日的權力景象。有意比較兩者，你只需要沿著長樂路走這麼一個街區：從茂名路口的錦江飯店走到瑞金路的新錦江大酒樓。

真的就這樣，只需要一個街區。

馮大叔的小店坐落於兩者之間，就隱喻而言完全合理。他生命中經歷過的重大事件，都發生在毛澤東時期貧窮與混亂的三十年，正好橫跨了錦江飯店與新錦江大酒店各自的繁華年代。馮大叔一次如此向我解釋：「毛澤東成為領導人之前，他對中國有很大的貢獻。但到了後來，他好像只希望大家記得他的各種英雄事蹟。要是他能對資本主義敞開心胸，中國現在一定進步多了。在錦江飯店時代，香港和台灣都比上海窮，但後來它們向外國學習，上海就被甩在後面了。」

馮大叔的人生也是如此。

馮大叔出生於一九五一年，當時毛澤東剛上台兩年。他與父母及四個手足住在長樂路以南幾個街區的巷道小戶中。馮大叔的童年正是毛澤東最有影響力的時候，他從小浸淫於各式共產黨的宣傳與運動，到了中學時期，他甚至渴望離開中國最富有的城市，一心只想前往農村工作。他想和在學校常讀到的無產階級大眾一起辛勞。

一九六五年五月二十五日，馮大叔發現學校走廊貼了許多海報，邀請學生當晚到上海文化廣場參加集會，根據海報上的資訊，他們可以認識一個叫新疆的地方。

新疆，中國的新疆土，這塊土地不偏不倚地位於歐亞大陸中央，是地球上距離海洋最遠的所在。面積大約是加州、內華達州、猶他州、亞利桑那州、新墨西哥州的總和。居住其中的大多是名為維吾爾族的中亞民族，直到十九世紀被清朝用延續數十年的戰爭占領。古絲路貫穿的正是這塊土地。一九四〇年代，新疆一度脫離中國掌控，但在中共一九四九年掌握政權後，新的領導階層決定要永久統御這塊領土。中國軍方在此地已建立不少駐軍站，只需要再數十萬人定居開墾其中的偏荒地區。

馮大叔當時才十四歲，根本沒聽過新疆這個地方，但他還是連晚餐都沒吃就跟同學跑去參加集會，和數萬名學生一起擠在現場。打著明亮燈光的舞台底下站著數十位在新疆服役的人民解放軍軍人。

「他們把活動安排得很仔細，那些軍人告訴我們，新疆真是太棒了，不但是工作的好地方，食物也很豐富。你想吃多少甜瓜和葡萄都可以。」馮大叔說。

馮大叔記得這段演講引起大部分人的共鳴。當時距離毛澤東造成數千萬人死於飢荒的大躍進才幾年，雖然大部分上海人都撐過那段時期，但食物供給仍顯短缺。

隔天，這場青年聚會占據了上海市所有報紙的頭條。一九六五年五月二十六日的《解放日報》頭條寫了「五萬上海青年亟欲在新疆建設中大顯身手」，其中的跨頁報導還提到來自中國各大城市的年輕男女，並將他們描繪為「毫無農耕知識，臉色蒼白的文人」。報導宣稱這些城市土包子正要把新疆貧瘠的土地變為良田。「每個年輕人都必須在農場上負責二十五英畝的稻田、二十到二十五英畝的棉花，或者五十英畝的小麥。他們是能夠吃苦耐勞地為中國富裕經濟打拚的『小老虎』。」

其中一篇報導的主角是來自上海的十八歲年輕人，他才到新疆一年就已成為副排長。

「我本來知道要到新疆養豬很不高興，但經過再教育，我明白擔任『豬班長』是很有意義的工作。提供豬肉能夠改善所有工人的生活。」這名年輕人說。

年輕時的馮大叔沒有參與過這麼多人的集會，當晚真是興奮得睡不著。隔天他就向父母宣布輟學的決定，說他打算去幫助新疆發展。他的母親和父親沒有什麼激烈的反應。

「當時他們還有四個孩子要養，所以也不是很在意。」馮大叔告訴我。再隔天他就搭上一班即將開上好幾星期才能抵達新疆的火車。他的家族中從未有人離家這麼遠。

一九五〇及六〇年代的中國，據估計大約有一千七百萬年輕人決定揮別城市。這能達到雙重目的：這些國內最聰明的人可以被農民「再教育」，還能幫助建設國內最貧窮的偏鄉地區。這批中國青年移民行動被稱為「上山下鄉」，四個字，簡單明瞭。

有十萬名年輕男女從上海到新疆工作，馮大叔就是其中之一，而帶領他們的是新疆生產建設兵團。這個兵團掌控了圍繞中國兩大沙漠的眾多河川，於其上建造了九十六座水庫及一百一十七座水壩。控制了此區的水路之後，兵團的年輕成員開始挖掘灌溉渠道，將十四萬公頃的林地轉為農地，範圍大約和紐約市一樣大。

一九六三年十二月七日，《解放日報》刊出了一則在天山山腳下建立農場的新聞。這區此後將成為馮大叔插隊落戶的地方。「與老兵一起：上海年輕人活躍於天山」，文章中還有一首由十九號勝利農村領導者所寫的詩：

告別上海的黃浦江，
大聲歌唱前進新疆，
跋涉過萬千道路，
年輕人必有大志。
國家無限好，
年輕人得更勇敢，
在沙漠邊緣打小麥，
沙海一波波從旁滾過。

「那裡根本鳥不生蛋。」馮大叔回想他在沙漠的家搖頭說：「根本就是不毛之地，沒人居住的荒野，大部分的人一到就後悔了，但已經不可能回上海。那地方實在太荒涼，你想離開都沒辦法。沒食物，沒道路，你要是試著離開一定會死。」

馮大叔開始和新同事質疑所有在上海集會聽到的細節，但他們已距離上海五千公里汽車加火車的艱困車程。「我們被告知這裡是個好地方，所以也沒問到底要做什麼。等到了那裡，才發現根本被騙了，我們的工作就是把荒地變成農地。」

馮大叔被分派到阿克蘇市外的單位，距離當時隸屬蘇聯的吉爾吉斯斯坦的山脈邊界不到一百六十公里。「阿克蘇那裡一戶房子都沒有，什麼都沒有，真的。住在那裡的人窮到只能住在用茅草覆蓋的泥土屋裡。我們剛抵達時甚至沒地方可睡，只好在地上挖洞，試著用乾樹叢覆蓋，再把它們壓實。我們就這樣睡了兩年。」

馮大叔的工作單位有一百五十位年輕人，大多是男性，來自中國各地：河北、山西、四川等等。其中有些是曾與當地的維吾爾及哈薩克反抗軍作戰過的軍人。大家似乎都沒什麼食物可吃。「他們一天給我們三個饅頭。那就是我們的早餐、午餐、晚餐，就這樣。」

那是一場試圖擺脫飢餓的賽跑。馮大叔和同事瘋狂地學習如何駕駛從蘇聯進口的牽引機。他們整平鹽化土地，試圖耕種，最後總算在塔里木河沿岸種出蔬菜。幾年之後，他們總算種出足夠作物，能夠向山裡來的哈薩克或維吾爾獵人交換小型獵物。整個過程可說為「上山下鄉」賦予了全新的意義。

「你好。」馮大叔的妻子提著一袋袋大葡萄衝進來，發現有個外國人站在丈夫的廚房裡，她於是停下腳步。

「噢，哈囉，要來點茶嗎？你還沒給我們的客人倒茶，是吧？」她責備丈夫。他沒理她，在把麵團倒入鍋中時突然變得安靜許多。

我婉拒了茶。「來，吃點葡萄，很好吃，是新疆的葡萄，我都洗過了。」

我與馮大叔的對話就這麼戛然而止，彷彿他的妻子拿著遙控器向他按下靜音鈕。我懷抱敬意回答這位傅大嬸所發射出的一連串問題。

「你是美國人嗎？」她問。

「是。」

「結婚了嗎？」

「結了。」

「你妻子一定是中國人，所以你才說中文，對吧？」

「不，她也來自美國。我是在四川學的中文。」

「四川！我就是四川人。你去過松潘縣嗎？就靠近九寨溝。哇，你沒跟四川女孩結婚實在太可惜了。所以你妻子是美國人？」

「對，其實她是華裔美國人。」

「哇，混血，多幸運呀。你的孩子會非常聰明，這是基因決定的。」

這女人彷彿一陣旋風，席捲式的大自然力量。她丈夫像石頭一樣坐在那，看著蔥油餅在鍋中滋滋作響，一個個麵團在熱度下逐漸變得香脆，她卻像一陣永遠不會停下來的風，永遠都在說話。

傅大嬸身材矮胖，鼻梁上的眼鏡總是滑到鼻尖，鏡框上緣剛好與眼睛平行，但她不會把眼鏡推回去，反而不停抬頭或低頭試著把周遭環境看清楚。傅大嬸比馮大叔晚五年以勞工身分抵達阿克蘇市，兩人於是在新疆相識。那時候馮大叔與同事已經在當地種出一系列作物，也蓋出足以妥善安置所有人的木製房子。傅大嬸當時是受過教育的年輕人，剛從四川來，幸好有馮大叔在前頭的多年努力，總算一天可以不只吃三顆饅頭。

「你是基督徒嗎？」傅大嬸興奮地問。

我對她說我在天主教家庭長大。感謝主，她說，然後突然邀請我到她的教會與牧師見面。

「沈牧師以前是個土匪，不識字，但有人在獄中對他朗誦《聖經》，他就把整本書背下來了，很了不起。」

這話在我聽來實在奇怪。一個土匪在獄中改過自新，現在卻在經營一間教堂？聽起來這個沈牧師可能還是名土匪。

我轉向馮大叔，按掉他的靜音鈕：「你去過這間教堂嗎？」

「我不相信那種事，總得有人負責養家。」他說。

「等你老了，時間多了，就該來聽聽。上帝創造了世界和地球上的一切，祂也創造了人類。我們屬於祂。」她對丈夫喊。

馮大叔翻了個白眼，轉向敞開的窗戶，這次自己按下靜音鈕。傅大嬸又轉回來看我：「你一定要來，那裡有很多像你一樣的年輕人，沈牧師真的很好。」

按掉靜音鈕，馮大叔喊：「妳要去就快去，不要講個不停。這麼想去就去呀。」

「教堂的老闆是溫州來的一個有錢人。」傅大嬸完全沒有要理丈夫的意思，繼續講。

根據傅大嬸口中提到的土匪牧師和來自溫州的商人（溫州是南方一個以出口詐騙集團而聞名的城市），我不禁懷疑那是否為一個經核准的教堂。中國政府對宗教管理嚴格，只有得到核准的主流信仰得以傳播，地方宗教領袖必須對黨宣示忠誠才能展開活動。

「那座教堂合法嗎？」我問。

「我不覺得。」傅大嬸回答時揮了揮手。

馮大叔倒是有話想說：「如果妳再這樣不停上教堂，很快我們家就沒飯吃了。」

我瞄了傅大嬸一眼，她搖搖頭，再次揮揮手。「上帝告訴我們，『我的恩典是夠你用的。』」

「哈，那妳乾脆也別回來了。」馮大叔大喊。

我對非法教堂所知不多，直到一家落腳在我家隔壁。我們全家抵達上海一年後，一名二十來歲的金髮美國女性租了我們隔壁的公寓。就和其他鄰居差不多，她大部分時間都獨來獨往，也不常在家。但每到週五晚上，我注意到電梯前的隊伍會排得很長。平常安靜的電梯搭乘過程，那天則會擠滿面帶微笑的年輕男女，外國人和中國人都有，而且大家都用英文熱絡聊著天。等電梯到我的樓層時，他們全都會越過我走進隔壁公寓，而屋內通常已經有幾十個二十來歲的人，正在歌唱讚頌耶穌。

這已經成為我和蕾諾拉週五的固定儀式：面對上海夜景晚餐，聆聽著從走廊對面公寓傳來的現場福音歡唱。

隔壁這樣的教堂被稱為「家庭教會」。到了二〇一〇年，家庭教會在上海已經很常見，尤其在城市上班族之間特別流行，這些人的職涯、教育環境、家庭養成常讓他們感到精神空虛，道德無所依循。但來到家庭教會，他們能在一小群同儕中追求信仰，而不像在國家批准的大教會中，所有佈道內容都得透過黨部官員核可。

中國領導者總是對外國信仰充滿疑慮，尤其是像基督教這種迅速擴及全球的宗教。當中含有十九、二十世紀時，受外國強權欺凌與殖民所產生的偏執想法。這也能解釋中國政府所批准的新教組織名稱：三自愛國教會[3]。這個名稱源自於十九世紀的三自運動，由當時的傳教士所命名，希望以此塑造出一種將基督教「在地化」的印象，並向中國人保證：此宗教在境內的傳播受控於中國人自己，而非西方強權。

早期的共黨領導人將原本的運動名稱加上「愛國」兩字，因為根據領導高層表示：信教者首先必須效忠於黨。另外四個被共產黨政權核可的宗教之中，只有一個也被要求在名稱中冠上「愛國」二字：天主教。

基督教是中國境內發展最快速的宗教，黨高層對此非常關注。在一份二〇一四年外流出來的政府內部報告中，只有基督教被特別挑出來施以各種嚴格規範。中央政府也曾指示省級官員必須移除國家或省級高速道路旁的「宗教活動據點」。這項政策之所以曝光，是因為溫州有一座新教教堂被迫拆除，該教堂的屋頂上有一座將近五十五公尺，全市都能看到的高塔與十字架。那座教堂並未違法，甚至隸屬於黨的三自愛國運動。但拆除這座教堂顯示共黨對處理宗教的態度猶疑。

傅大嬸的教堂既沒有被核准，也不是家庭教會，就是個地下教會。那是一個手法細密的非法組織，背後牽涉金錢與物流資源，擁有塞滿房子的過多教眾。

傅大嬸和我抵達教會附近時，天色已暗，她一下子認不出哪一棟才是。總算有幾位看來目的與我們相同的人經過，我們於是跟著他們走入一棟正在施工的六層樓建築。屋外有一群工人在混拌水泥。他們停止動作，盯著我這個唯一的外國人看，帶頭的人用手機的燈光為我們帶路，穿過一堆亂糟糟的管線、成堆的石膏板，以及懸掛在頭頂的電線，然後走樓梯爬上二樓，穿過一道雙開門，眼前出現一座亮麗的禮拜堂。

「姊妹好，弟兄好。」傅大嬸一進去就開始對大家打招呼。她抓住我的手臂，領我走過

3「三自」為自治、自養、自傳，即事務和經濟獨立於海外宗教體系，由中國人傳授並解釋教義。

主要大廳，進入一個狹長的用餐室，其中擺了十幾張自助餐風格的小桌。窗戶都被木製遮光板蓋住鎖上。

這個教會的名稱是「中央教會」，教會宗旨以棕色中文字體漆在牆上。根據此標語的宣示：一個人必須被主、《聖經》、愛、全一、紀律、佈道、社群、職業生涯所圍繞。

我看到最後一項時想了一下，把職業生涯包含在宗教目標中，似乎顯得有些世俗。此點顯然是針對年輕的專業人士，他們可以透過教會幫助彼此找工作，建立新人脈，並指引對方一步步獲得經濟上的成功。教會在家族與朋友之外提供了一種另類的「關係」模式。

不過這個口號中明顯少了「家庭」。中國社會中比較年長的一代受到馬克思主義洗禮，認為宗教是大眾的鴉片，所以我隱隱有種感覺：父母輩在此並不受歡迎。

「他是跟妳來的嗎？」位戴眼鏡的年輕張姓教會領導人問傅大嬸。她點頭。

張先生的眼神閃過一絲困惑，但我開口對他講中文，他也因此自在起來。我本來以為在這樣一間施工建築內的祕密教會，一個外國人一定會引來側目，但除了張先生一開始的驚訝神色，大家似乎對於這位跟在矮胖村婦身後的藍眼外國人視若無睹，只是繼續在餐廳內拿著不鏽鋼碗排隊，把香菇與米飯往碗裡添。這些來自不同背景、不分貧富、不分年紀的人，都忙著吃飯快樂閒聊。我們彷彿身處一個大家庭。大家的表現都很文明：沒人推擠、吐口水或插隊。

張先生告訴我，這個教會在上海還有另外三個分會，在中國另外二十七座城市也正悄悄發展壯大。他也帶來了新消息：不識字的土匪沈牧師今天不會來。

傅大嬸的臉立刻垮下來。「哎呀，我把沈牧師的事都告訴他了呢。」

「別擔心，今晚由江牧師負責，他也曾是犯罪集團首腦。」張先生說。

「他也在監獄中背下整本《聖經》嗎？」傅大嬸心懷盼望地問。

「這倒不是，江牧師有讀寫能力，不過也是在監獄中尋得主，和沈牧師一樣。」

傅大嬸鬆了一口氣。雖然我們沒有機會目睹擁有過人記憶力，且在獄中改過自新的文盲前罪犯佈道，江牧師帶來的效果顯然類似。

開始有數十個人湧上主廳裡一排排的橘色座椅。傅大嬸和我坐在前排，在前方高起的舞台上，一個劉海垂到眼睛前的年輕男子正在裝配一組鼓，就在釘在牆上的木製十字架正下方。一台平板電視正在播放搭配音樂的山林景緻，畫面上照片的變換跟隨節奏激昂的搖滾歌曲，由天花板懸吊而下的喇叭大聲播送。隨著歌詞出現在山景底部，五名穿著黑色迷你裙的女子開始站上台唱歌。她們非常年輕，身形輕盈，隨著節奏搖擺。

耶穌，來我的心內……對我展現祢的愛！

教眾都一齊站起來跟著唱。有些人拍手，其他人則把雙手舉高。他們以中文大聲唱出歌詞，用美國南方靈魂樂的方式歡唱福音歌曲，頭部一同上下擺動，許多人唱時甚至閉著眼睛握緊拳頭。傅大嬸把我從椅子上拉起來，也開始跟著唱。

我試著跟隨螢幕上的歌詞唱出幾句，但很快就因為台上的五名歌者分心，因為她們開始扭動身體跳出嘻哈舞步。兩名長髮男子突然出現走到熱舞中的女孩身邊，其中一人拿起吉他，另一人拿了貝斯，調音，把放大器調高到壓過場內原本的搖滾樂，製造出一堆刺耳狂亂的走調雜音。不過教眾完全不受影響，只用更大的歌聲壓過一切。

打開天空……重生之火即將燃燒……雨下在我們身上……請淨化我們。

這些歌詞一陣陣敲打進我耳中。我開始流汗；空間很大，但通風不好。我轉頭看向鎖起來的窗戶。

當你看到數百名中國人聚在一起唱歌，通常都是為了在直播舞台上表演愛國歌曲。那些歌者個個活力充沛得過了頭，以政府核可過的胡言亂語炫耀他們對國家的熱愛，觀賞起來實在很滑稽。但現在環顧四周，我卻很難表現得憤世嫉俗：一名男子低頭緊閉雙眼，雙手舉高，全身散發哀愁氣息；一名年輕女性緊盯天花板，浮腫雙眼內滿是淚水；走廊另一頭一位母親對著懷中嬰兒歌唱，嬰兒也報以微笑。

沒有人在表演，大家展現的都是非常私密的情感。他們全都沉浸在音樂中，藉由歌唱釋放心靈。

傅大嬸用手肘碰碰我。

「一起來！」她大吼，然後抓住我的雙手開始隨節奏拍打：「拍手對身體好。」我照做了。等那個年輕的中國基督搖滾樂團終於調好音，傅大嬸轉頭看我。

「你是怎麼找到耶穌的？」她詢問這位剛剛才認識的天主教朋友。

「欸，我不確定自己記得。我小時候一直都上教堂。」我幾乎把嘴巴貼著她的耳朵大聲說，努力想蓋過電吉他的聲音。

她吼聲道：「我很久以前就找到耶穌了，當時我懷孕了，在第八個月的時候。」此時她暫停這個話題，跟著跑過螢幕的一段歌詞唱了起來：

主，祢引導我，祢是我生命中的牧羊人，
無論穿越山陵或谷地，祢都伴隨我身旁。

傅大嬸懷孕是在新疆的營地，等她肚子愈來愈大，馮大叔決定要讓她到上海生產。於是他們開始一段漫長的遷徙之旅，路途非常顛簸，最後她在沙漠中央的吐魯番生下孩子。

傅大嬸吼聲道：「是兒子，但是早產！我的身體痛得不得了，孩子狀況也不好。但他沒讓我坐月子就逼我們回到上海。我這輩子都因為他而受苦。」她又決定再唱一段。

以名喚我，
祢帶著愛選擇了我，
豐盛祝福我，
祢的承諾永不變。

一年之後，他們又回到了新疆，但她的身體還沒從生產中完全復原。中藥無法緩解她的疼痛，此時一個醫生表示耶穌可以治癒她。

「她告訴我所有和耶穌有關的事，還在她家裡舉辦彌撒。我的工作隊領導發現了，希望我別再去參加，他們說宗教都是胡說八道，但我不管。感謝上帝讓我認識她！」她大吼。

傅大嬸閉上眼睛，高舉雙手，讓耶穌的音樂流淌全身。

傅大嬸在飢餓中長大。

她生於一九四九年，也就是毛澤東掌權的那一年。她老家位於四川省西邊山區的一座小農村，接近西藏邊界。她讀三年級時，毛澤東的大躍進政策橫掃全國，整個村莊被分割成十個農業合作社。所有家庭被要求在公社食堂共同用餐。所有私人土地都由國家收走後重新分配給不同生產隊，每個生產隊都超過五百個人。對於這些習慣在艱困山區獨自耕種土地的人，要求他們合作並不容易。

更糟的是，村莊內所有收成都被要求上繳給政府官員，於是不到一年，整座村莊就沒有食物了。

傅大嬸只能想盡辦法填飽肚子。當時反正無法上學，她就花上好幾天在山裡採集野生蔬果。當樹木在春天開花，她就吃花。在河流下游的村莊，會有貨船停在穀倉邊，她於是學會躺在船內等待牽引機運送到糧倉時不小心割破小麥的袋子，她和兄弟姊妹會拿著掃把跟在後方，為晚餐蒐集一些從裂口掉下來的麥粒。

九歲時，她父親被舉報為反革命分子。他們參加了一場集會，所有農夫都應該稱頌合作社的偉大，但她父親是個腦袋清晰又固執的農夫，當場說出心聲。

「他對領導說我們需要更多食物，這裡的人都沒辦法吃飽，大家都虛弱到無法為合作社賣命。」傅大嬸說。

村民都很尊敬傅大嬸的父親，但實在不敢公開同意他，畢竟可能會因此犯上叛國罪。「他為農民挺身而出，他們卻指控他痛恨共產主義。」

她父親的名字出現在一張釘在人民公社食堂的名單上，旁邊圍繞的都是其他「階級敵人」、「反革命分子」、「右派分子」。他在集會時也被規定和那些人坐在一起。每天早上，當大聲公以充滿雜訊的音質宣布當日班表，他總得到最糟的排班，整天幾乎得無休無止地工作到晚上，而跟他一起工作的都是前地主或其他「人民敵人」。

最後，他工作太累，吃的食物又太少，就這樣猝死在田地裡，死時才三十七歲。

「他的死都是毛澤東的錯。毛澤東煽動大家反目成仇，任何人只要想到更好的治理方法，就會被搞死。」傅大嬸如此告訴我。

幾年之後，傅大嬸聽說了新疆的工作，她從沒聽過那個地方，但覺得反正什麼地方都不會比家鄉更差，於是和兄弟一起搭車向北行去。「新疆的空氣比較好，而且有食物，很多食物。蔬果味道都很好，而且便宜。山裡的氣候乾燥涼爽。等我存夠錢，就要回去那裡過退休生活。新疆就像天堂一樣。」她說。

新疆甚至比今天的上海都好，她強調。

當晚去教會的路上，傅大嬸就描述過她的新疆退休計畫。之前有位教會認識的朋友邀請她去投資研討會，她付了一百元人民幣參加。

「完全值得。有一間尚未公開的公司在出售股份，是英國與中國的合資企業。我朋友已經投資了幾萬元，所以我也買了幾股。」她解釋。

她總共買了三萬元人民幣的股份，折合美金大約五千元。「現在價值已經翻漲兩倍，我可以上網看進度。這間公司明年一月會在倫敦證卷交易所掛牌上市。等上市之後，我可以賺到五十萬元人民幣。」接著她把手放上我的肩膀說：「你也該投資。」

我思考了一下整件事，傅大嬸怎麼會有五千美元？那可要賣出很多蔥油餅才存得到。她又怎麼有辦法「上網」確認她的股份？她家根本窮得買不起電腦，她也沒有智慧型手機。而且她為什麼要我也跟著投資？我在中國報導經濟議題時聽過這種投資詐騙手法，鎖定的目標通常都是長者。我於是小心權衡自己的回應。

「妳會擔心這可能是詐騙嗎？」我問。

傅大嬸笑了。「絕對不可能。他們告訴我這項投資完全**零風險**，下週來參加我們的投資聚會吧。」她低頭從鏡框上緣看我，直視我的眼睛說：「你不應該放棄任何賺錢的機會。」

江牧師微笑時是整張臉笑開的那種，嘴脣往兩邊拉得很長，擠得眼睛都瞇起來，眉毛蹙成一個倒V字形。「今天我們要來學習有關感恩的意義。」江牧師聲音宏亮地說。

此時我們已經唱了一小時的歌，教眾終於願意在橘色塑膠椅上坐下聆聽晚間的佈道。他們身體往前傾，脖子伸得老長，就希望能一瞥前犯罪首腦完整的模樣。

江牧師確實也把這個角色演繹得很好。他身上的黑色防水夾克因為反光閃閃發亮，布料緊貼在壯碩的厚實身體上。他把左邊袖口塞進勞力士表底下，並找到機會就揮舞這財富象徵。他的頭髮服貼著足球大小的頭，講道時頭部會前後甩動，年紀大約五十多歲。

「你們之所以心存感恩，證明已經體驗過上帝的生命。」他開口，同時戲劇化地舉起雙臂，手上的勞力士閃出一陣光芒。「讓我們禱告：親愛的天父，我們稱頌祢，我們感謝祢建立了中央教會……」

每次江牧師只要停頓下來，教眾就會大喊「阿們」，以此幫助佈道有節奏地進行。

「感恩是重要的，感恩讓我們願意為上帝犧牲。」他大喊。

江牧師告訴大家他必須感恩的事情很多。他是一個被罪人生下來的罪人——他犯了罪，而他父親是共產黨官員。

大家笑著點頭。聽眾中許多人都認為地方官員比罪犯還可惡，因為黨會包庇他們。江牧師說他父親靠**關係**把他從監獄救出來，但後來他犯的罪太重，連黨都幫不上忙。他因為強盜和攻擊被判服刑十年。

「也就是在那個時候，父親與我反目成仇。」他又大喊道：「結果他現在在哪裡？進了精神病院！」

「哎呀！」傅大嬸也叫了出來，忍不住跟著搖頭。

江牧師頭往後仰，把麥克風拿近嘴巴。「我唯一的上帝是人—民—幣。」他高聲說，最後三個字還為了強調刻意放慢速度。

聽眾爆出笑聲。江牧師也跟著他們笑，眉毛擠成M的形狀。他的佈道內容就像中國賣座的動作電影：有厲害的罪犯、腐敗但擁有權力的父親形象角色、牢獄生活、精神病院。聽眾都如癡如醉。

「感恩兩個字有什麼共通點？」江牧師問了教眾，在自己手上寫了這兩個中文字。原來這兩個字的部首都是「心」，教眾聽了之後立刻齊聲大喊：「心！心！心！」

「現在，可以控制心的人舉手。」

四隻手舉了起來。

「真的嗎，現場有人做得到？」江牧師問，眼神直直盯著那四個勇敢的人，他們退縮地把手慢慢放下。

「沒錯，這就對了。」江牧師露出滿意微笑：「每個人都有心，但沒有人能控制心。」他接著又緩慢地說：「跟著我唸，『我擁有一切，但什麼都無法控制。』」

「我擁有一切，但什麼都無法控制。」

在這個社會，父母能控制孩子的一切決定即便成年，學生被教導不能質疑老師，國家領導上更是鐵腕治理人民，因此，這種關於無力感的宣言可說是，嗯，非常有力。

「我們的父母甚至無法掌控他們自己的人生。我父親是共產黨的一員，笑話，就連他也無法掌控我！」江牧師大吼。

教眾又笑了。江牧師深吸一口氣，然後突然講下去。

「但上帝控制了我的口舌，阿們！」

「阿們！」

「祂給我智慧和口才，阿們！」

「阿們！」

「我發現《聖經》超越所有知識，阿們！」

「阿們！」

這系列宣言就像急速發射的歡呼，而且每講一句他就用拳頭敲一下桌子。每次教眾喊阿們都讓他更有活力，他的聲音也因此愈來愈大。

「《聖經》出自聖靈之手，阿們！」

「阿們！」

「你們都由上帝所塑造、揭示、祝福，阿們！」

「阿們！」

「我們一定要感恩上帝，阿們！」

「阿們！」

江牧師雙手握拳舉高，就這麼站定著不動，僅頭部隨著每次呼吸擺動。然後他突然動起來喝了一口水。我環顧四周，人人都緊繃地坐在椅子邊緣。傅大嬸用手肘輕碰我的肋骨，「他很棒吧？」她問，雙手緊抓膝蓋，眼神直盯著江牧師。

江牧師這套佈道內容顯然已經說過數十次，甚至可能有數百次，已經把笑話的用詞與節奏修飾得非常完美。他陰暗、反叛的過去更足以吸引眾人目光。中國人常提到所謂的「黑社會」，也就是坊間常聽見的「三合會」，而這些罪犯之所以受歡迎，是因為他們為共產黨提供了另類的支持力量，但很少有人有機會真正見到其中的首腦。江牧師開共產黨的玩笑也深受好評，因為能讓聽眾嘲笑一下這些看不起他們信仰的腐敗官員和政府。他的發言有一種特別的節奏，一應一答的韻律，更教人無法抗拒。死背硬記搭配簡單直白的授課，向來是全中國課堂的特色。對於像傅大嬸或其他年齡夠大的人，這也會讓他們聯想到一九六〇年代的政治集會，上千名紅衛兵齊聲大喊「毛主席萬歲」之類的各種口號。這類重複性的字句會觸發一種催眠效果。要說今晚有任何人（無論是活人還是神靈）掌控了這群教眾，一定就是江牧師了。

「教會的建立是上帝的禮物，阿們！」

「阿們！」

「教會的建立代表許多靈魂將被拯救，阿們！」

「阿們！」

「教會的建立需要資金！」江牧師大吼，唸出最後一個詞彙時語調下沉，暗示這是尾聲。他停頓下來讓此刻沉澱，然後用手帕擦了擦眉毛。

啊哈，重點來了，我心想，同時轉頭看傅大嬸。她所有注意力都在江牧師身上。

「這些錢從哪裡來？」他環顧四下尋找答案。

當晚第一次，聽眾一片沉默。

「來自上帝！」他咆哮道。「別以為那些是你們的錢。你們可能以為賺來的錢都是自己的，不是，都是來自上帝的祝福。上帝創造了你們，所以你們擁有的一切都屬於祂。」

我看了四周，一一掃視教眾的臉龐。他們此刻還被江牧師的邏輯引導嗎？現場大部分人都是可以自己賺錢的第一代，在我看來，告訴他們賺來的錢不屬於自己，似乎頗為考驗教眾的信仰忠誠度。毛澤東用這招管用，但他可是有一整個軍隊撐腰。不過，就算今晚有人對江牧師的說法產生質疑，那人也沒有表現出來——大家的眼神仍然鎖在他身上。我安靜地從口袋拿出手機確認時間，江牧師花了整整一小時才談到錢的話題。整整一小時，他先是說了一個好笑話，或說是一個讓聽眾產生共鳴的論點，之後是充滿各種精巧暗示的演說。還適時穿插《聖經》證明他的觀點。他把想要傳遞的訊息掩藏在「感恩」、「接收額外恩惠」、「對上帝表達感恩的意義」這類說法之中。就這樣，無論他說什麼，聽眾都因此發笑或願意重複他說的話長達一小時，任務達成。現在該是換檔拆掉委婉修辭，露出真面目的時刻了。最後，就像中國的大部分事物，這場佈道的精華重點就是：人民幣。

江牧師問：「我們為什麼要犧牲？或許你們曾談過所謂的十一奉獻，或許沒有，這是個敏感議題。但那真是個最好的規則，是神聖的規則，能為我們打開通往天堂的大門。」

我轉頭看傳大嬸。她本來想悄聲對我說什麼，但江牧師又開口了。

「現在的教會常常偏離上帝的旨意，但我們教會不會這樣。我說的旨意是？」

「十一奉獻。」教眾立刻附和。

打從一九九〇年代開始，我就在中國的城市與鄉村居住和工作，期間從未看過一群中國人如此樂意奉獻金錢。

「無論你是老闆還是工人，一旦你賺了十元，只能自己留下九元，剩下一元必定要奉獻給上帝，阿們！」

「阿們！」

從小生長於天主教家庭，我對十一奉獻的概念很熟悉，但那是存在於教會與當地社群之間一項無言的默契，我從未聽過有人這麼詳細解釋其中的執行細節，更沒聽過一整場佈道都以此為主題的。我兒時上教堂時，大家會在彌撒接近尾聲時傳遞奉獻籃，每個人自行投入想捐獻的數目，但不會有神父膽敢指定金額。反正每個人量力而為。但顯然江牧師認為中國的基督徒需要更明確的指示，再加以威脅的語氣作為收尾。

「跟著我唸，偷竊！」

「偷竊！」教眾齊聲回應。

「這個詞彙原本的意思，是窩藏你該奉獻出的那十分之一，也就是偷。你們知道嗎？」

江牧師激動揮動手臂。

「《聖經》說，如果你們偷竊，詛咒會落在誰身上？」他做了一個戲劇化的停頓。

「你們身上，詛咒會落在你們身上。跟著我唸：你們身上！」

「你們身上！」

「什麼樣的詛咒？」

聽眾紛紛竊竊私語，不確定該如何回應。江牧師已經將他的羊群帶到了一個地圖上沒有標記過的領地。傅大嬸看著我尋求答案，但我也不知道。

「你們會因此生病。」他說得口沫橫飛：「我曾在洛陽遇過一位姊妹，她非常熱愛上帝。她本來病得很重，我帶她去進行了很多療程，看了很多醫生，但她就是好不起來。我開始懷疑她是否沒有遵循十一奉獻。她的同事證實了我的直覺。」江牧師沉默了一下，將眼前教眾的臉掃視了一圈。

「我回去告訴她：『是上帝詛咒妳得病。』」江牧師厲聲說。

教眾又一陣竊竊私語。他繼續說：「我把今天告訴你們的話告訴她：『只要妳信靠上帝，上帝就會信靠妳。』她於是開始十一奉獻。上次見到她時，她的病已經好了。阿們！」

「阿們，阿們，阿們！」

傅大嬸聽了洛陽生病姊妹的故事後頻頻點頭。我則坐在椅子上提不起勁。江牧師不但曾是犯罪集團首腦、坐過牢、是共產黨官員的敗家子，現在又奇蹟治好病痛之人。這個教會竟然已經擴張到二十七座城市。到底還有多少位江牧師在進行一模一樣的演說內容？

江牧師又抹抹額頭。勞力士表隨著他的動作閃爍光芒，防水夾克也在台上閃閃發光。他感覺到眼前是一片足以供他豐收的田野。

「跟著我說：被拯救並獲得新生命的人必須奉獻出十分之一的收入。」

聽眾跟著他誦唸一遍。

「如果你不付出，要怎麼證明你是基督徒？要怎麼證明你對上帝的愛？」

底下的男男女女把他的話確實重複了一遍。

「你如果不奉獻出收入的十分之一給上帝，那就是在偷竊。」他的聲調刺耳，雙手朝向教眾揮舞，留下指控迴盪在洞穴般的禮拜廳內。

沒人回話。

幾天後，我又去馮大叔的店面點了蔥油餅。當時是下午四點三十分，厚重的冬季霧霾使梧桐樹枝上的紅亮落日顯得朦朧。我問傅大嬸對江牧師講道的內容有何感想。

「我真的很感動。」她說。

我拉了一張凳子到店內坐下。她繼續說：「溫州教會總能從全國找來最好的牧師。江牧師為我們所有人都帶來精神上的衝擊。」

馮大叔繼續翻弄他的煎鍋，同時故意發出讓傅大嬸聽見的竊笑。

「哎呀，你不知道啦。你懂什麼呀，老頭。」傅大嬸也發起脾氣。

「我不懂，難道妳就懂嗎？」他繼續笑著問她。

「江牧師說了很多關於十一奉獻的事。」我緩緩地提起這件事。

馮大叔停下手邊的動作認真聽著。

「妳覺得有非給不可的壓力嗎？」我問她。

「才不，怎麼可能有錢給？」傅大嬸大聲回答好讓馮大叔聽見，同時緊張地偷看了他一眼。「有些老傢伙可能會因此被說服捐錢，但我不會。大家要量力而為嘛。其實我沒聽說過這種理論，但《聖經》裡面一定有寫。大家通常給的錢也不多。」

一個鄰居來到店面窗口，馮大叔於是分心招呼。傅大嬸此時彎腰小聲對我說：「江牧師的話讓我很感動，我捐了五十元。」

馮大叔伸手拿了一把抹刀，鏟起一塊蔥油餅，甩進一個薄薄的塑膠袋遞給我。我等他轉頭繼續招呼鄰居，悄悄把三枚銀色硬幣放進他的塑膠錢箱。傅大嬸看到了，又把錢放回我的口袋。我只好等到她離開現場再把錢放回去。我在這條路上常得跟朋友玩這種把錢推來推去的遊戲。

天色逐漸變暗。馮大叔轉亮一顆懸掛在黑色電線上搖晃的燈泡，透過窗口在人行道上投射出一塊完美的四方形。傅大嬸此時又回來，手上拿了一份耶誕降臨曆[4]和一只上面有十字架的茶杯。

「教會送的免費禮物。」她揮著茶杯向我炫耀。

「天下沒有白吃的午餐。」馮大叔笑道。

「你現在沒有信仰，但等你老了之後無聊，我一定要把你拖去。」

「我就算老了也不會去。」

「你不去以後會很慘。」傅大嬸警告他。

「人一旦死了就是沒了。你把他們做成絞肉，他們也不會知道。」馮大叔緩慢地喃喃說道，臉上灑著燈泡的光線。

傅大嬸轉頭看我。「我再去拿一份耶誕降臨曆給你。」

「我死裡逃生過一次。」馮大叔不理會妻子，突然插話。

「發生什麼事了？」我問。

「我有一次掉入新疆結冰的河面。」他回答時眼神凝視著黑暗。「我努力鑽出水面，走了幾步，又跌倒。我爬上河岸，再爬到路上，衣服因為浸濕而結冰，什麼都感覺不到。那天剛好是一年中最冷的幾天。」

「沒有人幫我，沒有人。我花了很長時間才走回村子，一個朋友看到我還以為看到鬼。我終於回到家，在爐火旁換衣服，喝高粱酒。當時是一九八九年十二月十九日，我永遠會記得那個日期。」

傅大嬸在一旁安靜聆聽，手上緊抓著耶誕降臨曆。

「我不信她信的那些。你得保持腦筋清醒，那是你唯一能生存下去的方式，所以我不信上帝。」馮大叔說。

馮大叔往外看，沒客人，於是開始清理工作檯，雙手機械化地重複擦拭流理檯與煎鍋。窗外長樂路逐漸安靜下來。我看著馮大叔，他在新疆那片不毛之地活了下來，把沙漠變成農地，這一切都讓他知道，不該相信任何權威。

傅大嬸起身。她在馮大叔眼裡一定過於好騙，令他喪氣。她宣稱：「你那天之所以會活

4 用來倒數計算耶誕節何時來臨的日曆。

下來，是因為上帝，他讓你擁有從河面爬出來的能力。想想看嘛，根本不可能有人掉進結冰的河裡還能活下來。」

「胡說。」馮大叔當晚頭一次轉頭看著傅大嬸說：「掉進新疆那條結冰的河之後，除了自己，我什麼都不再相信了。」

第五章

一盒信件

——長樂路六八二弄七〇號

我看到那盒信時距離龍年結束只剩下三小時。當時是二〇一三年的農曆新年除夕，我的朋友蕾蕾和理查邀請我到他們的公寓迎接蛇年。前兩年的新年，蕾諾拉和我先是與她的中國親戚吃了一堆餃子，午夜時再和數百萬市民一起在街上放了煙火。四周煙火發出震耳欲聾的爆炸聲，煙灰從空中落下彷彿一場持續不斷的導彈攻擊。不過蕾諾拉今年找到逃離的理由：我們的次子已經一歲，她決定帶兩個兒子回美國幾個星期。

蕾蕾把一疊泛黃的信交給我說：「看看回郵地址。」

我瞄了手中脆弱的信封一眼：**長樂路六八二弄七〇號**。

他們聽我在廣播談過許多長樂路上的事，覺得我應該會對這感興趣。我們喝著蘇格蘭威士忌，煙火開始在窗外施放。我們也開始翻看手上的信件。

這些信件有超過一百封，整齊地收在鞋盒裡。理查與蕾蕾的兼職是為前法國租界的巷弄老屋重新裝修，而長樂路以南兩個街區處有間老骨董店，他們就是在那裡發現了這批信。

最早的幾封寫於一九五〇年代，通信雙方是夫妻，丈夫當時因為政治犯的身分在靠近西藏的地方勞改。其他信件也都是寫給同一個犯人，但執筆的人各有不同。最後的信件寫於一九九〇年代。所有信件的回信地址都蓋上同樣的長樂路地址。

穿越五十多年的時空，這些信件從上海漂流到三千公里外的勞改營，最後卻落腳在離一開始出發點只有兩個街區的骨董店。

我們一封封翻看。我輕柔展開一封，上面是中文草寫字體，我很吃力才能讀懂意思。

蕾蕾大聲唸出信的內容：「『我忙於家務，實在沒空寫信，請原諒我。我們現在的生活處境非常艱難，只能勉強度日。』」

蕾蕾頓了頓又說：「這個妻子寫的都是孩子的近況，但丈夫寫來的就有趣多了。」

接下來一個小時，我們讀信，討論內容，再把信摺回去，著迷於這批來自過往的物件。最後，一張沒有信封的摺疊紙張引起我的注意，上面似乎有手繪圖表。

「這是什麼？」理查問蕾蕾。

「這是從……我看看，一九五八年開始的農曆，你看這裡。」她指向表格最上方：「大年初一，就是今天。」

我抬頭看時鐘，凌晨一點。蛇年的第一個小時就這樣悄悄溜走了。

長樂路六八二弄七〇號。我現在已經對這條路上的社區很熟悉，因此意識到當天稍早我曾經過那條巷子，當時還是龍年。

因為春節連假，上海城非常安靜，所有外地人幾乎都回鄉去了。這個城市約一半的人來自外地，所以連假是少數能讓上海回歸上海人的機會。或許是得以免去親職的罪惡感，或許是因為無聊，那天下午我和街上唯一遇到的人，一起坐在人行道邊，他是一位叫張乃善（音譯）的老乞丐。

他常駐的地方有著你在上海所能見到最喜氣的路名：長樂路與富民路口。富民，富有的人民。

「新年快樂。」我對著張先生說，一邊把人民幣一百元紙鈔放進他的帽子裡。

「新年快樂，也祝你和家人蒸蒸日上。」他以一貫的台詞回答。

張先生已經在這個街角行乞了好幾年。因為太常看到他，我甚至開始習慣性地忽略他的存在。除非偶爾行人把我推擠到他的地盤，我才會從口袋裡挖出幾枚零錢給他。他總是一派感激地低頭致謝，身穿綠色的解放軍外套，脖子上繞著紫色圍巾，海軍藍長褲塞進靴子裡。他通常坐在裝滿回收物的黑色塑膠袋上，膝蓋上擺著裝錢的白色塑膠容器，一頭長髮像銀色瀑布般流瀉到背部中段，車子開過的風還會吹起幾綹髮絲。遠遠望去，他就像個老婦人，要走得夠近才能看到他稀疏的雪白鬍鬚。他的眼神冷靜沉穩，彷彿擁有全世界的時間，也是少數不趕著去哪裡的上海人。對張先生而言，時間不像他人所看待的珍貴。

他是仔細想過才挑選了這個地點。長樂路恰是上海市兩個區域的交界，以南屬於徐匯區，以北屬於靜安區。由於位於交界的三不管地帶，地面老有未填補的坑洞——兩邊都覺得是對方的工作，最後就是沒人處理。張先生把這項缺點轉為他的優勢。每次只要徐匯區的城管威脅著把他趕走，張先生就直接過馬路到靜安區繼續乞討，輕鬆離開他們的管轄範圍。

大年初一這一天，我們一起坐在徐匯區。他看到我坐下似乎不是很驚訝，彷彿早預期我的到來。我們西邊的夕陽即將碰到高樓大廈的天際線，一陣強烈的寒風沿街吹過。我坐在上風處以免被他的頭髮掃到臉。

「你的家人呢？」我問。

「我妻子在河南老家的農場，我的孩子和孫子都在廣東工作。我上次和他們一起過年已經是十二年以前的事了。」

他的家鄉距離這裡差不多八百公里。他一臉微笑地往後靠，手肘放在附近街坊為新年送給他的三箱橘子上。「在這樣的日子，當個孤單老人挺好的。」他說。

他在城鎮另一頭租有一處樓梯間的壁櫥室，在付完房租加上每天幾頓的餐費後，他在這個街角每個月還能結餘超過一百元人民幣，可能比他在老家工作的薪資還高。張先生住在周口，是中國最早有人居住的區域之一。古代哲學家暨道家的創始者老子，據傳就是在該地出生，而張先生的銀白長髮與鬍鬚也頗讓人聯想到這位先哲。

張先生每年只有一部分時間待在上海，夏天時會遊蕩回老家河南，避開城裡的陰雨及暑氣。他和那名先哲有另一個驚人的相似之處：無論張先生是否意識到，他都在實踐道家的「為無為」。道教是唯一中國原生的宗教，但其中心思想似乎與中國後來的一切發展背道而馳。然而這裡卻出現了忠實信眾，同老子來自周口的長髮隱士，獨自在中國最富裕的城市街道上遊蕩，在這最神聖的節日向路人乞討零錢。

「你一定很想念你的家人。」我才講完，就意識到這句脫口而出的話實在很不體貼。

「才不，我一點都不想他們。我真的太老了，跟死了沒兩樣，想他們有什麼用。」他的語氣很實際。

他的三個兒子每年都邀請他去過節，但他覺得應付一堆親戚實在有夠煩人。「我的孫子很調皮，我媳婦會罵他們，我要是看了應該也會氣到想揍那些兔崽子。那場面就難看了，所以何必回家呢？」

但他也承認，更重要的是食物不夠。「按照中國傳統，老一輩必須先吃飽。如果我在場，兒子就不會讓孫子吃太多。讓他們這麼做，我心裡實在過意不去。」

此外，他也表示自己不想錯過春節，畢竟斤斤計較的上海人只有這時候最願意付出。我總隱隱覺得，張先生在這樣的節慶自我流放，一定有其他原因，但天色已暗，遠處的煙火開始打斷我們的對話。

我起身，祝他新年快樂。

他也回以祝福，然後收拾身邊的物品，連同三箱橘子放上雙輪手推車，沿長樂路離去，還經過了那盒信件回郵地址的巷口。天空爆開的煙火為他照亮了前路。

一個星期後，我在辦公室再次打開那盒信件。

蕾蕾讓我把整盒信帶回家。我想知道是誰寫了那些信，來自哪裡，以及其中能告訴我多少有關長樂路的過去。在這樣一個幾乎所有歷史痕跡都已從公共紀錄抹去的國家，這類的信件可說非常罕見——完全不受政府操弄過的原始物件。

我們在除夕時研究過的那份農曆還放在信件最頂端。我看了上面的日期：一九五八年。

我打開宣紙，寫這封信的人是個筆跡細緻古典的中國知識分子。信紙角落蹲伏了一個名字：王銘（化名）。

幾乎所有信件都是寫給這位王銘的。其中一半是他的妻子所寫，剩下的則是親朋好友：王銘的姊姊、雙胞胎兄弟、父親，穿插幾位上海的朋友。王銘本人只寫了三封信。根據我的估計，手上這些應該只有王銘與這些親友通信的一半。剩下的信去哪裡了，難道被留在骨董店了嗎？還是已經被丟掉了？

我把注意力轉回眼前這批年份久遠易碎的信紙，從那份農曆看起。

中國的農曆被分成二十四個節氣，每個節氣大約十五天，節氣名稱標示的是季節逐漸流轉的狀態。王銘在自己的新曆上標出了所有農曆節氣，首先是中國新年，也就是立春，接著還有：

二月十九日：雨水
三月六日：驚蟄
三月二十一日：春分

根據這些信件，王銘是在一九五七年十一月中被逮捕，大約是立冬的時候，然後隔年九月，就在白露時，他被移往距離長樂路三千公里以外的青海省勞改營。他花了好幾個星期橫越中國，終於在秋分時抵達。他在霜降時開始勞動，一路歷經了小雪、大雪、小寒、大寒。雖然無論在什麼節氣被送去青海都很糟，但這段時間確實是最慘的時節。青海省位於乾燥的北青藏高原上，是一片德州大小的不毛之地，而青海的冬天在中國是數一數二的冷。如果你想擺脫什麼人，把他送到青海就對了。

王銘是因為「資本家」的身分被送去勞改。他在上海郊區經營一座回收矽鋼的小工廠，平常從電機工廠購買碎料，融化後製成變壓器，之後再賣回原工廠獲取利潤。

直到一九四九年共產黨上台之前，上海一直是個資本主義繁榮之地。王銘是因為城市經濟成長而獲利的人之一。當時中國整體而言仍以鄉村為主，上海掌控了占整個國家百分之六十的海外貿易額、百分之八十的外資，以及幾乎所有的國際金融交易。中國的工業輸出有一半以上位於上海，雇用的工人超過全國工人的半數。

王銘的成功讓他擁有一棟三層樓的奶油色灰泥房，就位於從長樂路延伸出去的眾多巷弄之一。到了一九五六年，他的妻子劉舒元（化名）已經生了六個孩子。

我又拿起一封日期標記為一九五七年的信件。就在那年，劉舒元懷了第七個孩子，而王銘的運氣開始走下坡。中國共產黨花了好幾年意圖消滅一切私人資本，最後終於掌控了上海的私營工廠，並把矛頭指向地主和資本家這兩種階級。八十萬地主被處刑，剩下的人則逃到香港或台灣。王銘隱藏自己的階級背景好幾年，每當有針對他這類人的批鬥運動發生，他只能焦慮地旁觀。

根據信件指出，一九五六年，王銘被迫和一家國營工廠合資，等於是讓政府接手他花了一輩子經營起來的心血。此外，政府還指派了毫無經驗的人來管理王銘的工廠。王銘本人則被分派到供應與行銷部門，每個月拿一百七十元人民幣的薪水，只部分於他之前擁有工廠的收入，不過在共產黨統治之下，管理階層能拿這麼多薪水已經算不錯了。六個月之後，王銘的新雇主把他轉到另一間公私合營的工廠敏元（化名），王銘以前供應產品的公司之一。

就像上海的其他公司一樣，敏元在政府突然接手後也在努力重建自己的供應鏈，但仍因快速流失顧客而瀕臨破產。王銘就是被派去解決這個問題。

在眾多信件當中，我找到一封長達兩頁，以謹慎字跡寫下的自我批判散文，主題為：

一九五六到一九五七年，我在公私合營的敏元電子設備公司所犯下的錯誤。

文章中王銘表示，這間公司指派上任的新老闆不知該如何取得回收鋼鐵資源，只是一股勁逼迫王銘用盡各種手段找到上游廠商。「他對我提到公司面對的各種困難，要求我解決問題，並說只要原料夠好，價錢合理，是哪間工廠製造的完全不重要，就算是私人工廠也行。」王銘寫道。

向私人工廠購買原料是犯法的。但是根據王銘信中所寫，他和其他員工（各個過去都是工廠老闆），都在任職期間被迫眼睜睜看著自己建立起來的原物料供應鏈完全潰散。一切都令他們難以忍受，所以他們做了跟王銘一模一樣的事情：尋找得以運作的替代經濟體系。「我們的狀況真的很不好，所以我找了幾間私人工廠提供原物料。他們都以低價販賣，我們也得以交貨給客戶。既然我把問題解決了，長官都很滿意。」王銘寫道。

從信裡可清楚得知，王銘顯然是從他以前擁有的那類私人公司尋求急用原物料，之後不到幾個月，敏元因為有了王銘建立起來的新供給鏈開始賺錢，太賺錢了。當地官員決定前來查訪。

一九五七年十一月，他們逮捕了王銘和他的幾位同夥，指控他們進行資本主義行為，並貼上「右派分子」的標籤，他們於是成為人民敵人。在上海最高等的復旦大學，每十位老師就有一位被指控為右派分子，市內的企業家與商人中，也大約每二十位就有一位。全國共有五十萬名商人及知識分子慘遭同樣命運。

根據《上海日報》在一九五七年十二月十二日的報導，數百名右派分子在短短數週內「被查捕」。這些右派分子全都「能言善道，懂得使用各種技巧與假面具欺瞞人民」。報上還刊載了針對這些右派分子的矯正計畫：

右派分子必須順從接受無產階級的監督，向工人階級學習，並理解如何分辨私營與公營機構之差別，也才能接受黨的領導與社會主義路線；同時學習如何以勞力磨練自己，克服資本主義思想，並放棄奢侈的資本主義生活風格。

根據法庭文件顯示，王銘和他的老闆們被指控「政府管控貨品買賣詐欺」及「非法營利」。

在另一封信王銘寫給朋友的信件中，他描述了被捕後自己與同事的遭遇：

> 我們被關到上海思南路的監獄。一九五八年九月九日，法庭傳喚了我們產業中犯了同樣罪行的人，宣讀判決。現場總共有幾十個男人，多年來都是有生意往來的夥伴。我們沉默地看著彼此，對於之後的處境感到緊張。我們都被判有罪。大部分人被判到青海的勞改營，我也是。

王銘被送到勞改營根除資本主義思想。他當時三十五歲，卻得離開在上海的妻子與七個孩子，其中一個還是新生兒。他們當時就住在距離我讀這些信三個街區的地方。

德令哈農場是第一座在青海省建立的勞改營，也是中國最大的勞改營之一。在建立這座農場之前，此地是一個海拔約二千七百公尺的高原沙漠綠洲，散居了一些西藏游牧民族。王銘一九五八年抵達時，營內已經有超過一萬名囚犯每日耕種數百英畝的小麥與大麥。

勞改營的北邊是海拔約五千五百公尺的祁連山脈，南邊是柴達木盆地綿延數百公里的沙漠。中國古人認為中國最大的蔚藍鹽水湖「青海湖」是國境之西，也是文明終結之處。而德令哈農場在青海湖以西三百公里處。

這裡的監獄完全不需要圍牆。無論你想往哪個方向逃跑，最後反正都會脫水而死，屍體也會被禿鷹吃光。

勞改營的管理者將所有囚犯分成一千人一營，其中再以一百人為一連，最後再分成十人一個工作小隊。每個小隊裡會選出兩名領隊。生產領隊負責確認小隊內的每個人每日產量是否達標，學習領隊則負責掌控犯人的社會思想改造進程。基本上來說，學習領隊的工作就是確保犯人在面對黨所領導的運動，能展現出適當的知識與熱忱，另外搭配自我批判的，幫助囚犯理解自身還能改進的地方。

每日的工作排程可說非常無情。所有犯人一週工作七天，只有暴風雪及一年五天的國定假日可以休息。每天早上，囚犯起床，喝下一碗稀飯後集合整隊走出戶外。每一連都配有幾名盯梢的警衛，他們會在土地四個角落插上紅旗，標示出今日的工作範圍。任何囚犯只要走出此範圍，都會遭受槍擊。

吳哈利（音譯）曾經待過勞改營，後來在美國華盛頓特區經營一間博物館。他對我仔細描述了勞改營的運作，比如某天的指令可能是「除草」，而每個人都有必須達到的目標數量。「等到一天結束，生產領隊會記錄你的工作量，並據此決定你的晚餐品質：工作量高，晚餐就好；工作量欠佳，晚餐就欠佳；沒工作，那當然就沒晚餐。」

幾乎所有信件都是寄到王銘在德令哈農場內的牢房。我好奇於他怎麼撐得下去，畢竟那裡已經越過了文明的邊界。我在二〇一三年找到王銘的一位囚友，魏西忠（音譯）教授曾試圖游泳逃亡到香港，因此在一九五七年被判五年勞改。之後又因為偷寫日記記錄勞改生活被加判十年。最後，他總共在青海的勞改營待了二十三年，其中十五年在德令哈農場。魏西忠並不認識王銘，但兩人有過類似的生活軌跡。

現年七十九歲的魏教授住在位於長江三角洲上的南京，是一位已經禿頭的退休教授，年紀跟王銘差不多。初次見他，我就驚訝於他動作之迅速，相較於其他同齡人，他姿態敏捷地像是逃離了衰老退化的詛咒。他的腦筋也還動得很快：他曾寫過好幾本有關勞改營的作品，但都小心地標記為虛構小說，而且用的是筆名——他可不想再入獄一次。

魏教授在王銘抵達幾年後才到青海服刑，當時大飢荒隨毛澤東的大躍進而至。成千上萬的人在農村垂死求生，而他也成了其中一分子。

當時每個犯人只要能完成當日的指定工作量，就能得到兩百五十公克的小麥，但他們實際上很少能領到。他回憶那段時期的生活，唯一能存活下來的方法就是偷拿食物並在被抓到槍殺之前趕快吞下。

「我在田裡偷吃，但其他人通常從倉庫或廚房偷。小麥收成時，我們會偷拿一些埋在地底。」

這種像松鼠一樣的窩藏行為，是他們唯一能撐過冬天的方法。不過不是每個人都像他一樣幸運：「我記得有一個人早上出門，靠在土牆上曬曬太陽。等太陽下山，我們卻發現他已經死了。這種事一天到晚發生。」

許多新來的犯人不到幾星期就死了。魏教授說：「我們的警衛也吃不飽。小麥收成後，我記得很多人都會蹲在地上找剩下的小麥，但直接吃很難消化，所以我們會在大便中找出還沒被分解的小麥，繼續吃。」

距離德令哈農場北方約二百五十公里的一處營地，三千名囚犯中只有大約五百多名存活下來，靠的是吃蟲、老鼠、動物腐屍，在飢荒最嚴重的時候，他們連死去囚犯的器官也吃。根據魏教授估計，飢荒結束時，他連隊中的囚友大約有三分之一是活活餓死的。根據那批信件，王銘那段時間也過得很慘，但最後還是撐了下來。

中國當年經歷的是有紀錄以來最致命的飢荒，根據估計，短短四年間就有三千六百萬人死於飢餓，比第一次世界大戰的總死亡人數還多。

「西方人不了解我們為什麼打招呼時都說：『吃飽了沒？』」魏教授半開玩笑地對我說。

隨著國家在一九六〇年代中期逐漸走出飢荒，又有數萬名犯人抵達德令哈農場，補進來的人比因飢荒失去的還多。於是，農場增加了幾個部門因應輸入的人流，每個部門負責不同項目：畜牧、漁業、農業，甚至還有煤礦部門。

王銘負責的是鑄造，工作內容是鍛造鑄鐵與鋼。魏教授則在建築隊工作，負責在附近的河流建造一座水力發電大壩。魏教授表示，一九六〇年代，上級重新調高的學習課程和自我批判的重要性，尤其在工作進度緩慢的凜冽寒冬。我曾為了報導去過青海一次，可以想像犯人在當地的狀態有多孤絕。

「『冬季訓練』時，我們得為自我改造提供建議，並發表演說稱讚勞改營內的生活。」魏教授冷笑著告訴我：「我們會大喊，『一切真是棒到不行，經濟情勢大好！我們還有什麼買不起呢？我們已經擁有一切！』」

回到長樂路這邊，我手上拿著劉媽媽寫給丈夫王銘的第一封信，日期是一九五八年七月八日，信的開頭提到他們剛到來的孩子：「小學頌（化名）已經斷奶，開始吃粥和稀飯。」學頌生於一九五七年，父親被逮捕時才剛滿六個月，是他們繼六個女兒之後的第一個兒子。如同中國的許多家庭，他們通常都要生到男孩才會罷休。

劉媽媽在信中寫道，其他孩子的狀況都不大好。大姊跟不上學校的課業，此外，為了讓家裡少一張嘴吃飯，她把年紀最小的兩歲女兒送到鄉下跟親戚住。這兩個女兒之間的二姊、三姊、四姊、五姊，也都過得不大好。

信件最後，劉媽媽語重心長地提醒：「我希望你繼續努力工作、學習，悔改曾有的罪行，求取政府寬大的原諒，早日回家。」

四個月之後，情況更糟了。「我被迫變賣掉我們所有的家當，現在只能領工商總局的福利津貼才能活下去。」劉媽媽寫道。

最後她又提醒了王銘在勞改營中的職責：「專注學習，努力工作。請接受再教育，那是你唯一的出路。」

那年之後又有一封信，劉媽媽在信中表示黨指派她到國營工廠做紙盒。她也提起家中大家新的作息，尤其是獨生子的成長。「我每天早上四點三十分會去傳統市場，」她寫道，指的是長樂路北邊至今仍在運作的市場。

回家之後，我會把所有蔬果洗淨煮熟，吃完早餐，七點半去上班。年紀比較大的幾位姊姊會輪流準備午餐和晚餐，餵飽學頌。

經過多次練習，孩子們現在都能在正確時刻處理好生活的必要瑣事，也絕不會遲到或蹺課。他們現在衛生習慣很好，對吃的食物很小心，所以很少生病，身體都很好。學頌尤其活潑又健康，現在也開始說話和唱歌了……

最後，我希望你保重自己，好好吃飯。不要想家。把精神都放在養病與恢復身體上。等你療養好身體，我希望你精進自己的政治思想，遵循領導說的一切，勞動時也主動扛起領導職責。幫助別人、努力向善，以步向更光明的未來。

在往返勞改營的信件中，常出現的是對政治願景的光明想像及對毛主席或其他黨團高層的稱讚。每一封信件都會被當局仔細檢查，因此犯人及其家屬都明白，過度坦誠地分析營內或家中處境都有受罰之虞。

一九六〇年代，王銘與妻子之間的通信滿是對中國經濟發展的稱頌，或者對毛主席政策的推崇——儘管毛澤東推行的失敗運動導致大飢荒。

一九六一年二月，劉媽媽發現丈夫的再教育進行得極為緩慢，刑期可能會因此延長。她於是使用當時黨的宣傳語言，以一連串激動的語言責備丈夫。

> 你應該正確執行政府政策，去除舊社會惡習，也該多讀有益的書報，強化你的政治思想學習，遵循黨和毛主席的指導與教誨，完全洗心革面，成為一個全新的人，這樣你才能回家盡快與我們團聚，與我共擔養育孩子的責任，並共同為建立社會主義做出貢獻。

之後又過了九年，劉媽媽才寫下一封信給丈夫。期間主要由王銘的妹妹寫給他，表示他妻子「正在努力存郵票錢，她連一分錢都得斤斤計較」。

> 你妻子的經濟狀況並不好，還得獨自養育七個孩子，這確實不是一件容易的事。每次她只要拿一張糧票去換魚，後來都得拿魚換錢或請人幫忙。每個月從工商協會拿到的補助只夠她吃上基本的蔬菜與白飯。這次春節，有人特別給她八元作為禮物，孩子也才

算過得去。畢竟原有的食物有一部分得用來行賄或送禮。

妹妹後來提起王銘妻子沉默背後的真相。上海的政治處境變得愈來愈險峻。鄰居、當地警察、老師、孩子的同學開始針對她和孩子，因為他們和他這個「壞分子」有所牽連。當地警察試圖把他們趕出家門，但劉媽媽有辦法用糧票打發他們走。因此，劉媽媽決定暫時與獄中丈夫切割。妹妹最後坦承，此舉是因為她得與資產階級右派丈夫「劃清階級界線」。與此同時，中國的大飢荒（妹妹在信中以黨認可的語言稱其為三年自然災害）也抵達了中國這座最富有的城市。

這對上海人而言很困難，我們習慣每一餐都吃。希望今年的收成會好一點。

我終於在過了幾年的一九六三年夏天的一封信中，讀到上海從慘淡中恢復的跡象。劉媽媽和六個孩子總算熬過最艱苦的時期。小學頌即將於秋天入學。「他的成長完全是你妻子努力掙來的結果。你應該感謝國家照顧他們，他們沒餓肚子，成功度過了童年。」妹妹在給哥哥的信中這麼寫道。

大姊、二姊、三姊都註冊讀了技職「中學」，裡面的學生都要在紡織工廠製作絲綢或手帕。經過三年訓練後，他們就會被分配到工廠擔任全職員工。「她們熱愛工作，而且十分勤快。」妹妹寫道。

「我今天來信是要告訴你另一件事。」妹妹接著寫道：

你妻子的親戚家無法再照顧最小的女兒了。他們把小妹送到鄉下給一個農民家庭領養……我沒有能力養她，不然一定會接手。看到姪女被陌生人領養實在讓我心痛。收到信時勿擔心，你應該專心工作，接受政府的教誨，才能趕快獲釋。

妹妹最後做出結論：我們未來一定會團聚。

妹妹的信寫在一張因為年代久遠而泛黃的宣紙上。紙張已經變得薄脆，我得小心避開正中央因為反覆摺疊而出現的裂痕。我想像王銘在五十年前讀到這封信時的心情。知道自己的孩子被從來沒見過也沒聽過的人家領養一定令人崩潰，而且他在離家數千公里外得知這項消息，對一切無能為力。他只能繼續在田間奮力工作，希望趕快消滅他的資本主義思想，希望某天能夠完全被再教育、改造，重生成為一個全新的人。

「我們出生在一個錯誤的時代。」魏教授說。

在南京一個奧熱的春季午後，我告訴魏教授他在德令哈農場的囚友王銘的故事。

「他聽起來是個天生的資本家，如果在今日中國，他應該能一舉致富，可惜困在錯誤的時代。我們都是。」他說。

魏教授大聲嘆氣後說：「沒辦法。」中國人常在一聲長嘆後接這句話。

魏教授把他的一本小說遞給我，標題是《禪燈》。封面上有一個妖嬈的女人，長髮整齊梳在貝雷帽底下，身穿白洋裝，眼睛緊盯著炙熱的橘色沙漠。我讀了書衣，上面提到主角是一名被歸類為右派的知識分子，並因此在勞改營裡待了二十年。文案描述，主角獲釋後「成為一名大學教授，也開始做生意。他與數名女性糾葛的關係，讓他的心成為愛恨交織的熔爐。」

這本顯然是自傳性作品，不過我懷疑其中浪漫情節的真實性，但我沒深究細節。他都在勞改營裡待了二十年，為什麼不能在書中過著唐璜一般的人生呢？我謝謝他的贈書。

「我已經七十九歲了，進過勞改營的人剩下不多，不用多久就會死光。我覺得有責任盡力把所見寫出來。」魏教授說。

即便如此，魏教授仍相信年輕人寧可忽視中國近代歷史中令人不安的部分。「放鬆看個韓劇不是比較好嗎？」他問我。

那確實安全多了。大飢荒的歷史（現在仍被稱為「三年自然災害」或「三年困難時期」）仍受到中國的嚴密監控。學校課本不會用「飢荒」描述那段時期，經歷過那幾年的人也不能發表任何相關作品。拜訪魏教授同年不久，前新華社記者楊繼繩便在香港出版了嚴密的報導作品《墓碑——中國六十年代大饑荒紀實》。他花了十五年鑽研官方檔案資料，交出被譽為針對大飢荒最耗時費工但也最精準的一部作品。

在中國沒有人會被允許出版該書。

魏教授搖搖頭告訴我：「毛澤東有一句名言：『毫不利己，專門利人』。但現在我們都能看出來，最自私的人是毛澤東，他死後，大家的作為和他之前倡導的完全反過來。現在人在意什麼？好工作、健康的家庭、足夠的錢買房買車。誰還真的在意國家和人民？沒幾個。」

旅居中國多年，我遇見真正打從心底相信共產黨的人寥寥可數。這個政府從掌權就一次次地證明自己並不值得信任，對其抱有信心簡直太傻。那些以花俏標語大肆宣傳的黨的原則，聽起來或許不賴，但在極權統治多年後，中國人都變成了實用主義者。身處幾乎難有實質助益的政治系統久了，你能仰賴的只有家人和你自己。沒辦法。

習近平領導的新政府似乎意識到這個信仰匱乏的狀況。習近平於二〇一三年初上台，在就職的第一場演說中，他表示國家人民應該努力實現「中國夢」，但這個詞彙仍缺乏清楚的定義。「實現中華民族偉大復興，是全體中國人民的共同理想，也是每個國民的個人追求。」他表示。

將人們的夢想（人類最私密最個人的財產之一），拿來實現國家與黨的目標，聽起來跟毛澤東時期的共產黨指令沒什麼兩樣。我想到王銘、王妻，和他們現在應該已經成年的七個孩子。不知道他們怎麼看待中國夢？他們願意對這個奪去父親的政府奉獻到什麼地步？他們會夢想「中華民族偉大復興」嗎？他們的夢想究竟是什麼？

魏教授當然也聽到了中國夢這個說法。

他說：「聽起來當然非常激勵人心，但首先人民得先對這個國家恢復信心。現在不再有愛國主義了，不再有信任，也不再有愛。中國現在走的路線沒有靈魂。」

第六章 傅大嬸的快速致富計畫

——長樂路一六九號

只要上蓋網商城，你幾乎什麼都買得到，黃先生說這話時鼻子抬得幾乎直指天花板。他用吋長的小指指甲指向螢幕上的商品選項：一只翠玉製的禪、一個閃閃發亮的金色手提箱，以及一台保證將公寓內所有霧霾粒子清空的空氣清淨器。蓋網什麼都有，黃先生堅持，而且很快就會家喻戶曉。

我們在一間長樂路往北不到十公里的辦公室內，從窗口往下可以看到上海火車站。傅大嬸和我並坐在一張皮沙發上，我們都沒上過蓋網，那是一座虛擬商城，沒有實體店面。傅大嬸之前就來過黃先生辦公室，這是她第二次聽他的銷售提案。這間公司的口號是：你能在淘寶（中國最大的網路零售商）上找到的，蓋網都有。

黃先生告訴我，你如果想體驗在蓋網購物，就要使用蓋網的終端機。那是一台類似一九八〇年代大型電玩的機器。「你很快就會在各種公共場合看到這台機器。」他保證道。一旦找到了終端機，購物者登入，在安全的蓋網網站上瀏覽貨品，點選購買，最後以特別的蓋網貨幣支付。真的很簡單，黃先生向我們保證。

「但我用手機就能在淘寶上買到任何東西，為什麼還要特地離開舒適的家，去找這樣一台超級電腦。」

黃先生低下頭，舉起手指，彎曲的指甲就這樣停在半空中，沒打算好好回答剛剛聽到的問題。「在蓋網上，你什麼都可以買到。」他緩慢地再重複一次，停了一下又補充：「除了人類和武器。」

黃先生的名片上列了很多職業：畫家、書法家、中藥商人、蓋網代表。距離我跟著傅大嬸參加違法教會聚會才三天，她就已經說服我來聽這場投資提案。我對黃先生的提案心存疑慮，但傅大嬸卻毫不受影響，她之前已經投資超過五千美元買蓋網的股份（是她退休存款一個月的數字）。

黃先生希望我也能跟著投資。他剛擦過的黑色樂福鞋閃爍光芒，與他染得黑亮的及肩直髮互相輝映。他左臉頰上有一顆五角硬幣大的突痣，微笑時會露出前排的一顆缺牙。他與我握手時下巴抬得很高，雙眼半閉，一副準備好攻擊下一個獵物的模樣。

但在傅大嬸眼裡，她只看到賺錢的機會。

我們一行有三個人，傅大嬸還帶了一位教會朋友小夏（音譯），她來自江蘇省，是一位中年膚色比較深的農民，兩個女人互稱姊妹。我們在外面先碰頭時，小夏一臉狐疑地把我打量了一遍，然後向傅大嬸宣布：「他是外國人。」

「對，我是外國人。」我重複她的話，但聲音透過口罩有點不清楚。

傅大嬸幫忙打破尷尬：「他也是一位弟兄，信天主教。他是信徒，就跟我們一樣，而且也講中文。」

小夏抬頭微笑看我，用大拇指對我比了一個讚。

小夏和我來此的理由一樣：我們不知道該如何拒絕傅大嬸的邀請，只好來聽這場內容曖昧不明，但似乎「利潤豐厚」的投資說明會。

黃先生在九樓辦公室門口等我們。任何人看著他很難不感到被催眠：他全身上下都是條紋。細條紋西裝上是海軍藍線條，襯衫是皇家藍與白色相間，細長脖子上鬆開的領帶則有著紅色斜紋。

黃先生的辦公室牆壁就是四片髒玻璃。碎料合板書桌和櫥櫃上都擱著宣紙，紙上以水彩描繪棲息在枝頭的小鳥。黃先生今早才畫了這些水彩畫，攤在落地窗前就著稀微陽光晾乾，而窗外就是長得幾乎一模一樣的白灰相間高樓，一路延伸直到霧霾阻止我們看得更遠。

傅大嬸坐得離我很近，手指不停交疊又張開。「我已經告訴他們這間公司明年一月會在倫敦證卷交易所掛牌上市。」她指著小夏和我向他宣布。「而且只剩兩個月可以投資，所以要趕快下定決心。」

黃先生緩慢地點點頭，手指緊扣。

「我也向他們說了這項投資零風險。」傅大嬸補充。

「零風險。」黃先生冷靜地重複她的話。

「沒錯，零風險。」她重複，彷彿剛剛從夢裡醒來。「因為這不只是一間私人公司，後面有國際資金支持，所以一定會上市。我跟他們說，我們公司服務範圍包括中國和全世界，並會在進入國際市場後讓人民幣流通全世界。」

黃先生威嚴地點了點頭，很高興聽到他的學徒如此完整地傳達了所有好消息。他身體前傾後開口：「中國的出口量在衰退，政府應該做些事情來刺激消費。」他用實事求是的語氣說：「一個星期前，淘寶宣布他們銷售額高達一百九十億元人民幣，真的是很高的數字，確實也大大刺激了消費市場。但大部分的利潤都流到日本去了，沒留在中國，因為百分之八十七的淘寶股份屬於日本。我們根本就在為日本人工作。」

淘寶屬於阿里巴巴公司，創立者是馬雲，他是中國最成功的創業家。日商軟銀曾經是公司初期的投資者，但黃先生過度誇大了其持股。軟銀在阿里巴巴其實只擁有百分之三十七的股份，不是百分之八十七。他講得好像中國消費者一上淘寶購物，那些錢就會直接流到敵人的金庫裡。

「基於這些情況，中國幫助創立了蓋網。」黃先生說著指後方牆面印的公司名稱。

黃先生又轉向我們微笑，露出了缺牙，突然考起這些學徒：「蓋網和淘寶有什麼不同？」小夏眼神空洞地望著他，她從沒上過網，更別說淘寶了。傅大嬸對我露出一個鼓勵的微笑，我也就配合地聳聳肩。

黃先生再次在空氣中搖晃他的手指。「蓋網是超級淘寶。」

他期待我有所回應，看我沒反應，只好轉頭喊妻子。「邵小姐會告訴你們細節。」

邵小姐年紀比他小，大約四十多歲，頭髮燙鬈後染成紅褐色。她身穿黑夾克，緊身牛仔褲，圍一條紅圍巾。聽到指示後立刻從房間另一頭走過來，高跟鞋在拼接木質地板上發出喀啦喀啦的巨響。她在一座書櫃旁站定，將一台電腦螢幕面對我們。

「先別打開。」黃先生輕柔地說。

「別打開。」傅大嬸也喊。

邵太太怒瞪她回嗆：「我什麼都還沒開。」

我的出席似乎讓傅大嬸很焦慮。她親自交來兩名潛在投資者，其中一位還是外國人。我猜想這當中有些什麼使得我們的投資與否涉及到她。邵小姐重新鎮定下來，命令傅大嬸拿了一個滑鼠墊來，自己則打開螢幕，上面顯示了一台冰箱尺寸的電腦終端機，側邊刻了「蓋網」字樣，看起來就像我以前在遊樂場玩的那種小精靈電玩機。

邵太太解釋，在淘寶購物需要線上付款，但蓋網可以離線購買點數，這些點數可以用在鋪到全中國的便利超商、餐廳、理髮廳的終端機上購物。

黃先生此時插嘴：「我們在蓋網上已經可以買到五萬二千種商品，就連房子、金條，或是像ＢＭＷ、賓士之類豪華轎車都能買。這種購物方式在已開發國家中非常風行，但蓋網是全中國第一間這種公司。」

我本來想開口說，這種購物方式在已開發國家中前所未聞，因為在理髮廳內的終端機用點數購買一間房子或一台車子，聽起來就是個糟糕透頂的主意。但我沒說出口。

邵太太轉向我：「如果你有興趣，目前每股人民幣二元，你還能因此得到免費點數。在倫敦證券交易所的上市價格至少每股五英鎊，等於人民幣五十元。如果你買一萬股，等到蓋網上市時市價就翻漲二十五倍了。」

傅大嬸聽過這些提案內容了，但每次聽到這段還是會興奮起來。「現在輪到我們中國人從外國人身上賺錢了。」她大吼大叫，完全忘記左邊坐的是哪裡來的人。

我對蓋網有太多疑問。老闆是誰？一個廣州人，邵太太說。誰設定股票價格？那個廣州人，邵太太回答。上市日期是什麼時候？一月三十一日，但最後要由那個廣州人決定，邵太太說。

蓋網沒在任何地方上市過，為什麼一開始就選倫敦？黃先生接下這題：全世界管理狀況最好的是英國市場，那個廣州人也認定那是最佳的上市地點。

「『那個廣州人』到底是誰？」我問。

黃先生給我看了手機上的照片。照片中的人身形矮胖，髮絲豐厚，用小珠子般的雙眼直直盯著相機鏡頭。他的右手正在跟一個外國人握手，對方穿著西裝貌似是傑出人士。他們身後的牆上有蓋網標誌。「看是誰來過我們辦公室拜訪？駐廣州的英國總領事。」黃先生說。

但這張照片只讓我腦中出現更多疑問。意識到我又要開始提問，黃先生立刻採取轉移話題戰術。「看看這個。」他指著咖啡桌上的書。那是一本皮製封面的書，上面以洋涇浜英語寫了毫無道理的標題：

CAPITAL INVESTMENT OF NEW THINKING CONSUMER BUSINESS

（新思想消費業務的資本投資）

根據書上資訊，作者是四川省中國社會科學院研究員潘博富（音譯）。「我們的經營哲學都是根據這本書。」他伸手撫摸書的封面。

那本書之前就被端正地擺在桌子正中央，以確保沒人一伸手就能拿到。黃先生解釋，這整本書的一百四十八頁都在講蓋網機器。

我後來回到辦公室快速搜尋了一下，發現潘博富靠主講投資研討會維生，還是被指為老鼠會的美國傳直銷公司「安麗」的擁護者。我還找到一個專門討論蓋網的網路論壇，上面的文章都指控這根本是間詐騙公司，其創立者李先生，也就是那個廣州人，早就在全中國以老鼠會形式行騙各地，現在也正把資產移轉到海外。不過在黃先生辦公室盯著這本蓋網《聖經》時，我對這一切還一無所知，只覺得投資這間公司是個壞主意。

黃先生能感覺我充滿疑心，但他畢竟是名業務員。「我也賣中藥。」他愈講愈小聲。

他突然逼近我，我驚訝地閃身避開。他從沙發背後拿出兩個棕色小瓶說：「如果你喝醉了，喝兩瓶這個，馬上就會清醒。」

他打開瓶子，要我嚐一口。

「我沒醉。」我說。

「喝這個也能幫助你減肥，我有個朋友說，他兒子才喝幾瓶就瘦了五公斤。」

「那我買幾瓶。」傅大嬸說。

她喝了一小口，然後遞給我和小夏。我啜了一小口，有點甜，像梅子汁。

黃先生建議：「如果你不喜歡這個味道，可以當作禮物送給你的其他中國朋友，他們會很感恩。這種飲料市價一瓶要六十八元，但朋友價只要十元。」

我婉拒了，然後問黃先生夫妻是如何認識了傅大嬸？

「我們是幾個月前在上海的蓋網聚會認識的。打從那時候，我們就已經招募了數十人進來投資。每找一個投資人進來，你都能得到點數。」邵太太說。

我問邵太太為何沒在上海看過任何一台蓋網終端機。她說：「噢，上海人對這種生意的疑心病很重，他們不相信可以真的因此賺到錢。但溫州就到處都是機器。溫州人非常先進。」

傅大嬸身邊似乎到處都是溫州人。溫州在上海沿著太平洋海岸往下大約五百公里處。她所參加的地下教會的領導人就來自溫州，包括蓋網的許多投資者。這一切可不是巧合。我當記者時旅行中國各地，總聽到大家把溫州人描述為最糟糕的一種資本家，他們在中國各地大玩龐式詐騙，或是羅織各種快速致富騙局。接著大家會說，集資買下大都市的房子，炒高房價導致房地產泡沫化的是溫州人；用花言巧語讓老人想在快速發展的中國經濟中分一杯羹的也是溫州人。面對那些因為規模不夠，無法累積足夠信用向國家銀行申請貸款的家庭企業，溫州人也形成一個緊密的非正式網路，專門以高到驚人的利息貸款給這些人。溫州人是貪婪的匪類，除了傅大嬸，我在長樂路上的鄰居談到溫州人時，沒人有一句好話。

「他們稱我們為東方的猶太人。」黃發靜（音譯）帶我參觀他在溫州的工廠時驕傲地說。二〇一三年秋天，我在寫一篇有關地下貸款網絡的報導時認識了黃先生。他靠出口打火機到歐洲與美國發了一筆財。他是溫州日豐打火機有限公司的董事長，他的公司曾占據全球打火機市場多年。你在一九九〇年代用的打火機，很可能都是來自他的工廠。溫州人都稱他為「打火王」。他有一張溫和誠摯的臉龐，嗓音因為用自家打火機頻繁抽菸而粗啞，身上隨興地穿了馬球衫和縮口運動褲，額頭上的黑髮幾乎要碰到眉毛，雙手非常細緻，指甲整理得很好，包括那片吋長的小指甲——曾經當過農民的人習慣留小指甲，以此證明他們不再需要靠雙手勞動。我問尊敬的打火王閣下：溫州人是如何贏得擅長經商的名聲。

打火王的回答簡單俐落，帶有權威感：「地理位置。」

溫州在中國領土內地處隔絕，三面都被長滿森林的山脈圍繞。鄰近東海的海岸線是唯一的出口。因為和台灣距離很近，政府將此地視為台灣對中國進行轟炸或入侵的目標地點，也因為如此，北京方面根本懶得投資此地的基礎建設。溫州被母國遺忘，成為一個落後地區，只能選擇自立自強。

對溫州人而言，這其實是幸運的事，因為在毛澤東的運動如癌症般擴散全中國的數十年間，他們逃過了那些經濟與精神層面的摧殘。「他們沒管我們，我們又懂賺錢，就是這樣。」打火王告訴我。

鄧小平的經濟改革計畫逐漸浮上檯面時，透過互助性質的「呈會」[5]，溫州人已經募資創立超過一萬家小型企業。所有呈會成員都必須投入相同金額，然後成員能夠輪流運用這份資金從商，等賺了錢之後再將更多資金回流到呈會。這套系統幫助溫州人建立了一套銀行出現之前的信用系統，當時所謂貸款就是朋友家人共同把現金拿出來湊一湊。「我二十年前開始製造打火機，是我的四個親戚每人無息借我一千五百元人民幣才有資金。這就是我們所謂的溫州貸款。」打火王微笑告訴我。

溫州的經濟發展領先許多城市，溫州商人也開始在世界其他地方嶄露頭角。以歐洲為例，他們會在米蘭、巴賽隆納等大城市的工業郊區營運成衣廠或鞋廠。中國政府甚至取經「溫州經濟模式」，希望以此沿海都會的創業精神激勵其他中國地區，卻便宜行事地忽略那些企業的資金來源。隨著愈來愈多錢湧入這個城市，溫州貸款開始進化，變得複雜，不再是單純存於親戚朋友間的信用系統。「開始有大型的放款集團出現，他們以非常高的利息放款，而且是借給陌生人。」打火王解釋。

去年有兩名溫州商人因為騙了投資人數千萬元遭到逮捕。根據法庭紀錄，林海茵（音譯）向朋友和朋友的朋友保證，如果讓她將錢投資到股票市場，能得到低風險高獲利的結果。這樣的模式跟傅大嬸投資蓋網其實沒有兩樣。結果林小姐將錢拿去做投機操作，最後全部賠光。再前一年，人稱「富姊」的吳銀（音譯）說服投資人拿出一億二千二百萬美元投

5 類似台灣民間的標會，但執行細節略有不同。

資她的沙龍和腳底按摩事業，以及後來的銅礦與房地產投資事業，她因此買了一百棟房產及四十輛豪華轎車，其中還包括一台要價五十萬的法拉利。這次的大型龐式詐騙讓投資人血本無歸。最後溫州法庭判富姊和林海茵死刑，這項判決掀起中國詐騙圈一陣譁然，包括投資詐騙、影子銀行，以及各式老鼠會和龐式騙局。

「最近這幾次金融危機讓溫州失去不少社會信任。」打火王坐在辦公室內表示惋惜：「如果情況不能快速受到掌控，一定會出現很多影響社會穩定的問題。」

書桌上有個固定式的玻璃雕花打火機，他按上面的鈕，立刻出現一簇角錐形火焰直達掛在他唇間的香菸。我向他提到在中國許多地方，許多受訪者都告訴我中國經濟哀歌的始作俑者是溫州人搞的這些手段。溫州的借款系統到底出了什麼問題？

「我覺得有一個重點我必須講清楚。」他拿香菸燃燒的一端直指著我：「我們眼前的混亂情勢，背後的直接原因是全球經濟體系的潰散。如果不是因為你們國家的次貸危機，中國不需要發行好幾兆貨幣刺激市場，國內的經濟情況也不會是現在這個樣子。」

我把打火王逼到了牆角，於是他做了所有溫州人被大肆批評後會做的事：把他的長指甲指向另一個名聲更差的代罪羔羊。

與蓋網的黃先生見面幾天後，我順路去找傅大嬸告知我在網路上的發現：蓋網被指控為詐騙集團，那個廣州人的背景，以及他被控進行龐式詐騙的事。

那是十二月的第一天，氣溫極低，陽光也被濃重的霧霾掩蓋住了。空氣質量指數（AQI）盤旋在三百左右：我的手機因此以紫色字體大大顯示了「有害」。每次只要空氣變得這麼糟，政府就會建議居民待在室內。蕾諾拉與我於是把孩子們都留在室內，將三台空氣清淨機開到最強。

我到馮大叔與傅大嬸家時，廚房的門是敞開的，我直接走進去，馮大叔立刻起身替我拉來一張椅子，還給了我一塊蘿蔔餅。天氣冷的時候生意特別好，他堆滿笑容地告訴我，光是昨天就賺了一百六十元人民幣，大約是三十美元。「來個蘿蔔餅吧。」他對走過窗口的行人喊：「蘿蔔餅——蔥油餅——都香噴噴的。」

一群顧客在窗口前的人行道排起隊伍，傅大嬸從後門出現幫忙丈夫。「嘿，你在啊。」她發現廚房內有個適合當評審的人。「哪一個比較好吃？蘿蔔餅還是蔥油餅？」

「都好吃。」我謹慎回答。

馮大叔把一袋蘿蔔餅遞給客人，然後轉頭看我：「她覺得我的蔥油餅太硬了。」

傅大嬸開始說教：「你賣給客人的餅得是熱的。我前幾天遇見一個老太太，她說你的蔥油餅吃起來溫溫的，比以前硬，不好吃了。」

「你總會在一堆人裡面找到幾個愛抱怨的。」他回應。

傅大嬸前一天晚上去了中央教會，為我在耶誕夜的禮拜活動留了一個位子。我抗議，表示那天晚上得和孩子一起待在家裡。

她不為所動地說：「那帶你的孩子一起來。」

「我們家的傳統是耶誕夜待在家裡，隔天才會上教堂。」我解釋。

「好吧，我再找別人一起去。但你這個星期六還是應該來。昨天有一位來自河南的牧師，佈道內容真的很棒。」傅大嬸說。

「他也是改過自新的流氓嗎？」我問。

「不，他以前是很壞的學生，他從來不做功課，所以老師把他的座位排在最後一排。但他其實是個天才。他開始在鄉下對窮人傳教，人們會帶雞、鴨、蛋來給他。有些人甚至會帶豬來奉獻。」

聰明的策略，我想：利用中國農民大方的故事來讓都會人有罪惡感，因而獻出他們薪水的十分之一。他的故事接在江牧師之後可說恰如其分。

「那天坐滿了人，教堂裡沒一個空位。溫州教會總能找到最棒的牧師。」傅大嬸繼續說。

「來片蔥油餅吧？」馮大叔繼續對路人大喊：「你需要幾個？來，這個熱的先給你。」

傅大嬸突然轉頭問我：「厄瓜多屬於美國嗎？」

「不，那個國家在南美。」

她遞給我一本小冊子，上面的中文寫著：

準備見你的神！

見著天堂、地獄，與基督復生。

第一頁的圖案畫著啜泣的基督，教宗若望保祿二世雙手朝天舉起，另外還有一名女性被火焰吞噬。下一頁則是厄瓜多的地圖。

「這是哪來的？」我問。

「一位姊妹給我的。我會替你影印一份。這個厄瓜多的小女孩死後二十三小時又復活了。那你知道這個人嗎？」

我把上面的中文人名唸出來：麥─可─傑克─森，連在一起後才聽出端倪。

「她在地獄看到了麥可．傑克森。你聽過他嗎？他死了，跳舞是這樣。」

她站起來扭動豐滿的臀部，胖嘟嘟的手指指向天空。對於一個六十四歲的中國大嬸而言，能這樣模仿麥克．傑克森已經算是非常像了。我繼續翻閱冊子，拿著麥克風在舞台上跳舞的麥克．傑克森照片出現在第九頁。

「他現在在地獄。」傅大嬸說的跟真的一樣：「就和那些香港名人一樣，整形手術做太多，最後才會死掉。」

這本小冊子總共二十二頁，故事主角是一位叫安潔莉卡．桑布拉諾的厄瓜多女孩，她表示自己曾死去並見過耶穌。她說上帝帶她遊歷地獄，在那裡見到拉丁歌手莎麗娜和麥可．傑克森等已逝名人，甚至看到教宗若望保祿二世，他們遭火焰吞噬，還被惡魔折磨。還有死去孩童也因為生前看太多卡通而身陷地獄。耶穌也帶她參觀天堂，並在電影螢幕上讓她看了「被提」[6]的預演畫面。經歷這一切之後，耶穌命令女孩回到世間，而任務就是把所見告訴世人。

「我幫你影印一份，看這裡，她在天堂見到很多小孩。」傅大嬸把小冊子從我手拿過去，開始大聲朗讀：「『耶穌說：我的女兒，沒錯，天堂屬於孩童。孩童必須來我身邊。所有來的人，我皆不會拋棄。』你看，耶穌這麼說。」

傅大嬸和馮大叔有兩個孩子，我問他們是否也信教。

「我帶他們去過教堂，但他們不信。我們有個十七歲的孫女，我昨天才見過她。你的孩子幾歲？」

一個五歲，一個兩歲，我說，然後給她看手機上的照片。

「一個男孩，一個女孩？」

「不，兩個都是男孩。」

傅大嬸露出微笑。「男孩好，你很有福氣。女孩會受苦。」

馮大叔停止切蘿蔔的動作，看向妻子時露出一絲惱怒的神色。

「妳在胡說什麼？」

「男孩最棒了。」她把眼神移開：「我希望我的後代全是男孩。女孩只能指望找到一個好丈夫，才能過上好生活，如果沒找到，一輩子都會很悲慘。」

「如果每個人都像妳這樣無所事事，當然就沒飯吃。」馮大叔繼續切他的蘿蔔。

我上星期來找過馮大叔，那時候傅大嬸不在。他說他已經受夠她一天到晚談的「投資機會」，以及她花在溫州教會上的大把時間。

「這世界上壞男人太多，好男人很少。」傅大嬸盯著丈夫說：「很少男人能真正愛人。我就是很不幸才會落到和你在一起。」

馮大叔丟下手中的削皮刀，在圍裙上擦手，怒氣上來。「妳也沒過多差吧。妳有個家可住，不是嗎？有些人連遮風避雨的地方都沒有。妳甚至沒在工作。妳的腦子真的有問題。」

「我為什麼需要工作？」她問。

馮大叔轉向我：「她已經二十年沒工作了，而且也懶得好好照顧孩子。」

傅大嬸也轉向我：「他差點害死我。我向你說過那個故事，對吧？我差點沒命。」

馮大叔仔細觀察我們兩人一會兒，意識到妻子把初次懷孕在沙漠生產的故事告訴了眼前這名外國人。他的眼中瞬間閃過一絲被背叛的情緒，但很快又鎮定下來。他妻子本來就是那種只要對方願意聽，就什麼都會說的人。我盯著地板，對於被捲入這場持續多年的爭吵感到尷尬。馮大叔轉頭盯著窗外，天色漸漸暗了。「妳差點死了是因為妳沒腦。」他說。

6 被提（the Rapture）為基督教末世論的概念之一，解讀分歧，但一說是認為災難來臨時，虔誠信徒將能被復活的耶穌從地面提起帶離。

「我的身體從此再也不一樣了，唯一支持我的只有上帝。」傅大嬸吼聲說。

「那就滾去住教會好了。」馮大叔吼回去。

他用一條毛巾把雙手擦乾，拔掉煎鍋的電源，用力地大步走出廚房往臥室去。

傅大嬸完全沒受影響，立刻趁著丈夫不在小聲問我對蓋網的事考慮得如何。「他們會在一月上市，如果你要投資，現在正是好時機。」

她的朋友小夏最後決定不投資。我問她是否找到其他投資人。

她悄聲說：「我找到一個鄰居能投資兩萬元人民幣。她本來想投資五萬，但錢不夠。這真的是一個好機會，在投資會議上，你記得潘先生吧？那本書的作者告訴大家，如果蓋網無法上市，他就下跪挖出自己的右眼，每個人都起立鼓掌。我從來沒見過這麼棒的事。」

「妳投資更多錢進去了嗎？」我問。

「我今天拿到退休金了，兩千元人民幣，明天要再拿去辦公室投資。如果我可以向誰借到十萬元，一定要在借條上寫：『如果投資失利，我還你一半。如果賺錢，我拿三分之一就好。』我不會要求五五分帳。那無所謂，我就是這麼有信心。」傅大嬸說。

我猶豫了一下，努力想理解她剛剛提出的數字邏輯。她所有的退休金全進了蓋網，但似乎還是不夠。她甚至一直在思考要借更多錢投資。我懷疑傅大嬸認識任何存款超過十萬元人民幣的人，除了我之外。

她似乎在等我回應。我不安地在椅子上扭動了一下身體。她是一個好人做出了壞決定。

看到她這樣把錢像垃圾一樣丟掉實在令人難過，而她現在還想把我也拉入那一團混亂中。

我委婉地說：「大嬸，我覺得妳把退休金都投入裡面，實在應該小心一點。我在網路上搜尋過了，很多人都說蓋網是詐騙公司。」

她用力搖頭。「之前投資十萬元進去的人現在已經賺了兩倍，只要等蓋網在倫敦上市就沒問題了。你可能再也沒機會賺這麼多錢了。」

「大嬸，我覺得妳不該繼續投資了，妳不該信任他們。」

「別擔心，馬雲當初下了賭注，也變有錢了，不是嗎？」

「我覺得情況不一樣。」我說。

我注意到馮大叔的剪影出現在廚房通往他們臥房的走廊上。他正默默聽著我們的談話，應該從頭到尾都沒漏掉。傅大嬸也注意到了。

「投資研討會上有政府官員參加，這件事十拿九穩。」傅大嬸堅持，眼神一邊掃向陰暗走廊的動態。

馮大叔最後終於從暗裡走出。「她根本沒有錢可以投資。打從我們二十年前從新疆回來，她就一分錢也沒賺過。」他吼聲說。

「我想投資更多，但沒有錢。」傅大嬸繼續忽略丈夫的話。

「大嬸，這種行騙手法全中國都有，目標就是鎖定像妳這樣的老人家。」我說。

馮大叔顯然受夠了。剛剛傅大嬸突然抖出的宿怨已經夠讓他生氣，現在內心深處的恐懼又再次被證實：他那沒賺錢的妻子打算把更多錢丟入另一個不可靠的騙局。

馮大叔繼續吼道：「她甚至沒把之前向我借的五萬元人民幣還給我。現在妳還想投資更多錢進去？妳本來該買到的那棟房子呢？」

傅大嬸沒回話，頭垂了下來，彷彿脖子再也撐不住那樣的重量。窗外一對年輕男女牽手經過，女孩因為男孩說的笑話而咯咯笑，兩人就這樣沿街走著，對話聲被城市夜晚逐漸隱沒的喧鬧所吞沒。一輛車子在遠方按了喇叭，另一輛車也按回去。

傅大嬸再次開口時眼睛盯著地板。「有時候你就是會遇到壞人，那也沒辦法，上海壞人很多。」她緩慢小聲地說。

「大嬸，妳說的沒錯，上海有很多人會騙妳。我認為蓋網的人可能也不太好。」我說。

「哎呀，妳的腦子有毛病啦。」馮大叔嚷道。

傅大嬸的眼神仍然盯著地面，嘴裡重複我剛剛說的話：「沒錯，上海有很多人會騙妳……」

馮大叔雙手撐在流理台邊緣，用平常的姿勢望向窗外街景。他絮絮叨叨說了一些只打算讓大嬸聽懂的上海方言。她雙眼用力盯著地板，一臉頹喪，接著從椅子上拿起那份談厄瓜多女孩的小冊子，開始漫不經心地翻閱。

大嬸臉上掛著一抹哀傷的微笑說：「這個女孩，她到天堂之後就不想回來了。」

馮大叔轉頭看她，不屑地說：「天堂？天堂是什麼模樣？我還真想聽聽看。哈，天堂。」

傅大嬸默默把冊子放回椅子上。

馮大叔咧嘴笑著搖頭道：「中國都已經有火箭上月球了，也沒見到什麼天堂。」

就在不到一小時前，在距離傅大嬸四川家鄉不遠的西昌，中國將第一台月球車發射入外太空。馮大叔在臥房電視中看了實況轉播。月球車的名字是「玉兔」，取名自中國古代傳說，有名妻子偷了丈夫的長生不老藥，丈夫因此把她與養的兔子一起放逐到月球上。後來女子成了女神，而兔子的輪廓就此永遠刻蝕在月球表面，每到滿月時人們都能看見。

今晚，霧霾厚重的上海天空掛的是一輪新月，人們看不到玉兔，反而是以它命名的月球車正在往那裡疾飛而去，代表著中國全球布局的野心。就在向玉兔告別之前，西昌的發射中心宣布中國的太空夢也是「中華民族復興中國夢的一部分」。

不過天空之下的上海市內，一扇面向長樂路的髒兮兮窗戶背後，所謂豐盈的夢想與不朽的遠見正受到質疑。

「今天走之前一定要帶塊蔥油餅。」傅大嬸說著從一堆餅底下抽出還溫熱的一塊。「外面很冷，先吃，騎車回家時身體會比較暖。」

她把餅放進塑膠袋，遞給我。「你確定不投資那間公司嗎？零風險。」她問了最後一次，對她的夢想就是不死心。

馮大叔因為她的死腦筋嗤笑出聲。我只是微笑搖了搖頭。

「好。等我賺到錢，說不定你之後還可以投資。」她陪我走到門口。

「妳要有辦法賺到任何一分錢，就該把我借妳的都還我。」馮大叔咯咯笑說。

傅大嬸轉身，冷漠深沉地盯著他回答：「等到一月就是了。」

第七章

新娘的價格

——長樂路一〇九號

中國很少有哪裡的新娘價格高於上海。二〇一三年，中國最大入口網站新浪網和最大房地產開發商萬科合作，將資訊整合後做出一份中國新娘價錢的地圖。如果要在上海促成一對夫妻，男人通常得準備一萬六千美元的聘金，還要有房產證明。內蒙苦男人要付出的價格大約是十分之一，那數字非常吉利：八千八百八十八元人民幣，價值大約一千五百美元，另外還需要九頭牲口和三件金飾。沿海的福建省大約落在兩者中間：七千美元再加上一組金頭飾，另外還得附上一頂金頭冠。

相較起來，山東郊區的新娘價格比較實惠。我最喜歡的花店老闆趙小姐為小兒子娶妻時，聘金只花了三千美元。為了保險起見，她掏出存款在老家為兩個兒子各買了一套公寓。她的小兒子小陽婚後似乎就定下來了，娶的是趙小姐家鄉的農家之女張敏。不過以中國的民風，趙小姐認為他應該可以娶到更好的對象。

「要是我兒子跟你一樣高的話，他可以找到更好的妻子。她實在不夠漂亮。」趙小姐某次告訴我。

我在一月某個酷寒的星期天下午，順路去了趙小姐的花店。她在兩件毛衣外穿了羽絨夾克，毛衣內還加了三件衛生衣。蓬鬆衣物非常搭她因為寒氣凍得紅撲撲的圓潤臉頰。趙小姐沒開暖氣，是冬天少數電費還會下降的用戶。上海潮濕寒冷的空氣為她的商品創造出理想的生存環境。

「來得正好，我需要有人幫忙。」她跛著腳走向大門時這麼說。

我低頭看她的右腳，上面包了像是滑雪靴的護具。她用單腳跳回凳子上，把腳蹺上摺疊桌上毛茸茸的棕色泰迪熊枕頭，地上散著她幾小時吃下來的葵花子殼屑。電視上正大聲播放著約會節目。

她抱著孫子下樓時扭到了腳踝，幸好，家中視為珍寶的男孩毫髮無傷。

「我滑了一跤，但跌倒時雙手把孩子舉高，所以他沒受傷。但我摔慘了，怎麼會那麼笨手笨腳。他沒事真是感謝老天。」

男孩名叫碩碩（音譯），是小陽的兒子。小陽是趙小姐的小兒子，當初是直接從家鄉省政府的自閉症兒童特殊學校來到上海的。打從一年半前，小陽的妻子生了兒子，趙小姐就扛起夜間照顧孫子的責任，白天則繼續營運花店。碩碩和我的小兒子蘭登一樣大，蘭登已經會走路了，但碩碩還沒達成這項里程碑。趙小姐就跟許多中國的祖父母一樣，堅持無論到哪裡都要抱著小孩，並會為了孩子的每個舉動大驚小怪。因此，奶奶暫時跛腳可能正好給碩碩一次學步的機會。

「今年過得很不順，我家鄉有一個說法：『父母死後有三年晦氣』。我現在到哪裡都要戴著這個護具，很難看，出門都丟臉。」趙小姐告訴我。

她父親幾個月前因為食道癌過世，媳婦的祖母也剛離世。因此這個週末，她的兒子、媳婦、小碩碩都出城去參加葬禮，只剩她留下來顧店。我對趙小姐說，我父親也剛因為癌症過世。

「他幾歲？」

「六十八歲。」我說。

「啊，太年輕了，真可惜。我父親已經八十二歲了，所以我們早有心理準備。他死前與你見到面了嗎？」

我告訴她，父親選擇在北明尼蘇達的湖畔別墅度過死前的時光，我和家人都在那裡照顧他到最後。

「他死後，你們怎麼處理他的屍體？」她問。

這問題聽起來有點不體貼，但趙小姐知道我父親住在郊區，離城市很遠，而她又有一個生意人的腦袋，很好奇於後事的處理。

「我們請葬儀社把他的屍體帶到城鎮處理。」我解釋。

「然後土葬嗎？」

「不，我們選擇火化。」

她的臉立刻亮了起來。「在我們中國就是這麼做的。」知道地球另一端處理死者的儀式與中國相同似乎令她很開心。趙小姐挪了挪身體往前傾，同時小心翼翼移動她的腿。「我父親死時，棺材要五千元人民幣，墓碑和墓地也要五千元，幸好他的工作單位會負責支付，所以沒關係。你需要自己支付這些開銷嗎？」

我父親的工會福利津貼幾乎解決了葬禮所需的大部分開銷。我想了一下，不確定要怎麼措辭才能讓她理解。「也是我父親的工作單位處理掉的。」最後我還是決定這麼說。

趙小姐微笑：「看吧，美國和中國其實很像，誰會想到呢。」

她打開保溫瓶，啜了一口茶，一陣熱騰騰的蒸氣在冰冷空氣中升起。冬天是我在上海最不喜歡的季節，潮濕寒冷的空氣會將一層層衣物逐漸浸濕，直到你的肌膚變得濕黏冰涼，就像被困在一塊冰冷的海綿裡。就算待在室內也不會有太大改善，幾乎所有大樓的隔熱都做得不好，中央空調更是專屬於那些時髦住宅。我們公寓中的暖氣來自於每個房間的空調機，因為裝設的位置很高，所以輸出的熱氣都會直接升上天花板。因此，住在上海的第二年，我們買了長得像有輪點滴架的暖爐，看我們在哪間房發抖就推到哪間。

不過空氣汙染的情況在冬天最嚴重。當好幾億人同時打開暖爐，代表火力發電廠得延長運作時間才能供應足夠電力，排放出的廢氣會在中國東半部盤旋上好幾個星期，將霧霾指數推上危險高峰。買得起空氣清淨機的人會躲在家裡把機器開到最強，又進一步增加火力發電廠的負擔。

我不是那種會因為汙染而躲在室內的人，經常戴著安全帽在外面騎腳踏車，同時為了保暖戴上口罩。我的習慣路線會經過租界南側的小巷道，接著往北，右轉後騎上長樂路。我會在三明治屋停下來找CK，之後往東騎三個街區，停在傅大嬸和馮大叔的小廚房前，最後再騎一個街區，在趙小姐的花店結束這趟車程。

今天我滿有口福的，趙小姐拿了一顆梨子，對剖，把比較大的一半遞給我。

趙小姐在我吃梨時開口：「我需要一些意見。是我老家表妹的事，比我小一歲的那個。我記得我向你提過她和丈夫之間的問題，那個國稅局官員，記得吧？」

趙小姐老家的親戚糾紛八卦可說充滿傳奇性。有些家庭爭端最後以拿刀互砍作結，有些表親無法擺平自己的諸多情婦，還有人因為單戀自殺。她家鄉的生活就跟她在文明上海看到的那些電視劇沒兩樣。雖然早已遠離，但偶爾有人求救時，她又會被拖回那戲劇當中。我不記得她說過政府官員的故事，但若要說這個世界上，有什麼地方能讓國稅局官員大顯神威的，大概就是趙小姐的家鄉了。

「他因為情婦和我表妹離婚了，但還是打她。她今天下午又被打了，之後打給我。你覺得該怎麼做？你們那邊的丈夫離婚後還可以打老婆嗎？」她問我。

這是一個我從未思考過的問題，正在想該如何回答，一陣敲門聲拯救了我，原來是一位鄰居拿了午餐來。「啊，感謝你，我晚餐的時候吃。」趙小姐把那個餐盒擺在其他鄰居送的物資上。長樂路上只要有店鋪老闆受傷，整個街區的鄰居都會來幫忙送餐或做些雜事。

趙小姐繼續說：「我也不知道該給她什麼建議，實在太慘了。他把她的頭壓在地上，用皮帶抽她。他們生了三個小孩，全都成年了，也知道這樣的情況，但也沒說什麼，因為家裡都是爸爸在賺錢。他拿錢賄賂他們。」

我說他似乎與我在全中國各地報導過的中國官員沒兩樣。

「就連他的情婦也跑來打她，現在沒人能幫她。她今天對我說：『妳可以獨立，那我也可以。』我說：『不，妳不行。妳丈夫可是為國稅局工作。』」

趙小姐說的沒錯。國稅局官員是中國最有權力的地方官員之一，他們負責向地方企業收稅，收賄更是家常便飯。就某種程度而言，這個位階實在完美：地位沒有高到會在中央進行反貪腐行動時受到注目，但又高得足以買上幾間房子、一輛豪華轎車，並靠著從各種基金撈來的油水養上至少一名情婦。

「如果她跟妳一樣來上海呢？」我問。

「她離婚後還是多少分到了一點房產。她已經習慣那種生活方式了，就算來這裡也無法為了重新開始而吃苦，真是毫無希望。去年她喝了一瓶農藥，但洗胃之後也沒死。在我的老家，喝農藥是解決問題最常見的方法。」趙小姐解釋。

我想到之前趙小姐說，美國和中國其實很像。趙小姐願意把我當朋友，遇到這樣的問題也問我意見，我真的很感動，但任何我所能給的建議在此都將顯得天真。這是一個中國鄉村的棘手問題，根源於文化傳統，長年難解的政治腐敗環境，以及早已延續數世紀的貧窮問題，不是一個來自美國的外國人有辦法解決的。我只能靜靜坐在趙小姐身旁，思考我們兩國之間的差距有時也如此巨大。

我問起趙小姐的大兒子大陽。就在幾個月前，他辭去高爾夫球場的工作，跑去杭州當理髮師，搭高鐵大約要一小時的地方。他的母親現在行動不便，小陽又和妻子出城了，他現在卻不在這幫忙實在有點奇怪。

趙小姐失望地皺了皺鼻子。「我要他請幾天假來上海幫我，但他不肯。他說現在是美髮師最忙的季節，我一氣之下叫他過年也不用回來了。」

這大概是一位中國母親能對兒子所說最嚴厲的話之一。在傳統孝道中，不願意幫助跛腳母親確實是件嚴重的事。然而這卻是中國日益常見的情況：剛進入職場的青壯年因為壓力太大，或離家太遠，很難盡到照顧父母的職責。這種新環境挑戰了延續兩千年的儒家傳統（中國文化中最獨特的元素之一），甚至足以讓憂心的領導人發布一道全國法令，要求所有家庭成員要照顧長輩的精神需求，就算不住在一起也得「經常」前去探訪。

這項法條才通過幾個月，全中國已有許多年邁父母在控告孩子遺棄的訴訟中獲勝。雖然在西方媒體眼中，這不過是個有趣的新聞素材，在中國當地卻是極為嚴肅的議題。根據人口資料顯示，到了二十一世紀中葉，中國將有三分之一的人口（將近五億人）成為老人。如果中國的經濟成長，得在未來十幾年內將數億年輕工人移入城市才能達成，將來要由誰來照顧這些老人？留守孩童的問題已經夠嚴重了，現在竟然又出現了留守老人。

趙小姐對於大陽的抱怨還沒結束：「他說想等存夠錢結婚，可錢要從哪裡來？」

趙小姐知道自己的大兒子根本不可能有錢結婚，最後還是她要埋單，但有機會抱怨一下感覺還是不錯。「幾年前，我幫他找了個女孩，但他不要。當時娶媳婦只需要花兩萬元人民幣（大約三千五百美元），現在幾乎是兩倍。」

當年替小兒子娶妻的時候，聘金價位可說很划算，但那女孩家很窮，無法回以足夠的嫁妝。張敏的體態就是標準的農家女孩：身體強壯，骨架大，臉就跟我在一九六〇年代共產黨宣傳海報上看到的很像——顴骨高、皮膚光亮，而且永遠看起來自信滿滿。她在各方面都和趙小姐年輕時很像，也逐漸成為花店不可或缺的幫手。她負責向批發商訂花，也為全家人煮飯。

「她確實很聰明，工作努力，也知道怎麼掌控大局。」趙小姐說。

張敏是天生好手。她的聲音和趙小姐一樣宏亮，爽朗的微笑也讓顧客覺得自在。她丈夫小陽反而很內向，任何事都學得很慢。

趙小姐說：「我說他根本是扶不上牆的爛泥，他回答：『你覺得我是爛泥就是爛泥吧。』是不是很氣人？他根本沒腦，你知道嗎？他把所有收入都交給老婆，自己根本不想處理。上次我媳婦放了兩百元在他口袋裡，他竟然還給人家。這種兒子你說該怎麼辦？」

中國的年輕男女想要取悅父母向來不容易，今日情況尤其嚴重。隨著中國經濟每年成長數千億，趙小姐卻覺得是因為自己沒能讓兒子進入大學，才使得他們無法分食這塊中國蓬勃發展的大餅。

但我認識的許多大學畢業生面對的情況也很嚴峻。去年有七百萬中國人取得大學學歷，一年之後有將近三分之一的畢業生仍在找工作。既然中國經濟景況一年比一年好，這項數據實在不大合理。

今年春天，我參加了一場在上海郊區舉辦的就業博覽會，在長樂路以西幾公里處。數千名畢業生擠在體育館內，在數百個中國企業的攤位前不停遊走。這個體育館每週五都會舉行這類博覽會。

我遇見一名身形嬌小的畢業生，她因為眼鏡太大看起來像隻鳥。她來自貴州，中國最貧窮的地區之一。她剛結束在當地幼稚園的實習工作，但之後不想當老師。她噘嘴說：「扣稅之後，我的收入只剩兩千元人民幣。我還寧願當婚禮規劃師。」

唯一的問題是她沒有創業資金，也沒有供人參考的資歷。「欸，不過我幫朋友規劃過一場婚禮。」她告訴我。

「妳想找什麼樣的工作？」我問。

我沒在會場看到任何婚禮相關產業的攤位。

「不知道……」她懶洋洋地丟出這句話，彷彿自己還是一個小女孩。「這裡大部分的工作都不是很有趣。我希望工作的薪水夠高，能支付飯錢和房租，而且工時不要太長。」

「這樣是否有點不切實際？」我禮貌地問。

「對啦，可能是有一點。」她咯咯笑說。

出生於一九九〇年代的中國孩子沒有見識過經濟下滑的階段。這名年輕女性在上海就讀大學的四年間，城市內多了六條地下鐵，中國也建立了全世界範圍最廣的高鐵網路，將上海到北京的車程減少到九小時。地球上從來沒有一個文明體成長如此快速。但對於她和身邊的同儕而言，這一切成就不過是理所當然，也影響了他們對世界的期待。不過在眼前這類就業博覽會中，他們會明白這些都是過度的期待。

我在博覽會中遇見的一名人力資源主管，針對此現象精準做出總結。「我們需要能處理軟體問題的技師，但大學畢業生不具備這項能力。我們需要有人在展場中以英文簡報，但他們也做不到。」她抱怨道。

那名經理給我看了那天收到的幾十份畢業生的求職申請。

「幾人符合資格？」我問。

她舉起手，用四指觸碰拇指比出：零。「他們都被寵壞了，父母八成每個月給他們五千元，但我們的薪資大約是每個月三千元。所以，我們對他們沒興趣，他們對我們也沒興趣。」

真是一場悲慘的就業博覽會：數千名潛在雇主和雇員聚在同一個地方，但對彼此都感到失望。這樣的慘況讓我不禁開始思考，大陽和小陽這兩名高中中輟生，說不定過得比他們讀了大學的同輩好。他們不那麼挑工作，父母對他們的期待也不高，而且兩人都很有衝勁，努力學習對日後生涯有幫助的技能。在這種時代，直接跳過大學可能還會過得比較好。

大陽是個糟糕的花店銷售員。

第一個問題是打扮過於講究。他會身穿黑色寬褲、黑色紳士皮鞋、黑色V領衫，外面再加上一件黑色運動夾克。整個人就像放滿明亮花朵櫥窗前的一抹陰影。

再來是容易發怒，也不大懂如何與陌生人拉近關係。

我在一個陽光普照又微風徐徐的三月午後騎腳踏車到花店，看見這對母子正在人行道上整理花束。兩個人此時已經和好，他前來上海幫忙母親的生意。趙小姐已經沒戴護具，但走路還是一跛一跛的，得靠楊杖支撐。

大陽身形高瘦，長相英俊，膚色很深，有只鷹勾鼻和一對延伸到臉部兩側的沉靜杏眼。他說話非常有自信，對什麼都感興趣也愛提問，個性與弟弟截然不同。

我到店裡沒多久，一名六十多歲的上海婦人走進店裡。「這是什麼？」她指向一盆花。

「西洋牡丹。」趙小姐在人行道上回答。

「真的嗎？我覺得不是。看起來像中國牡丹。西洋牡丹的花瓣沒有那麼多。」

「這是西洋牡丹。」趙小姐說。

此時大陽加入話題：「妳說是中國牡丹就是中國牡丹，想要買嗎？一盆二十元。」

婦人沒理大陽：「如果我買兩盆可以便宜一點嗎？」

「兩盆三十五。我通常不給講價的。」趙小姐說。

「我給妳三十。」那名女性說。

「好，三十。」趙小姐伸手準備包裝那兩盆花。

大陽似乎有點不開心。「妳可以上網搜尋牡丹，多了解一點。」

婦人下巴緊繃地盯著他。「西洋牡丹不是長這樣。」她固執地說。

大陽直視著她，微笑說：「我想中國牡丹也不是長這樣的。」

婦人怒氣沖沖地離開了店裡。趙小姐則因為兒子的反擊大笑出聲。我看著他們：寵溺的母親與叛逆的兒子。

「你在高爾夫球場的工作怎麼了？」我問他。

「那裡根本就是剝削勞工，實在太慘了。薪水很低，食物也很差。」他回答。

那裡的老闆保證未來可以讓他成為教練，甚至升上管理階層，但他逐漸意識到那些不過是謊言。最後，他和同事決定要離職。「很多中國公司都這樣，他們向你保證美好的未來，但其實一點希望也沒有。」

趙小姐修剪著白玫瑰，一邊認真地聽。

我想到趙小姐第一份在電視工廠的工作。她的老闆顯然沒向她保證之後可以升職，只是要求她努力工作，而她也照做了。二十年後，在她奮力工作才建立起來的花店中，她的大兒子抱怨著高爾夫球場的工作。花業也不值得投身。「我不想在雨中送花。」大陽曾這麼說過。他們這一代覺得有必要找到更能顯示地位的工作，而不只是當生產線員工或工地工人，那是他們父母輩做的工作。這種想法限制了他們的選擇。以大陽的為例，他選擇在杭州跟著一位美髮「師傅」學習，但也承認目前仍在學手藝，還沒有任何客戶。

趙小姐打破沉默。「大陽常和我吵架。他對我們的新主席期望很高，說他是個好領導。

我說：『如果我因為他客戶變少，他能有多好？他是你爺爺嗎？他負責餵飽你嗎？』」

趙小姐說著說著就笑了，但對這條路上的店鋪老闆而言，這是一個嚴肅的議題。習近平上台才一年，但已經減緩了黨內高層嚴重的貪腐問題。他也持續對地方官員發布一連串的新命令：不可送禮、送酒，也不可大擺宴席。

習近平出生於一九五三年，共產黨剛執政的第四年。他父親屬於革命領導階層，他從小就和北京權貴圈的太子黨一起長大，被當作未來的政治菁英培養。在文化大革命的前幾年，習近平的父親被清算，他也因此被送到山西省郊區，住山洞，和農民一起工作，並研讀馬克思。根據維基解密，一名和習近平一起長大的大學教授告訴一位美國外交官，當他和朋友「為了擺脫當時所遭遇的困厄，決定沉迷於追求風花雪月、飲酒作樂、電影、西方文學時，習近平卻為了生存選擇更為赤化」。他選擇「在體制內成功」。

習近平的前任與他相反，胡錦濤是一名茶商之子，原本讀書是為了成為工程師。在胡錦濤掌權的十年間，中國的經濟呈現二位數的成長，但這股投資的洪流導致貪腐橫行。因此，習近平於二〇一三年上台時，就決心清理這項共產黨內的惡習。於是不到兩年，他的反貪腐運動就針對超過四十萬的黨內官員進行了紀律處分。

共產黨的快樂派對結束了。長樂路上的店一家家關門，趙小姐的生意也在穩定流失中。青松城大酒店剛打電話來表示：區政府的年度晚宴取消了。這間旅館每年都會為這場晚宴向她訂上一千美元的布置用花，相當於她半個月的收入。

大陽為習近平說話，他告訴母親：「這對經濟會有短期影響，因為公家花費驅動著中國經濟。但從長遠來看，如果人民能確實擁有更好的福利，像是更好的醫療保險之類的，情況就會慢慢改善。」

身為一個報導中國的經濟記者，我也沒有辦法說得比他更好了。

「不管他有多好啦，他能餵飽你嗎？」趙小姐反駁。

「如果領導人夠好，國家情況就會改善，人民生活自然也會提升。兵熊熊一個，將熊熊一窩[7]。」大陽背誦道。

趙小姐這代中國人出生於貧窮的一九六〇、七〇年代，直到他們開始工作，中國經濟才真正開始起飛。他們習慣把焦點放在短期獲利，貪腐不過是每天都能見到的現實。不過大陽這個世代更關心中國經濟體系的永續能力，尤其近年成長幅度趨緩，他們要怎麼讓孩子過上更好的生活？

大陽轉過來對我說：「我認為美國和中國非常不一樣。中國人認為美國是個好地方，民主自由。」

「你在美國可以買槍。」趙小姐說。

「是沒錯，但槍枝也成了問題。」我說。

7 中國諺語，「熊」為窩囊、沒本事之意。意為小兵無能只是個人，大將無能將影響全體。

大陽想了一下。「不過如果有了槍，無論你力氣大小，都能擁有同樣的攻擊力。如果沒有槍，力氣大的人就能欺負弱小。」

大陽為工作階級擁槍一事辯護，讓我幾乎能看到一位年輕的共產黨領導人形象。大陽聰明、博學，花費很多時間思考中國的問題。如果他有機會從上海的學校以優異成績畢業，不知道未來會是什麼模樣？以他的成績和心智，非常有機會進入菁英學校就讀，但他現在只能在不同的底層服務業之間遊走，做一個美髮哲學家。

此時一陣風吹起，吹動梧桐光禿的樹枝發出如同響板的合奏聲。淺綠色葉子正從新芽中冒出，但還要過一個月，長樂路上招牌的茂密樹冠才會重新出現。

我問趙小姐對大陽轉職的決定是否滿意。

「一點也不滿意。」趙小姐表情森然。「但我能怎麼辦？到頭來只求他們平安健康就好了。要求不要太高。他父親再兩年就要退休，弟弟也結婚了，等他也結婚之後，我就可以安心了。」

大陽有點喪氣地盯著地板。我提醒趙小姐，大陽其實和她之前一樣：辭去工作，跟隨師傅，學習謀生的一技之長。

「也對，他在累積技能，學習創業，我之前也是這樣，一開始什麼都不懂。」她說。

趙小姐望向大陽笑出聲：「只是我曾寄予厚望。他弟弟倒還好，但對他，我期望很高。他還小的時候，有一次我們去吃螃蟹，他發現其他人的螃蟹有蟹黃和蟹膏，為什麼他沒有呢？然後他發現原來其他人吃的是母蟹。他腦筋動得很快，喜歡閱讀，比家鄉同齡的人都來得聰明，但現在他是個美髮師。」

中國人總刻板印象地視男性美髮師為懶散之人。我在上海常去的理髮店發現，中國的美髮學徒常常有很多空檔。每次我去剪頭髮，總是有一堆人寧願大排長龍地等老闆剪頭髮，也不願意給旁邊那一批打扮時髦瀟灑的年輕學徒剪。這些訓練生通常都是中輟生，頭髮染成各種顏色，大部分時間都坐在那邊聊八卦、看電視、設計彼此的髮型，或在鏡子前擺姿勢。

大陽不同。他把所有的空檔都拿來讀喬治・索羅斯或華倫・巴菲特的書。他對投資的興趣遠超過傅大嬸想投資的蓋網那種典型投資詐騙。趙小姐告訴我，每次大陽幫她買的股票都會賺錢。她興奮地說：「有一次，他一個下午就賺了三萬六千元人民幣，交易貴賓室的人都問他有什麼祕訣。」

大陽立刻精神來了。「一開始我也不懂，所以我只能靠比較趨勢圖來學習。現在我也開始買賣股票了。」

他很高興在那些總在發呆的同事之外，終於找到人可以聊這件事了。「當股價跌破資產淨值，你就會知道公司的實際價值，但在中國，我們知道很多公司的財務表現造假，所以我改看公司財報，包括每股的帳面價值和盈餘。我也看資產淨值的成長率和投資規模，偶爾也會看K線圖。」

聽到兒子能使用這些外國詞彙，趙小姐笑顏逐開：「看看他把股票市場研究得多透徹？

講個不停呢。」

大陽露出一個害羞的微笑，趙小姐停下來喝了口茶，接著重新開始對付兒子。「他很聰明，但和女孩子約會就詞窮了。」

這個話題讓大陽又沉默下來。

「他真的不了解女人心，也不懂怎麼約會。」

我問大陽：「有什麼對象嗎？」

「媽為我介紹了幾個家鄉的女孩，其中一個看起來還不錯。我這兩個月會再回去看看，也見她的父母。」他囁嚅著說。

「我們全家五月都要回去。」趙小姐興奮地說，她要回去參加姪子的婚禮。「你也應該來，坐高鐵只要三小時。你可以看看鄉下人怎麼慶祝婚禮。」

「你有她的照片嗎？」我問大陽。他給我看了對方在微信上面的大頭照。

她有一雙漂亮的棕色眼睛，臉的其他部分則被有凱蒂貓圖案的口罩蓋住了——專門用來應付空氣汙染的那種。

「我只有這一張照片。」大陽悶悶地對著那張照片點頭。

他去年夏天在某位表親的婚禮上和對方聊過五分鐘，是趙小姐和那位嫁給國稅局官員的表妹，還有女孩的父母一起精心安排的。大陽和女孩並不反對再次見面，所以各方都認定他們在往結婚的目標前進。

趙小姐突然興奮地加入話題：「她很會存錢。她會說：『我花五毛錢買一顆蘿蔔，今天這樣就夠了。』她每天光喝湯就飽了，而且只買便宜的東西。上海女孩根本比不上。」

我試圖在大陽臉上尋找反應，節儉實在算不上浪漫，在中國卻是至高無上的美德。但他的臉上一片空白。他即將跟一個幾個月前在家鄉見過五分鐘的節儉女孩結婚。現在只靠微信進一步聯絡，在每次傳訊時仔細端詳她那張戴著口罩的臉。

再不到幾個月，大陽就要回家鄉帶禮物給女孩的父母，一旦他們同意，趙小姐長子的婚姻等於談定。接著就是交換聘金與嫁妝，舉行婚禮，趙小姐也能準備迎接她的第二個孫輩。她總算是盡了身為母親的義務，可以停止擔憂，重拾平靜了。不過還有尚未解決的問題，比如她擔心兒子不懂女人心，這點仍可能讓一切產生變數。

店外南向吹過一陣溫暖的微風，街區梧桐樹因此在午後的陽光下搖曳，樹影在花店的地板上舞動。趙小姐靠回她的椅子上，微笑著閉起眼睛。大陽走到店外曬太陽，一臉沉鬱。這是春天的第一天，大陽很快就要結婚了。

第八章 文化青年

——長樂路八一〇號

時間接近傍晚，ＣＫ和我坐在「二樓──你的三明治屋」窗邊俯瞰底下的長樂路。年輕上班族從對街的高樓大廈湧出，離開辦公室內的小隔間迎向夜晚。「我從來沒想追求過穩定的生活。」ＣＫ說，望著他的同儕彼此推擠著努力想走向地鐵站。又一個工作天結束了。

ＣＫ安靜地觀察著他們。他追求的目標不同。「其實我不知道我想要什麼。最近我有一個困擾，我的意思是，也不是什麼大問題。我覺得我總是想進一步探索自己，想了解自我更多，而最近卻覺得自己有一點……有點卡住了。」

或許是因為過分自省或其他原因，他的三明治店從開張就沒有賺過錢。如果是像今天這樣的日子，ＣＫ並不是很在意，畢竟他光靠賣手風琴就能每年賺入五萬美元。這份收入著實不錯，讓他有餘裕嘗試其他可能性，例如運作一間不賺錢的「二樓」三明治屋，或坐在沒有客人也不賺錢的「二樓」三明治屋思考人生的意義。我在中國其他年長些的朋友才不會思考這些事，但正因為如此，我喜歡和ＣＫ相處。

「每次彈奏手風琴，我都覺得有些新的想法。那是一種很明確的感受，我稱此為『呼吸的力量』，彷彿你確實在吸吐，卻又無法好好吸滿一口氣。」他說。

在空汙濃度比專家宣稱的危險值高上二十倍的狀態下，氣喘吁吁地度過一個冬天之後，我向他說我可以理解這種感覺。

「約會這件事呢，嗯，我確實覺得有很多有趣的女孩，但和她們聊過幾次之後，很快就沒興趣了。我不知道。我不停問自己：到底是怎麼了？因為每次只要感覺生活出了問題，就表示內心有個聲音在說我該去做些什麼改善自己。」

「所以你之前有過類似感覺？」我問他。

「對，總是一樣，我會感到平淡。」

「像是你沒了欲望，或者是不開心？」

「像是以前我還有感覺，但現在只覺得麻木。我知道心底很快又會發生改變了。」

「什麼樣的改變？」我問。

「我不知道，就像打電動，你懂吧？你已經殺掉所有怪物，衝破每道關卡，但現在得面對大魔王。大魔王非常孔武有力，你必須避開所有由他發射的子彈。他的命有很多條，所以你得跟他糾纏很久。我覺得現在到了得面對大魔王的人生階段。我必須跟他對決，殺了他，再進入下一關。」

CK喝了一口咖啡，我則在思考他剛剛說的話。

「那麼在現實人生中，誰是真正的大魔王？」我緩緩開口。

「我自己。」他盯著那群走在長樂路上過著朝九晚五生活的行人。「始終都是我自己。」

之前世世代代的中國人都仰賴家庭或國家指引他們人生方向。CK他們這群人是首批能為自己人生做決定的人。他們是塑造中國未來的關鍵：在那樣的未來中，所有個體差異都能在中國社會中受到更多的重視。

就在前一年冬天，我在ＣＫ的店內遇見一位叫李梓新的男人。這位三十三歲的男人眼神犀利，講話速度很快，老是一副赴約快遲到的模樣。李梓新透過他的網站「中國三明治」（China30s）行銷年輕的中國作家，這也吸引了以他們為目標世代的零售商注意。他在公眾演說圈也很有名。他每次演講都會以一個問題作開場：如果你想要轉職，會諮詢家族中的人嗎？「舉手表示『會』的人通常出生於一九六〇年代，但八〇後出生的很少舉手。」李先生告訴我。

一九八〇年代後出生的二億四千萬人，是中國改革開放後出生的第一代，他們首先嘗到經濟二位數成長的果實，也是計畫生育下的孩子。他們沒有兄弟姊妹，所以父母輩與祖父母輩的生活基本上都圍繞著他們轉。

雖然以一敵六似乎是屈於弱勢，但這批人從小就學會忽視長輩教誨。他們的父母和祖父母經歷了毛澤東運動時期的拖磨，沒受過什麼教育，就像傅大嬸與馮大叔一樣，他們現在只能努力適應當代中國自由市場的現實，給出的建議往往也不怎麼好。「我們無法將簡單的想法和決定解釋給父母聽，他們就是不懂。」李先生告訴我。

因此像是ＣＫ這樣的年輕中國人常擅自做出職涯決定，也不管是否讓家中長輩有面子。「我們通常決定好再告訴他們，但語氣恭敬，一副我們在尋求意見的模樣。」李先生說。

世代差異的情況在長樂路上也很明顯。傅大嬸與馮大叔終其一生被政府丟來丟去：先是被丟到新疆，之後又丟回上海。馮大叔決定屈就賣起蔥油餅，傅大嬸則為身邊炫目的財富景觀所惑，極力想要快速致富，但又缺乏應有的技能。相比於CK和趙小姐，他們可說迷失於資本主義的迷宮之中，舊時一切只要照黨說的做就沒問題，而他們是那段時光的遺跡。李先生打比方說：「他們是不學游泳的一代。他們覺得那段回憶太可怕了，但他們不明白下一代其實很享受游泳的自由，而且不需要穿救生衣。」

李先生對自由的看法在我聽來有點天真。沒錯，他們這一代確實能時不時跳下水試試運氣，但中國經濟的海況其實仍然很危險。許多三十多歲的中國年輕人都是家中唯一的經濟支柱，必須供養他們通常缺乏專業技能的父母及下一代。他們有賺錢的巨大壓力，儘管可以自己做決定，他們能享受的個人主義仍有其限制。

CK的三明治屋對面是摩天大樓，每當數千名他的白領同儕湧上街道時，他偶爾會盯著這棟大樓看。大樓一片片藍色玻璃帷幕裡面的企業，大部分商品的目標顧客都是像他這樣的年輕人。中國的千禧世代人數比整個美國人口還多，二〇一二年，中國各大企業總共花了三百五十億美金的廣告行銷費用在他們身上。這棟辦公大廈樓高四十五層，是長樂路上最高的大樓，讓底下的店面和小吃攤都相形渺小。

從二十五樓角落的一間辦公室窗戶往下看，我只能勉強認出「二樓」三明治屋的大概位置。我人在唐銳濤（Tom Doctoroff）的辦公室裡，他在廣告公司智威湯遜（J. Walter Thompson）的中國總部帶領兩百名時髦員工，而智威湯遜是全世界最老牌的廣告代理商之一。十五年來，他幫助催生了中國廣告業的黃金年代，總在努力找出挑動ＣＫ這代年輕人消費神經的方式。

唐銳濤相信，所有中國人內心都存在互相矛盾的目標。「他們在爬上體制高層與個人野心之間感覺到緊張關係。另一方面，掌控體制和對抗體制之間也存在衝突；他們需要熟習既有規範以往上竄升獲取成功。」他對我解釋。

唐銳濤是個有話直說的美國中西部人。他在俐落總結出每個中國人的內心世界後點起一支菸。我認真思考他的理論是否符合長樂路上人們的生命狀態。就在對街開三明治屋的ＣＫ努力與體制搏鬥，但並不渴望擊潰體制，而是希望掌控、熟習後，以所需方式在其中獲得成功，並藉此達成自己的目標。再遠一點的趙小姐離開家鄉，敏銳掌握了中國經濟的變遷現況，一路拚到這間街角花店。她一路走來做出了不少犧牲，但每一步都讓她更理解體制，並把所得知識傳遞給兩個兒子。事後證明她所承擔的風險非常值得：她的家族過得很好，孫子也得以在一個更好的地方成長，而不是在破落的煤礦區。

唐銳濤認為中國與美國最大的不同，在於對個人與家族在安全感上的排序。「身為美國人，我們從小就被教育表達自己是好事，不會因此遭遇任何危險。」

美國人被鼓勵在社會中成長為一個獨立個體。美國的基本經濟單位是個人，所有的制度也是為了維繫、發展個人的經濟能力而存在。反觀中國，中國傳統的基本經濟單位是宗族，包括家族與共產黨本身。中國很少有人覺得能完全掌握自己的命運，也不大相信個人能夠擁有安全的未來。

唐銳濤團隊針對中國千禧世代做的廣告就高高掛在長樂路上，目標是為了傳達熱愛冒險、叛逆、自我表達的精神，但結果總是相同。他的團隊為福特汽車Focus車系創作了一支電視廣告，一群年輕藝術家在停車場繪製大型壁畫，此時有個朋友開著該車款出現，站在鷹架上的一名女孩轉頭讚歎車子時不小心打翻一桶油漆，因而接連撞倒了好幾桶，灑了一地七彩油漆。他們的朋友於是愉快地加速開過油漆灘，噴得朋友們一身，展現了這輛車子的性能。接著鏡頭拉遠，觀眾發現所有叛逆行為沒白費：藉由這輛嶄新福特Focus的幫助，他創造出屬於自己的壁畫：一隻七彩的眼睛。

「最後停車場仍然被美化了。」唐銳濤在我們一起看廣告時這麼說，中途還暫停了好幾次以進行解說。「這並不是針對體制進行反抗，他們確實創造出了值得觀賞的事物。在中國做傳媒事業最大的挑戰之一，就是在對個人抱負的追求，與對叛逆精神的恐懼之間取得平衡，就如何表達而言，那條防線確實一直往前推進，但不曾模糊。因此，我並不同意中國有真正的個人主義。」

唐銳濤的部屬幾乎都是聰明的年輕人，他們大多出生於八〇後，並且從中國頂尖大學畢業。當我們在討論廣告時，他們一直在附近徘徊，非常好奇我們的對話內容。其中一些人並不認同這位外國上司對於中國個人主義的看法，而我發現，他們對中國同儕的看法就和唐銳濤的一樣有趣。

這間公司企畫部門的總監就是其中之一。陳亨利在上海長大，之前在上海頂尖的復旦大學中主修哲學。他的頭髮只比平頭稍微長一點，臉上戴著時髦的玳瑁色眼鏡。他比老闆矮至少三十公分，身穿寬鬆卡其褲，T恤外面套著細針織羊毛衫。他倚著門框聽我們談話，一隻腳交叉在另一隻腳之前，嚴肅地盯著地板。

當我們的談話告一段落，我問他有什麼看法。亨利同意中國大部分地方都很難找到真正的個人主義，不過在這個中國最富有的城市，情勢變化很快。他的觀點最後總結於中國經濟，他相信真正妨礙個人主義與反叛精神的不是中國文化，而是缺乏財富與機會。這信念與CK很類似。

我問亨利對中國當時最有名的部落客韓寒有什麼看法。韓寒於一九八二年出生於上海，無疑是八〇後世代當中最有影響力的人物。他是一個專業賽車手，但也很有寫作天分。他書寫上海中學生活的《三重門》占據文學作品暢銷榜長達二十年。他在網路上批評中國，內容常常觸及危險議題，中國也將他在境內的部分部落格文章審查後移除。CK喜歡看韓寒的文章，但對某種網路名人的特性無法接受。

「我認為韓寒是個機會主義者，他販賣反叛的夢想，但還是個典型的中國人。他在適婚年齡結婚，還有一個引以為傲的情婦；他的生活並沒有比別人叛逆多少。我認為他對自己不是很誠實，只是說個不停，沒有實際作為。」亨利說。

唐銳濤帶著慈父微笑聆聽亨利的意見。「我不認為亨利是個典型的中國青年。我認為他內心是個浪漫的夢想家。亨利比我更相信中國年輕人正以西方的方式追求個人主義。他用來形容韓寒的用字非常有趣，韓寒個人顯然使他失望。我認為亨利仍深信在中國，個人能夠擁抱浪漫的夢想。」

亨利看起來不是很同意。「我沒有那麼極端，但我相信我們正在往非常有潛力的方向邁進。」他為中國年輕人發言。

我問亨利，他是否相信數千萬的中國年輕人，終有一天能影響西方文化，因為CK是這麼相信的。

這問題似乎讓他很興奮。「我們的才華絕對做得到這件事，之前不過是有太多文化與政治因素壓抑了這些才華。無論科技發明、文學、哲學或各式思想，我們一定會出現復興時期。關於這點，或許我真的是個夢想家吧。」亨利有點難為情地笑了。

「你覺得何時會發生？」我問。

「很快。」他回答。

「你認為會有其他文化汲取中國年輕人的文化，並以此來定義他們的世代認同嗎？」亨利的老闆問他。

亨利點頭。「我覺得會，我們有潛力。一切都還在醞釀，但我們有大爆發的潛力。我對中國的文化根源有深刻的信心，即便就全球而言，中國文化都非常有價值。只要我們能夠強化我們的文化根源與遺產，未來一定所向無敵。」

辦公室內突然出現了一陣靜默。唐銳濤和我望著他，心想他剛剛是否真的說中國年輕人將有一天能變得「所向無敵」。這說法簡直像《星際大戰》反派角色黑武士的中國版。唐銳濤打破沉默，試圖說些什麼挽救這位年輕同事的面子。「亨利非常傑出。不過根據我的觀察，中國青年在進入體制之前都有一個夢想期。我數不清曾有多少中國女性告訴我，『我想去法國學烹飪。』但到了最後，體制與社會結構會重新馴服她們。」

亨利拉開一個冷靜的微笑，輕聲地糾正了他的上司：「我從來就不曾在體制之外。」

當長樂路這一側的夢想家在行銷網球鞋和進口車，另一側的夢想家則在賣手風琴，只是業績逐年下滑。幾年前CK幫助建立了博羅威尼的供應鏈，以應付歐洲市場的需求。現在由於歐盟的經濟危機，手風琴銷量下降。更糟的是，他經手賣出的手風琴因瑕疵出現毀損。之前他已經簽約並支付頭期款請供應商開始生產，但組裝出來的手風琴聲音卻聽起來不對勁。

就在前一年，CK曾花一整個月待在江蘇省的一間工廠，重新組裝數千架手風琴，但出口之後問題卻又接連發生。歐洲超過兩千名客戶退回用了不到幾個月就散開的瑕疵博羅威尼手風琴。原來工廠使用了錯誤的接合劑。根據合約，博羅威尼的生產商遇到這種狀況時應該負責賠償，但當CK到江蘇工廠收款時，工廠老闆卻嘲笑他。他搖著頭對我說：「那人叫我滾。他說已經過了半年，不是他們的問題。他說，『你來這裡檢查過每一架手風琴，瑕疵手風琴會被送到歐洲是你的錯。不是我的問題，是你的問題。』」

從此博羅威尼停止在中國生產手風琴。

不過博羅威尼還是把CK留下來，將義大利製的手風琴賣給中產階級。中國工廠或許不把這項義大利手工藝當一回事，逐漸浮現的中產階級卻很有興趣。一開始，CK覺得換到全球生產鏈的另一端工作很新鮮，他也旅行全中國建立了前景看好的經銷網路。但過沒多久，一個在中國常出現的老問題便出現了：網路上出現號稱博羅威尼的賣家，但售價幾乎只有原本的一半。CK打了網站上的電話，一個帶著北方口音的男子接起電話。「他說他販賣各種顏色的博羅威尼手風琴，像是深藍色，但博羅威尼根本沒生產這種顏色。我說，『真的嗎，你有深藍色的博羅威尼手風琴，可以傳張照片給我看嗎？』」

CK得訓練他的經銷商應對相信那些騙局的客戶。「中國的盜版問題真的很嚴重。」他嘆了一口氣。

管理「二樓──你的三明治屋」也讓他頭痛。最近每次我順道前去拜訪，似乎都沒看到任何人在廚房工作。我問CK和Max是裁員嗎？他說：「沒有，大家都辭職了。」

CK之前解雇廚師，其他員工於是集體辭職，現在只剩下兩名服務生和一名廚房助手，這位瘦長、表情茫然的年輕助手就這麼突然被晉升為主廚。一個月之後，他們還是沒找到足夠的人遞補缺額。

此外，儘管面對長樂路的招牌上「你的三明治屋」六字已經小到不能再小，CK仍表示要刪掉菜單上大部分的三明治，好加入更多早餐與早午餐選項。「沒人想吃花俏的三明治，但他們會花大把鈔票點鬆餅，而鬆餅幾乎不用什麼成本。」他告訴我。

他也考慮撤掉日光間的書牆和非主流唱片，也就是那些讓人感覺放鬆的裝潢。「這一切都會讓人覺得可以整天待在這裡讀書，大家喜歡那種人潮快速流動的地方。大家喜歡熱鬧。」他抱怨道。

CK點了一根菸，吐出一口煙圈。他因為缺乏睡眠而眼袋浮腫，一週七天，每天都從早上十點工作到凌晨一點，不是在賣手風琴就是用盡方法拯救他的三明治屋。「我想我們得把當初開三明治屋的夢想稍微擱置一旁一陣子。」

第一次的創業失敗後，他進入許多中國創業者都熟悉的階段：亂槍打鳥，就希望剛好打到那麼一隻。樓下的長樂路上，我注意到馮大叔的電子煎鍋上開始出現更多種類的煎炸點心。花店的生意下滑時，趙小姐也開始加入銷售電話預付卡的行列。離「二樓」三明治屋一個街區的地方有間小小的柯達沖印店，現在也賣起了絲綢睡衣，因為已經好幾年沒有沖洗過一捲底片了。在像上海這樣的地方，各種消費風潮如同颱風般從東海橫掃進出，而一個好商人必須懂得看風向。

CK針對餐廳所做出的改變，有一部分是從為博羅威尼去首爾出差時得到的靈感。「韓國人很在意一個地方的外觀、感覺，以及整體建造與設計的細節。」他讚歎在首爾看到的一切，大至建築，小至城市地鐵吊環上的細節。「中國吊環是塑膠製的，笨重之外上面還有電信公司廣告，但他們的吊環是鋼製的，環狀的且很合手，每個顏色都不一樣：橘色、黃色、紅色、棕色。」

CK先告訴我他之前的觀察：「真正去到韓國之前，我以為那裡的人不過是一堆沉迷於外表與整形手術的人。但我錯了。他們一點也不虛假，反而很有趣。你知道為什麼嗎？因為他們的政府不像我們的會說謊，或逼迫人抹殺自己的創意。他們的體制完全不同。」

一個人初次到已開發的亞洲國家短期旅遊，做出這類結論不令人意外。南韓政府其實也不是一個完全公正透明的組織，十三億中國人也絕非每個都是缺乏創意的複製人，但CK疲憊又憤怒，就想發洩出來。他抱怨道：「我們的教育系統出了問題。缺乏兩種重要的課程：創意及愛人的能力。如果有創意，你就能懂得質疑，一切事物也能看得比較深。但我們的思想太淺，常常看不出問題所在。從學校畢業的我們通常也很自私，無法去愛其他人，只想服務自己。我們全是膚淺又自私的人。」

CK這類的年輕文化鑑賞家會自稱「文藝青年」，或簡稱「文青」。這個名詞通常會被翻譯成英文的hipster（潮流人士），但所謂文青通常追求的是對藝術、文化或自我生活實踐的熱愛，而沒有hipster在西方脈絡下的勢利眼或憤世嫉俗。另外一個差別，hipster通常出生於已開發國家城市郊區的舒適中產家庭，文青卻不同，他們得想辦法在充滿競爭的複雜系統中努力尋找出路，好賺錢支撐自己的興趣。CK這代成長的期間，中國剛從數十年的經濟休眠期中甦醒，五十多年來，他們是第一代工作是為了有時間和餘裕從事如研讀存在主義、看獨立電影、參觀藝廊之類事情的人。文青將這些新想法融入生活後改變原有的價值體系，並根據全新觀點（通常是全球觀點）來做出人生的重要抉擇。

二〇一四年，一本受歡迎的北京藝術雜誌中，有篇文章列出「文青」的幾種形象：「一位在廣告公司上班，平日寫劇評，去菲律賓進行潛水之旅，空閒時間還會翻譯食譜。另一位在跨國企業負責公關工作，搭公車上班時會聽古典樂，每天晚上抄詩在筆記本上，而且已經將三本浪漫小說從英文翻譯成中文……他們都想過舒適的生活，但也追尋豐盈的精神存在。他們喜歡德國詩人里爾克的詩，也喜歡去歐洲玩。」

有時候去了歐洲就不回來了。文青有一項出名的特質，就是辭掉高薪但令人心靈空虛的工作，轉向他處尋找使人真正喜樂的志業，CK就是一個例子。二〇一三年，一對在北京大企業工作的夫妻突然辭去工作，開著他們的橘色福斯休旅車穿越幾乎整個中國到大理定居；大理位於中國西南部，距離上海超過二千五百公里，是一座位於高山湖畔被城牆圍繞的古城。他們用來書寫新生活的部落格短時間內爆紅，在數百萬渴望逃離都市高壓生活的八〇後上班族之間快速流傳。

太太史旭霞在其中一篇文章中這麼寫道：「我們尋找的不是商機，只想住在一座靠山靠水的小鎮，追求平靜的生活，一點新鮮的空氣，用雪水煮成的一壺茶，以及用自然食材烹調的餐點。許多家鄉的人羨慕或忌妒我們，我只能說，你們也都做得到。」

她在抵達大理前的最後一篇文章末尾，決定向中國充滿霧霾又高壓的首都生活告別：

再見了，北京。

再見了，PM2.5。

再見了，城市生活的動盪。

再見了。

接著有人找他們出書。《離開北京去大理：和自己喜歡的人，做自己喜歡的事》兩年後出現在書店，這極致的文青體驗經過仔細包裝，由中國最大的政府出版集團鋪貨銷售至全國。

這本書在都會年輕人之間立刻熱賣起來。大理的一切都與北京和上海這類大城市相反：生活步調慢，薪資低，空氣和水質乾淨，當地自種的食材也沒有安全疑慮。整座湖畔小鎮都被頂端有雪覆蓋的山脈圍繞，是個適合理想主義者的理想所在：為了追尋一種更好的生活，愈來愈多城市來的文青到此定居。

二〇一三年，我因為報導工作去了大理一趟，在那裡遇見許多放棄大城市的一切來此生活的人，年紀都和ＣＫ差不多。「我們在這裡一年半認識的朋友，比住在大城市裡十四年的還要多。」一位都市移民這麼向我炫耀。

她和丈夫帶著三歲女兒一起從廣州移居此地，當時兩夫妻從事的是工時很長的進出口工作。這群來自都市的逃難者住在小鎮高處山腳下的傳統庭院式屋舍，眼前所見皆是水與山的全景。每天早上他們都會騎腳踏車下山到舊城區，把女兒送到幼兒園，之後再到舊城區石板巷弄內經營兩人的品酒藝廊。他們和CK一樣，都希望經營的店面能吸引更多同好。

她在我欣賞風景時告訴我：「這裡有來自各行各業的有趣人們，我們因此認識了電影導演、記者、作家。我們聚在一起討論生活該有的樣貌和內心的理想。住在都市的人才不談這些。之前在廣州時，人們只對買新房新車之類的話題有興趣。都會中國已經完全被消費主義的漩渦吞沒。所有人都很無助。」

我問住在大理有什麼缺點。衛生醫療不好，學校狀況也算不上頂尖，而且離老家很遠——但這點就算在上海工作也一樣。但最大的問題似乎還是錢。我在那裡認識的文青沒一個能夠自給自足，在那些有關消費主義有多邪惡的對話之間，許多人承認賺的錢根本不夠生活。他們跋涉超過一千五百公里到大理，將酒、心靈諮詢、書或咖啡賣給那些和他們之前一樣的人：觀光客以及來自大城市且有閒錢花的移民。這些顧客每天都在提醒著他們曾經屬於同樣的消費階級。

更糟的是，他們還在為這些遊客彼此競爭。就連來自北京且出了書的那對夫妻也遇到同樣問題。二〇一四年九月，史旭霞在部落格上發表了一篇讓追蹤者極為震驚的消息：她和丈夫決定打包回北京。她表示自己有了個「突來的工作機會」，必須在國慶假期後立刻上工。

此外就沒有任何進一步的解釋。她在大理發表的最後一張照片，身穿亞麻上衣，眼神渴望地盯著正往山脈後方落下的夕陽，頭上盤旋著燦亮雲朵。

在大理的最後一天。陰雨了好幾天的大理天空，在夜晚放晴。再次走到二樓的露台，抬頭看著星空。我在大理度過了五百多個這樣的夜晚。五百多個日夜，卻好像在眨眼間就過去了。

我們在大理度過的這段歲月，將是此生最珍貴和美好的回憶。這個夢想已經實現，該出發去追尋下一個夢想了。就要開始新的生活了。其實，我們的每一天都是新的生活，都是美好的一天，對吧？

再見了，親愛的大理。

會回來看你的。

大理，大理……

CK曾有次稱呼自己是文青，但真正讓他看起來像文青的作為，是他解釋自己本質上還是名工程師。正是因為他擁有工程師的心智，才有辦法以博羅威尼這份工作長久維生，但你很難忽略他的文青特質：他是一名音樂家、他讀尼采，偶爾也會用點管制藥物，在開三明治屋之前，他在一間LOMO攝影店內工作，那是一種因為俄國相機衍生出來的藝術運動，參與者喜歡針對日常物件拍攝低擬真度的彩色作品。

不過CK也有「憤青」的一面，這個詞彙是「憤怒青年」的簡稱。這群青年對中國境內的外國勢力充滿疑心，但又不完全信任自己的領導。憤青對於中國的漫長歷史與文化傳統非常驕傲，並將這方面的熱情用於爭取中國在國際事務中更有利的地位。在世代的分類之外，這個詞彙也是另一個中國青年拿來分類自己的框架，也使得自我介紹成為一種極為累人的分類運動：你是八〇後還是九〇後？文青還是憤青？到了後來，一切分類似乎都失去了意義。對我來說，他們全都只是「青年」。他們努力想理解自己的世界，做的也是跟全球各地青年一樣的事。他們在尋找快樂。

那年春天，我從大理回來後去了一趟「二樓」三明治屋，當時是午餐時間，店內卻沒人。CK坐在吧檯後方深處，在電腦上處理帳務。「我五分鐘後出去。」他喊道。

他在脖子上圍了一條森林綠的圍巾，身上是碎花襯衣。他的手腕上戴了一串佛珠，正用衛生紙擦拭嘴巴左側的一處口瘡，在我等待的同時，一名頂著粉紅色頭髮的外國年輕女性穿著雙排扣風衣晃了進來。「Hello, darling.（哈囉，親愛的。）」CK用英國口音的英語向她打招呼。

外頭陽光普照，但氣溫很低。窗外梧桐樹發的新芽代表春天即將到來，但氣溫還得一陣子才會回升。

這名英國女孩點了杯茶。CK沖茶時趁空檔逼問她各式各樣的英國茶理論。「最妥當的方式是從英式早餐茶開始。」但她的話逐漸被店內播放的藍調音樂所淹沒。

CK仔細聆聽，還做了筆記。茶沖好之後，她取了帶走，走下螺旋樓梯時還轉頭丟下一句：「Ciao, sweetie.（走了，甜心。）」

CK在我身邊坐下，我問他最近和那些女孩情況如何。「我就是到處玩玩，這裡約一下，那裡約一下，但慢慢開始有點累了。我想認真跟一個人定下來，只是還沒找到適合的對象。」

他的上一任穩定女友是在微信上認識的。女孩來自沿海大城青島，她的發文就跟那對搬到大理的夫妻一樣濃烈到令人透不過氣來，而CK剛好因為朋友轉發讀到其中一篇。內容完全是文青風格：她的夢想是去古巴，但父母不准，所以她參加了一項文學獎，贏得了一年免費的航海課程，於是搬到英國學習航海技能。等結束訓練後，她一路從英國航海到古巴。「她花了十八天橫越大西洋，連一次澡都沒沖。」CK很驚訝世界上竟然有這種女人。

去古巴的目標達成後，她打算在家鄉開一間咖啡店，CK表示可以提供相關經驗，兩人於是在微信上成為朋友，並花了幾個月交換在餐飲業前線的各項經驗後，她飛來上海找他，一段愛情就此萌芽。

「但她後來就回青島了，不願意放棄開咖啡店的夢想。」他似乎對她念念不忘，像是這只令他對她更為敬佩。換作是他也會做同樣的決定。

我環顧空無一人的店內，發現有些細節和幾個星期前不同。桌上出現宣傳「免費算塔羅」的桌卡，只要顧客消費超過一百元人民幣，就能預約塔羅牌算命，不要錢，但只限一個問題，而且算的地點要約在這間店。「這裡的客群本來就對這種事很好奇，而且能確保他們再來消費一次，是雙贏。」他解釋。

那不是唯一的改變。CK把新菜單遞給我，他已經賣掉所有觸控平板，而我眼前的菜色選擇與之前完全不同：波士頓龍蝦、焗烤海鱸魚、二百八十克的澳洲肋眼牛排。「我猜你不打算繼續開三明治屋了吧。」我繼續掃視整份菜單。

「我們決定白天改賣早午餐，晚上賣高端法國料理。我們晚上一直都不賺錢，沒人想要吃三明治當晚餐。我覺得我們應該提供更高級的料理。」

我想到屋外的招牌，「你的三明治屋」幾個字難道還不夠小嗎？

CK似乎對這項改變感到興奮。「我們在之前的情人節提供這些菜色給外國人，他們說很好吃。」

我指著菜單上的龍蝦：「這真的是從波士頓進口的嗎？」

「對。」

「新鮮的還是冷凍的？」

CK看我的眼神似乎在說：我看起來像是付得起龍蝦水缸的費用嗎？

「那這個呢？」我指著澳洲肋眼牛排。

「我們其實沒賣這個，我試過幾家供應商，品質都很糟。」

「要是有顧客點了怎麼辦？」

他聳聳肩：「就說賣完了，然後介紹奶油白醬義式寬麵給他們。這是晚餐菜單，上面一定得有牛排。不然人們會想：『這菜單到底搞什麼鬼？我以為這是法國餐廳。』牛排一定得列在上面。」

CK表示這份菜單是他們的最後一搏。「二樓」三明治屋一直都不賺錢，他和Max已經各自投入數十萬元人民幣，如果年底再不賺錢，他們就要關門了。「如果無法達成目標，我們的夢想就得結束了。」

我想到在大理認識的那些人，以及在對街俯瞰這座城市時，亨利與我分享的有關中國未來的夢想。我想到習近平口中充滿政治算計的中國夢，那個共產黨希望所有中國人共同參與的夢想。

這是一個中國到處都有人發夢的時代，而且夢想是否真能實現似乎並不重要。那對夢想定居大理的夫妻最後還是回到北京，他們不是失敗者，也沒有讀者這麼看待他們的回歸。他們畢竟因為這個夢想出了一本書，而對他們而言，現在該是賺錢、建立家庭，實踐下一個夢想的時候了。

不過，政府的夢想往往阻撓個人實踐夢想。我想到那些住在麥琪里的人們——老康、陳里長和他的妻子，他們的夢想不過就是平安住在家中，卻被地方官員構築的城市榮景給粗暴地推翻掉了。要讓中國十三億人在追求夢想時感到公平恐怕還要花上一段時間。但思及中國在二十世紀經歷的一切，我也很難感到悲觀。我想到王家人於一九五〇年代的通信，以及傅大嬸和馮大叔於一九六〇年代建設新疆的故事。經過五十多年的暴力革命與深具摧毀性的饑荒之後，誰會想到中國還有餘力重新開始作夢，甚至擁有嘗試和追求這些夢想的工具與自由？

一個月之後，我又來到CK的店，當時一陣濕潤的南風吹過整座城市；一陣溫暖的小雨洗淨空氣中所有汙染粒子，聞起來就像野外的花香。我的公寓社區中庭的池塘覆滿了粉色桃花瓣。從「二樓」三明治屋內往外看，數千片新葉正逐漸遮蔽落地窗外的街景，創造出一種樹屋的視覺效果。店內是空的，燈光已暗，小窗都開著，在穩定雨聲背景下，車子疾駛過溽濕瀝青的「嗚嘶」聲間歇傳來。底下的長樂路上有十幾把傘快速移動而過，就像亮色血球彼此推擠彈跳，迫不及待地想前去協助運作心跳。CK帶著微笑迎接我，也準備了一個好消息：經過兩年經營，他和Max這個月終於賺錢了。他們的夢想還沒死。

第九章

被掠奪的夢想

——麥琪里

在一張泛黃的一九四〇年代街道圖上，「二樓」三明治屋所在的那塊街區，上面標示了一連串小店的名稱。你得用放大鏡才能看到那些填在小方框中筆劃繁複的繁體中文字：「繁榮米店」、「學者筆工廠」、「吉利健康醬油鋪」。他們的顧客就住在一個街區以外的地方，那裡的巷弄複雜如迷宮，蜿蜒伸展於好幾十片標記號碼的土地上：富裕階級的紅灰色磚造石庫門住家。不過時至今日，無論是老店、石庫門住家還是小巷弄，總之都沒有留存下來。它們是被遺忘的過往夢想。不過就在距離今日各式三明治屋、酒吧、咖啡廳一個街區遠的地方，在被高牆圍起的一片燒毀房舍的廢棄街區裡，陳里長什麼都記得。

陳家的夢想是用十根金條買下來的。

這棟石庫門磚房就在法國租界內一個施工中的新興街區裡，這片土地有個充滿異國風情的名字：麥琪里。隱於喧囂安福路後方小巷內，有一整區三層樓房的新興社區，每棟房子都有供孩子遊玩的前院。

陳里長的父親很想住在一個街區外剛開始繁榮的長樂路上，但手頭只有總重四公斤的十三根金條，總值當時的七萬美元，只夠勉強買下一間小公寓。所以在一九三三年，老陳和他的家人決定入住麥琪里的寬敞房屋，並因為買完房還能留下三根金條感到慶幸。

三十三年後，這棟房子的大門傳來重重的敲門聲，他二十一歲的兒子陳忠道立刻衝上樓幫媽媽藏起那三根金條。他把其中一根金條塞進長褲，母親則把另外兩根放到衣櫃後方的一堆衣服底下。敲門聲逐漸轉為穩定的重擊，他趕快衝下樓打開門。

當時是一九六六年，中國經濟一蹋糊塗，毛澤東剛發動文化大革命。紅衛兵才剛剛清掃過陳家隔壁將石庫門房舍改建為小型縫紉機工廠的鄰居。那群幫派般的年輕人將所有珠寶、現金、存摺等任何可以證明資本家活動的證據全數充公。那年夏天午後，陳里長打開大門，驚訝地發現代表政府執行家戶搜索的不過是一群由青少年組成的狐群狗黨。

「我們來幫你們破『四舊』。」其中一人宣布：舊思想、舊文化、舊風俗、舊習慣。

這群年輕的紅衛兵隊伍在全國搜刮古典中國文學作品、繪畫、珠寶、宗教肖像、家具，宣稱這些都是反無產階級的物件，是殘害人民心智的毒藥。

陳忠道努力忍住蔑笑後讓他們進來，懷疑他們要如何判定房內物件是否符合那令人費解的四項分類。這群紅衛兵中有些人還在讀中學，笨拙地花了好幾小時在屋內翻箱倒櫃，不大確定到底要尋找什麼。到了凌晨，他們終於鎖定了幾項衣服物件和他母親的幾件銀飾。他們沒有碰衣櫃深處的金條，因為太緊張也沒要他清空口袋。接著又笨手笨腳地往小巷內的下一戶人家闖。

最初一批在麥琪里買房子的人家早就習慣這類騷擾。他們有許多人是在共產黨掌權之前買下房子的，生活屬於上層階級，之後卻得花費將近二十年努力建立自己的共產黨身分，小心避開所有「地主」、「反革命分子」、「資本家」、「壞分子」，或其他任何拿來標示國家敵人的稱謂。

此時距離共產黨於一九四九年「解放」中國才六年，但他們已經掌握了幾乎全國所有的土地，成為數億人民的實質地主。明明是花了終身積蓄買下的房子，老陳卻得付房租給政府。之後幾年他總是無比焦慮，因為之前一直在經營紡織廠，一個月可以賺入三百元人民幣，在當時可是不錯的收入。老陳擔心自己遲早會被打成右派分子或資本家，甚至會被送去勞改。陳里長表示，父親非常相信這個可能的結果，所以幾年後政府接手工廠，他立刻接受了減薪百分之七十五，用盡全力工作，每天輪值好幾班，拒絕睡覺也不按時吃飯，最後終於從地方官員手中獲頒「模範員工」。一九五九年，他的工作單位為了支持毛澤東的大躍進，進行融化金屬製鋼的工作，而老陳就在此時因過勞而猝死，距離五十歲生日才幾個月，終究留下妻子和八個孩子在他深愛的麥琪里家中，而這個家甚至也已經不屬於他們。一個家族對未來的夢想就此被掠奪。

就在紅衛兵來家裡搜索幾天後，年輕的陳忠道踩著腳踏車到工作的紡織工廠宿舍，將金條藏在還沒洗的燈芯絨制服中。那天晚上回家，母親和兄姊一起討論接下來該怎麼做。私藏大量金條是違法行為，再加上紅衛兵這麼常來，跑去搜陳忠道的宿舍是遲早的事，到時候他很可能會被拘捕後囚禁或處死。一群笨手笨腳的年輕人到處搜索民宅雖然看似滑稽，但對那些藏不住與四舊關係的人卻是大災難。一位住在麥琪里的著名上海滬劇名伶筱愛琴就被紅衛兵盯上，屢次在公開場合遭受羞辱，兩年後據傳自溺於黃浦江。

陳忠道的母親派他去距離靜安寺十個街區的工商銀行。那是一個炎熱的夏日午後，他走進銀行，手中捏著仔細包在報紙內的三根金條跟著大家排隊。終於輪到他了，他緊張地把金條遞給出納員一根根秤重。陳忠道記得出納員給了他一張收據，還表示隨時都能前來取回金條。

三年之後，文化大革命情勢趨緩，陳家覺得是個再次上銀行的好時機。陳忠道騎腳踏車到隸屬政府的工商銀行，手上拿著收據走向櫃檯，他記得出納員對他說：「抱歉，我們不能把金條還給你，私人擁有金條違反法律。」

出納員給了陳忠道二千九百元人民幣，也就是銀行評估過後的金條價值，是國際金價的六分之一。陳里長沒有爭取，這筆錢在當時也是夠多了，而且他剛在國家的銀行內被告知行為違法，還想到那些被遣送、懲罰，甚至為了微薄財產而死的鄰居。於是陳里長把錢放進口袋，咬牙走出銀行大門，麻木地騎著腳踏車回到麥琪里。

「我真的太天真了。」陳里長回想金條那段回憶時說：「太年輕、太天真。」

我們坐在麥琪里最後幾戶住家對面的社區中心閱覽室聊天。之前初次拜訪麥琪里時，我給警衛找了不少麻煩，此後被禁止進入，但無所謂，我從家中臥室就能清楚看到那塊土地上的一切動靜。

因為上海世博，圍繞麥琪里的牆面之前貼滿數十張「城市，讓生活更美好」的海報。二○一○年十月的閉幕典禮上，國務院副總理王岐山當眾宣布，這次世博標語的精神將會世世代代傳承下去。「我深信『城市，讓生活更美好』這句話會成真。」他非常有自信。

隔天早上，上海被一陣濃烈的有毒霧霾淹沒。原本距離我們住處一公里外的高樓大廈全消失在一整片厚霾之中。世博期間，上海一切施工被迫停擺，上風處的農民被要求禁止焚燒稻殼，重型交通載具進出城市也必須受到管制，因此，在舉辦世博的六個月期間，上海的空氣品質有百分之九十的時間都處於「良好」程度。但現在這些規範全部廢止，上海空氣再度回到骯髒又充滿懸浮粒子的狀態。

而在麥琪里，又有一個拆除大隊前來拜訪陳里長和他的妻子謝國珍（音譯），以及另外四戶仍住在此地半毀房屋裡的人家，共約數十人。距離之前那次包括縱火、凶殺、牢獄情節的拆除事件已經五年。相較之下，這次拆除大隊可說有備而來。徐匯區政府先送來通知，並帶來由地方法院簽署看似正式文件的搬遷命令。

此時的陳里長已經是強制搬遷相關法條的專家，畢竟他可是這個里的非官方里長。他很清楚，這項命令如果要依法執行，就必須由政府針對個別住戶寄發通知，而非透過拆除大隊。

拆除大隊是一群心腸死硬的中年男子，他們早已習慣應付頑固的住戶，完全不受陳里長的法律詮釋動搖。他們某天又帶了大錘回來，但陳里長也不是沒見過風浪的人。他從廚房拿了一桶丙烷瓦斯，從陽台對著下面的人群大吼。「我說假如他們試圖把我帶走，我會把瓦斯桶綁在身上與他們同歸於盡。我還對他們說，『我已經六十多歲了，你們才四十多歲，有家人、有小孩，眼前還有大好人生，但我可不怕死。』」

拆除大隊沒有再回來。

徐匯區官員已經將麥琪里重新劃為「公有」土地，代表之後這裡會被建設成公園、學校、醫院或政府建築，總之就是公用設施，但不會拿來建造商業用建築或住宅區。

但住在附近的人都對麥琪里的未來不樂觀。這塊地可能是上海最具價值的未開發土地，一位開發商曾告訴我，這塊地值太多錢，不可能任它蓋成公園或學校。而區政府有本錢等：從二〇〇三到二〇一三年，城市地價每年成長百分之十四，附近最貴的豪華公寓一套賣價已高達數百萬美元。

陳里長希望的只是政府實現一開始的諾言，讓他們之後能搬回原地居住，又或者補償他們足以留居在附近街區的金錢。「技術上而言，重新拍賣這片土地根本違法。」陳里長給我看證明他法律權利的影印文件。「這項政策聲明我們有搬回原地居住的權利，但現在形同虛設。這些官員就坐看地價飆漲，暫時也懶得處理。」

我在社區中心的閱覽室內翻看陳里長散放在及膝桌面的各式文件。大部分的警方紀錄都是十年前的文件：「居民抱怨有人向窗戶丟石頭」、「居民抱怨被斷電」……諸如此類。

這是一段被拆除大隊騷擾的詳細歷史紀錄。接著我突然意識到，我所居住的匯賢居也是建於十年前。之前到麥琪里的時候，我曾和陳里長及老康提到我就住在對街高樓，從窗戶就能清楚看到這片土地上的動靜。「你有那好景觀，還得感謝我們。」老康當時大笑著說。

「匯賢居那塊地之前是什麼？」我問陳里長。

「就是一些在巷弄間的普通人家，不屬於麥琪里，房子狀態也沒有我們好。不過也有一位居民因為安置問題而死。」

「發生了什麼事？」

「我聽說有個人在街邊的房子經營小生意，拆除大隊來拆時，他把汽油倒在身上，緊抓住一個拆除大隊的人，然後點火。」

陳里長告訴我，那個隊員就是當初騷擾他並在附近縱火的人。

「我忘記那個死掉的人叫什麼名字，但家裡有他妻子的電話，可以找給你。她到現在還在試圖向政府陳情，我們這區到處都是類似的故事。」

中國政府仍是全國土地的地主。但從毛澤東死後，共產黨逐漸允許個人擁有更多產權。時至今日，他們可以「購買」房子的七十年租約。共產黨政府正式將他們稱為「產權人」，但真正的地主仍是國家。

因為產權狀態改變，「產權人」也逐漸擁有愈來愈多的法律權利。二〇一一年，中國國務院裁定，除非土地將改建用以服務公眾利益，地方政府不得強迫人民遷離自己的家。這個政府隨後也針對強迫拆遷議題做出明確指示，表示當政府從人民手中取走房屋時，必須賠償屋主房屋之市價金額。

這項裁決在屋主與地方政府暴力僵持了二十多年後才出現。中國經濟正以史無前例的速度成長，地方政府已經成為實質上的土地掮客，不停從各地居民手中奪取土地再賣給開發商求取利潤。到了二〇一三年，地方政府的營業收入有三分之一都是來自這類土地買賣。「在一個正常的體制中，政府應該不會因為這類土地交易獲利。政府應該只負責管理土地，不該成為商人。」一位上海非常傑出的產權律師王才亮告訴我。

不過這些年來，地方官員已經成為中國最精明的資本家。當他們沒有在奪人民土地賣給開發商營利時，你能常看到他們開著黑色奧迪轎車到處閒晃，然後在Coach或LV等名牌賣場為妻子或情婦買手提包。那是一場有關貪婪與腐敗的奇觀。不過每當我報導這類土地掠奪的故事時，居民都認為地方官員是造成他們苦難的罪魁禍首，換言之，他們仍真心相信中央政府珍愛人民。「如果北京政府知道這裡正在發生的事，一定會來阻止這場鬧劇。」我常聽到有人這麼告訴我。

然而比之中國政府高層的貪腐情況，這類土地掠奪的案例不過像在街角雜貨店偷了顆糖果。這幾年來，許多領導高層的政治菁英家庭，透過權力累積了數百億的公司股份和房地產。不過這類新聞在網路上都遭到屏蔽。關於中央高層的地方報導，通常都是領導巡視郊區學校或醫院的照片，一副希望確定大家都過得好的模樣。對於住在麥琪里的一般人而言，好人與壞人截然二分。然而，事實往往無法如此黑白分明。

北京的領導高層不但清楚這些土地掠奪的猖獗狀況，甚至創造、維護了一個有利政府持續進行掠奪的體制。國際倡議團體蘭德沙（Landesa）美國農村發展研究所在北京的律師李平直接明瞭地告訴我：「大部分收到的稅金（大約有百分之七十）都直接進入中央政府的口袋，地方政府只好另尋他法賺錢。」

李平是中國最負盛名的產權專家之一，中國國務院在起草新法時都會徵詢他的意見。李平認為，地方政府之所以沉迷於土地掠奪，是為了有足夠資金履行對地方人民的服務，而那是唯一能產生足夠收益的方式。他認為最好的解決方法有二：其一是允許地方政府開始收取產權稅（中國和西方國家不同，屋主不需要繳稅）。另一個方法就是進行市場性的改革，也就是允許地方政府發行市政債券，許多城市也於二〇一四年開始執行。

有鑑於目前地方政府掠奪土地的頻率之高，政府一定得想出解決方法。根據李平估計，到了二〇一三年，政府已經從四千萬居民手中違法取得土地。「根據現在侵奪土地的速度，每年會再多出三百萬人流離失所，如果無法提供足夠的賠償金，你等於每年在中國新增三百萬政治異議者。」李平說。

奚國珍正是其中一人。陳里長之前向我提過，她的先生以自焚對抗同樣欺凌麥琪里居民的拆除大隊，而那驚人的死前場景就發生在麥琪里對街，也就是我現在居住地方。

奚小姐的姓氏與英文「她」（she）的發音類似。見面那天，她剛從北京搭高鐵回來。她去北京向領導人上訪陳情遭到逮捕，當天早上才從馬家樓釋放出來。馬家樓之前是一間派出所，現在是拘留所有到北京向領導陳情之人的地方。無論這些人內心有什麼怨言（可能是土地掠奪或是高階貪腐），都會被由他們抱怨對象所經營的法庭否決。這些上訪的人一抵達北京，就會被「攔截者」給逮捕，也就是由他們家鄉地方政府雇用的惡棍。

對奚小姐來說，馬家樓已經像是第二個家。「我已經在那邊進進出出半年了。」她說。「我有一次在那裡待了十四天，一次九天，還有一次六天。這次的前一次是三十八天，而這次又是六天。每次他們放我出來，我就直接回到中南海。」所謂中南海，指的是天安門廣場旁的中央政府所在地。

到了中南海，奚小姐會打開陳情布條，並直接在警衛面對向路過群眾散發傳單，不到幾秒後就會被撂倒逮捕，然後她就會被丟進廂型車送回馬家樓。「我的生活就是這樣不停重覆。」她告訴我。

這種嚴苛的生活方式也對身體造成負面影響。過去六個月來，這位六十一歲的女性曾被抓著頭髮在牢裡拖行，也被囚禁她的人毆打過好幾次；有一次還因此斷了幾根肋骨。她的體重開始快速增加，棕色眼眸底下也出現眼袋。

奚小姐曾經在長樂路旁的小巷內二樓擁有一套公寓，在我現居的公寓低幾個樓層的位置。她從小在那裡長大，之後也和丈夫住在那裡。她丈夫是一位身形細瘦的男子，娃娃臉，戴眼鏡，名叫朱建忠（音譯）。兩夫妻育有一子，在家經營裁縫鋪。「我丈夫負責量尺寸，我負責縫製，我們在這一帶很有名。」她告訴我。

在他們那個方塊大的街區內住了好幾百個家庭。奚小姐的公寓沒有對街麥琪里的好，這邊的家庭大多住在配有簡單廚房但不到二十坪的房內。至於公共浴室只要沿著小巷散步一會兒就能抵達。

一九九二年，徐滙區政府把這塊土地拍賣給香港開發商李嘉誠，當時全亞洲最有錢的人。除了我所居住的滙賢居，他也在「二樓」三明治屋對面蓋了四十五層的辦公大樓「世紀商貿廣場」。李嘉誠的公司和城開集團合作與這條巷子的居民協商，事實上，之後因為害死那對老夫妻而搞砸麥琪里拆遷的也就是這夥人。

開發商提供居民的補償金額不算多，外加一間一小時車程外的郊區小公寓，在緊鄰農地的一棟社區大樓內。大部分居民接受這項協議，所以城開集團開始拆除住戶已撤出的空房，但奚小姐和丈夫堅持不走。這是她出生成長的地方，現在和丈夫還在此經營小生意，她這麼告訴對方，而且所有對她重要的人都住在附近。如果要我們搬家，新居必須也在同一區。到了一九九六年，他們是少數留在當地不走的家庭。

一九九六年十月十七日早上，奚小姐從市場走回來時看到了那群人：六名拆除大隊的男女架了一座梯子到他們的陽台。她尖聲喊丈夫，卻被某個人撂倒。一名女性及兩名男性把她架上車，還折斷了她的手指。聽到外面的喧鬧聲，她的丈夫走到陽台，但太遲了，已經有幾名男性爬梯子進了他們的公寓。奚小姐看著他們把丈夫推進屋內，一邊還在和壓制她的人搏鬥。屋內傳來吼叫與砸破東西的聲音，過了幾分鐘，一陣煙霧從陽台飄出。拆除隊的人從屋內退出，卻不見她丈夫的身影。幾分鐘後，整棟房子被火焰吞噬，在長樂路上的圍觀者眼中只剩一道漆黑的煙霧。

根據警方的報告，奚小姐的丈夫疑似將香蕉油倒在自己身上（那是一種用來除去衣物汙漬的溶劑）並點火自焚，過程中還傷及拆除隊員。奚小姐拒絕相信這種說法。「他不想死。我覺得他們一定狠狠揍了我丈夫一頓，導致他重傷或死亡，然後縱火湮滅證據。」

房子起火之後，她被帶到旅館鎖進一間陰暗的房內。到了晚上，一個城開集團的人打開房門。「他說，『妳丈夫沒幾秒就死了。』」

奚小姐對著他尖叫，指控他的拆除團隊謀殺了一個「老百姓」。

「他打斷我，然後問，『妳家有後台撐腰嗎？妳在黨內的有任何關係嗎？殺死一個老百姓就和殺死一隻螞蟻沒兩樣。』」

奚小姐後來發現，負責協商他們的搬遷事宜的其中一人是城開集團拆除大隊的楊孫勤，他因為成功完事而獲得升遷。不過九年之後，他因為把對面麥琪里的老夫妻活活燒死獲判死刑。

為了補償她失去家園與丈夫，徐匯區政府給了她一間位於幾個街區外的狹小公寓，另外再加黃浦江另一側浦東新區的一個店面，她可以靠收租維生。之後警方要求她簽署文件表示已收受補償，她拒絕，畢竟這麼做就等於認同了警方對事件經過的詮釋。所以她表示，除非丈夫的死亡獲得妥善調查，不然她不願簽名。

根據奚小姐自己的計算，打從那時候開始，她已經到警察局要求重啟調查至少一百次，但從未成功。近十年她開始到北京向官員陳情，被拘留的次數多到自己都不記得了。

她的毅力著實驚人，但似乎毫無意義。何必不停向一個不公正的司法系統尋求公正？她之前就聽過別人這麼對她說，但從未停下來認真思考。「我丈夫的靈魂還在，如果我放棄，共產黨就贏了，他們會嘲笑我們。我是在為他的靈魂奮鬥。」

「妳覺得丈夫要是知道妳這麼做會怎麼說？」

奚小姐想了一下。她承認：「如果他在這裡一定會說服我停手。我偶爾會在夜裡夢見他懇求我別再繼續下去了，但我不答應。我不想讓他失望。」

所有陳情者都擁有類似決心。我在中國報導多年後訪問過其中幾位，每當我將他們的故事告訴上海的朋友，他們總會搖搖頭，彷彿這些人丟了國家的臉。他們將這些人視為未受教育又身無分文的絕望老百姓，而且與現實有點脫節。中國的官營媒體也幫助強化了此等想法，使得陳情者的無所畏懼（被反覆毆打丟進牢裡）在一個講實效的文化中只顯得令人困惑。

面對這些因為當權者而生活嚴重受損的人們，雖然有點過分嚴厲，但我偶爾同意其他人的這種刻板印象。就道德觀點而言，他們的動機純正，但其中許多陳情者在我看來確實失能又精神紊亂。他們希望糾正社會中的錯誤，但眼前的體制過於殘酷，導致他們的行為看來毫無理性可言。對抗中國的體制幾乎從來沒有好結果，簡直像逆著一道巨浪游泳：你很可能就此溺斃。我在長樂路上的一些朋友成功在體制中活了下來，例如CK和趙小姐，他們拒絕讓體制將他們拖入不可知的深淵，反而小心使力，找到適當角度，努力讓海流將他們推到浪尖，在屈服於其生猛力道的同時，尋得自己的出路。

奚小姐的兒子偉祺（音譯）在父親被燒死時才十歲，且在發現這件事後不再說話。奚小姐還記得他空茫的眼神。就在他父親死後，她發現偉祺在兩人被拘禁的旅館房內以額頭靠牆，緊握的拳頭不停敲打牆面。「他就是不停敲打牆壁，碰、碰、碰。就是不肯停下來，指關節都是血。」奚小姐告訴我。

奚小姐說兒子的個性從此改變。父親死前的他外向多話，是個天生的領導人才。那條巷子的孩子總是仰賴他組織打彈珠或玩捉人遊戲。但父親死後，他變得害羞、嚴肅、緊繃，只喜歡獨處。

那已經是十八年前的事了，我幾乎不敢問他之後的遭遇。「噢，他現在在美國讀書，快讀完博士了，就在『康乃耳』。」奚小姐說。

我沒聽出那個名字的意思，所以她又說了一次。我重覆唸了幾次，總算把音節在我腦中串出意義：康乃爾（Cornell）大學。

在中國住得愈久，我就愈是明白，每當一個悲慘故事讓我對這個國家的未來期待值降到新低點，就會出現像偉祺這種人恢復我的信心。其實，光是偉祺的故事本身就概括了這兩個面向。

我與偉祺通話是在視訊軟體Skype上。當時是週間晚上八點，他人在香港一間銀行的辦公室內。他在寫博士論文時決定接下這份工作，目的就是希望離母親近一點。因為連線狀況不好，他在螢幕上的臉常常定格：他有點嬰兒肥，兩道眉毛距離很近，細小的眼睛彷彿總是瞇著，像是在檢視每件所聽到的事。他對我說英文，用字小心，話語緩慢而慎重。他理性而充滿好奇心，他回問的問題數量和我提問的差不多，而且從頭到尾都不情緒化。幾乎讓我聯想到《星艦迷航記》的大副史巴克。

偉祺告訴我，長樂路旁的安靜巷弄就像一個村莊，而他就是在這個村莊度過童年。他的人生都在那兩個街區內，所有人都對他們家的一切瞭若指掌。八歲時，他才第一次離開這個童年安樂窩。當時是一九九四年，上海第一條地鐵剛開通，其中一個地鐵站距離他家才一個街區。在偉祺腦海中，一個字就能總結那次的乘車經驗──「人」。「我從來沒有在一個這麼小的空間內見過這麼多人。」他說。

在全球人口最密集國家中人口最密集的城市裡，偉祺之前的人生全在此城市最中心地帶的這條小巷子內，這次是他初次體驗上海的巨大。「我緊緊抓住父親的手，好怕走丟。」

地鐵剛開通時的票券形式有兩種。你可以只花一元進行乘車體驗，但必須回到原本出發的車站。偉祺的父母買的是兩元票券，所以他們可以在其他站下車。

他們搭地鐵到了莘莊，也就是預定被安置的所在，地鐵站四十分鐘車程的最後一站。「一出站，我們眼前什麼都沒有，沒有房子，沒有店家，什麼都沒有。路面才剛鋪好，旁邊都是農地。我們立刻確定不想搬來這裡。」

偉祺告訴我，在小巷內的生活簡單快樂。他們不富有，但大家都一樣。當時是九〇年代初期，中國經濟仍未起飛，但空氣中已經出現樂觀主義的氣味。「當時不像現在那麼階級分明。大家都往前看。」

偉祺說他成功的原因之一，就是因為成長於一個毫無壓力的環境。他在小巷內是孩子王，晚上熬夜不讀書，反而跟大家在玩捉迷藏。他的父親工作努力，但對孩子不嚴厲。「我們中國人有個說法：慈母嚴父。母親通常比較慈祥，父親比較嚴格，典型中國家庭確實如此。但我的父母完全相反。母親對我標準很高，父親反而像個朋友。同輩人的父母通常不是這樣。他們更像孩子的教練。」偉祺告訴我。

偉祺以前會跟父親一起看美國情境喜劇《成長的煩惱》（台譯：《歡樂家庭》），當時電視上少數的美國節目。「我爸有點像劇裡的父親，他的育兒風格和外國人很類似。」

偉祺在香港的瑞士銀行（UBS）工作，負責分析二級市場。「工作很無聊，但薪水很高。」他說。

偉祺的叔叔和嬸嬸是上海有錢的商人，他們借他錢去美國讀長春藤大學。他的博士論文在探討人們如何面對經濟危機。偉祺根據人們在一九八四及二〇〇八年美國經濟危機中的反應建立數據模組。這組行為金融模式或許在將來的危機中派得上用場。

根據他母親表示，自從父親死後，偉祺把心力都放在課業上。「他想努力讀書。如果我想拖他陪我去陳情，他就會哭，所以我放棄了。他就是寧可讀書，他告訴我：『媽，我可以靠知識的力量改變命運。』他真的很早熟。」

那段時間，偉祺的母親總在上海與北京之間來回進行陳情之旅，他只能獨自在政府安置他們的上海狹小公寓內挑燈苦讀，自己煮飯，早上起床自己到學校上課。他的祖父母無法諒解偉祺母親因為不停陳情把孩子留在家的舉動，但偉祺似乎絲毫不見沮喪。「我基本上完全同意她的做法，因為最重要的，她做的是對的事情。我覺得那是人類最基本的追求。那已經成為她這一生的任務，她唯一的目標，幾乎像一種信仰。如果我嘗試對她的作為表達不同的意見，她會感到極為迷失，而且難過。我是她唯一的兒子，如果我都不支持她，實在很難想像事情會對她造成什麼樣的影響。」

偉祺比較擔心的是母親的身體健康及生活習慣。「她現在身體還行，但要是她以這種方式再過個五年呢？她得找個時間點停下來，想辦法回復正常生活。」

因為平日的政治性作為，奚小姐無法到香港探望兒子。她曾說希望有一天能到美國與兒子一起住，但對於一個習慣到中國政府廣場前抗議的人，這項希望恐怕也很難實現。

偉祺只能希望母親想辦法接受父親的死，繼續她自己的人生。不過就目前而言，他會盡其所能確保母親的安全，也會繼續支持她。偉祺告訴我：「我曾聽過一個有關墜機的故事，一個日本男人的妻子在飛機上，飛機失事後，他失去了妻子，之後花了好幾年學會潛水。他知道找到妻子的機率微乎其微，但每個星期還是在墜機處潛水，希望能找到她。他說他永遠不會放棄。我母親的狀況跟他差不多。」

我問他是否曾經回長樂路看過。「沒有，回憶太多了。」他告訴我。

他問我那裡現在是什麼模樣。我對他說了對街那塊曾經屬於麥琪里的土地現在一片荒蕪。長樂路上每隔幾個月就會出現一間新潮餐廳，為的就是照顧那些外籍人士及中國有錢人的口味。我還向他說了我認識的店家老闆ＣＫ、趙小姐、馮大叔。

「聽起來那區改變很大。」偉祺說，語氣聽來有些疏遠：「沒什麼當地人留在那裡了，對吧？」

「不多了。」我說。

中國的大部分都會區也差不多。不到二十年間，原本帶有村莊功能的街區被改建為「匯賢居」這類大樓社區，人情冷淡，所有鄰居都不認得彼此。狂飆的經濟使大家有足夠的金錢，享受街上新開的西班牙小酒館，但人們的壓力也開始變大，面對他人往往顯得易怒又多疑。

「如果問我身為當地老居民的真實感受，其實就是覺得疏離。舊時的人、店家、回憶都不在了，那裡已經成為一個給外國人生活的地方。要我說的話，實在是令人有點感傷。」偉祺告訴我。

而我就是其中一個外國人。就在偉祺父母以前哄他上床睡覺的地點上方，我每天哄著兒子入睡。我就在他失去父親和家園的所在地與他透過 Skype 聊天，這個我兒子稱之為家的地方。「沒錯，令人有點感傷。」我對著螢幕上的偉祺說。

我們一個月後在長樂路上見了面。那是一個風大的晴日，風從南方吹拂而來，一陣陣未受汙染的暖風宣示春天即將到來。

偉祺身穿黑色喀什米爾毛衣和卡其褲。我們兩人一起坐在「二樓」三明治屋對面的辦公大樓「世紀商貿廣場」前，位置在我所居住的「滙賢居」後方。

那是一個長假的週末，本地人大多出城去了，街上人車稀微。許多候鳥往北遷移，樹上的鳥鳴也顯得清靜許多。我們所坐的長椅距離偉祺的老家才三公尺。

偉祺一隻腳蹺在另一腳的膝蓋上，一邊無意識地玩弄鞋帶，同時往上盯著「世紀商貿廣場」這棟玻璃金屬大樓，接著又盯著「滙賢居」看，努力想搞清楚自己的方位。

「我唯一認得的只有那邊的招商銀行大樓。」他指著我們身後鋪著紫色與白色髒舊如同浴廁磁磚的大樓，這種建築風格在一九九〇年代極為風行。「這棟建築是在我們離開前不久建起來的，其他一切都變了。」

那天是清明節的隔天，中國人會在這個節日祭拜過世的祖先。偉祺也因此從香港飛回上海陪伴母親過節。他們還一起搭了半小時火車到蘇州為母親的祖父母掃墓。他們花了一個下午在墓前擺開食物，為了祖先死後的開銷焚燒紙錢。

就在那天早上，他們也在上海公寓樓下為偉祺父親進行了同樣的儀式，但氣氛有點尷尬。他父親的骨灰還裝在母親公寓內的一個木盒中，在警方真正完成調查之前，母親拒絕將骨灰下葬。「我們只擺了他的照片在中間，然後在木盒兩側各點起一枝蠟燭。」偉祺告訴我。

一九九六年偉祺父親死後幾天，這盒骨灰送到了他母親手上。警方不讓他們看遺體，只在火災發生隔天給兩人看了一張他身體殘餘部分的照片。「真是太可怕了，我無法相信那是我的父親，只能猜想那場火真的很猛烈。你認不出頭在哪，連骨架都看不大出來。一整塊都是黑的，帶點綠色，不知道為什麼會這樣。頂多只能在眼睛部分看出一點藍色，但就這樣了。」

在位於徐匯區南側的政府旅館內，地區官員將偉祺及母親拘禁了十個月，也不讓偉祺回去上課，所以他幾乎錯過了整個四年級的課程。那年他失眠得厲害，就算睡著也是不停做惡夢。「我在一條無止盡的火車軌道上不停奔跑，一個不知名的黑色駭人的東西一直追著我跑，是極為抽象的夢。」

將近一年之後，徐匯區政府終於讓他回學校讀五年級，但每天上學及放學都必須由公家車護送，他只能往返學校與被拘禁的旅館之間。

「第一天回學校時，我的同學分成兩邊，站成兩排，全體鼓掌歡迎我回去。」他說。

回到學校的偉祺安靜而抑鬱，因為課業落後一年，只能努力想辦法趕上。不過等到中學畢業時，他的成績已經超過大部分同儕，信心也回來了。他母親雖然還是常去北京陳情，要求當局調查丈夫的死亡，但精神狀態也堪稱回穩。

在他就讀中學的某天晚上，警察前來他們的小公寓敲門，偉祺獨自在家，當時母親已經好幾個星期不見人影。他剛為自己煮好麵條，心想警察應該是來談跟母親有關的事，所以他沒應門，只是繼續吃麵。警察更用力地敲門，沒有反應，最後決定直接破門而入，發現坐在桌前的偉祺一臉驚恐，然後遞給他一張母親被拘留在北京的文件，要求他簽名。「母親告訴我不要簽任何的警方文件，所以我拒絕了。」

因為任務受挫，他們只能負氣離開，把男孩留在沒有門的家中。偉祺當時只有十四歲，卻已經失去父親、失去家園，母親看來也會消失好一陣子。已經沒有什麼事嚇得倒他了。他走過滿地凌亂的木屑，穿過裸露的門框，走下樓，到街上找了個修理師傅。一扇新門在他當晚上床就寢前就裝好了。

一九七六年，毛澤東過世，此後的共產黨領導人都喜歡用各種標語宣示自己治國的指導原則。鄧小平宣揚四個現代化，江澤民談三個代表，胡錦濤則強調社會主義和諧社會。這些宣傳標語出現在火車站、機場、高速公路，以及其他各式各樣的地方。然而定義一位領導人統御風格的大紅字體，終究會為下一批標語取代。

對於非共產黨黨員的十二億七千四百萬中國人而言，除非特別研究過中國特色的社會主義，他們看到這些標語的感受和美國人一樣：毫無意義。最主要的原因是這些標語通常神祕又沒什麼道理可言，對於少數有時間停下來端詳的老百姓，這些標語只提醒了一件事：他們和領導之間的認知有非常大的落差。

因此，當習近平在二〇一三年三月被正式任命為中國領導人時，大家對於取代「社會主義和諧社會」的口號幾乎是毫無期待。

不過這位性格溫和的革命之子卻立志宏大，靠一個幾秒內便讓人難以忘懷的標語，重建對國家的信心：中國夢。這個標語簡單、具有召喚力，任何人都能輕易了解。終於，中國有了一個拿得上檯面的口號了。

二〇一三年三月，習近平以國家主席身分發表第一場演說，他嘗試解釋這個概念：

> 中國夢歸根到底是人民的夢，必須緊緊依靠人民來實現，必須不斷為人民造福。實現全面建成小康社會、建成富強民主文明和諧的社會主義現代化國家的奮鬥目標，實現中華民族偉大復興的中國夢，就是要實現國家富強、民族振興、人民幸福，既深深體現了今天中國人的理想，也深深反映了我們先人們不懈追求進步的光榮傳統。

習近平的資歷非常完整扎實，他從低階行政官員、地方官員、省級官員做到國家領導人，一路上早已花了數十年沉浸在黨的笨拙標語上，但他反芻那些經驗，重新將概念包裝行銷給早已習慣共產黨這些似是而非說法的人們。

但沒過多久，就有學者將習近平漫長迂迴的說法濃縮為精確的解釋。漢學家白杰明（Geremie R. Barmé）就將習近平的演講總結為短短七十七個英文字，翻譯成中文如下：「中國人必須了解，他們可以擁有個人夢想，但前提是接受由共產黨所提出的共同國家目標。」

我的鄰居大多沒聽過習近平的演說，不過我在長樂路上認識的人都聽過他的口號，儘管對內容不是很了解，大家對中國夢的迴響都挺好。

「聽起來不錯。但我不大在乎政治，所以不大確定是什麼意思。」趙小姐某天準備開店時這麼對我說。

麥琪里的陳里長則將中國夢視為一種正向發展的象徵。「習近平上台沒有多久，但感覺已經有不少實際作為。」他微笑著說。

中國的新產權法令他振奮，習近平表示打擊貪腐官員的決心更是令他印象深刻。「我很高興習主席說他無論老虎、蒼蠅都一起打。」老虎與蒼蠅代表的是邪惡的高階領導及地方官員。「我們這裡亂飛的蒼蠅確實很多。」

二〇一三年春天的一日早晨，我從臥房窗戶往外看，發現有二十幾個人戴著工程帽的人正在麥琪里剩下的房子周遭挖壕溝。那天稍晚，陳里長在電話裡對我大約解釋了情況。「噢，他們只是在為我們裝設新的瓦斯管線，之前的管線被拆除大隊破壞掉了，全在漏氣。」

他似乎因此深受鼓舞，認為這是北京有所改變的表現，新的指示從高層一路往下滲透至地方官員，嚇得這些蒼蠅決定彌補過往的錯誤。

共產黨胡亂花錢的日子似乎快要結束了，然而，這個狂妄政權數十年來要求民眾獻出超越崇拜的忠誠，現在又出現一個領袖要求他們將夢想轉化為屬於黨的國家夢想，個人終究不是最重要的考量。不過在當今中國，人們有更多錢花，生活中的選擇更是前所未有的多，此時國家宣傳更容易被拋在腦後。

二〇一三年九月二十四日的早晨，麥琪里以平凡的方式展開一天。陳里長在他的臥室洗臉刷牙，妻子謝國珍則在樓上如廁。那是一個美好的秋日：天空一片湛藍，輕柔的風從東方吹來，把乾淨的空氣從海洋吹入城市，一陣宜人的清風就這麼拂過他們的窗前。

此時陳里長突然聽見樓下出現一聲巨響。他還沒來得及走到樓梯，六個男人就從角落竄了出來，其中三個往他衝過去，抓住雙臂後把他整個人壓在地上，在他大聲呼救時用繩子綁住他的手腕。另外三個人則衝上樓，撞開謝國珍正在使用的廁所。

「我身上只穿著內衣。我尖叫，『這是我家！我的公公用金條買的，你們不能這樣來搶房子！』他們似乎是移工，根本聽不懂我在說什麼。其中一人揍我之後拿東西塞住我的嘴巴，不讓我叫。我想要反擊，但他們把我的手臂扭到背後，我以為會斷掉。」謝國珍說。

那些男人命令謝國珍穿上衣服，然後把兩夫妻拖到樓下帶出前門，在早晨陽光中把兩人丟進一輛廂型車內，關上車門。車子經過警衛後開上街。那是這對夫妻最後一次看到他們的房子。當天稍晚，麥琪里已被完全夷平。

我沒看到拆除的過程。當時我在美國出差，隔天醒來才收到助理來信描述事件經過。那是一次規劃縝密的突擊，她寫道。拆除大隊把陳里長、謝國珍，以及其他鄰居帶到幾個街區外的社區中庭拘留了八小時，然後趁這段時間拆除掉所有剩下的房屋。就在同一天，微博（中國版的推特）上的《市場新聞》（*Marketplace*）[8]帳號首次被停用，以防我們刊登任何相關消息。我是唯一在追蹤這條新聞的記者，陳里長懷疑他們是等到確定我不在中國，才往下進行拆除行動。

我在幾天後回到上海，從臥房窗戶往外看，原本還有幾戶房子的荒廢土地現在只是一片荒廢土地，散落著一堆堆石庫門房屋的碎石堆，上面都鋪蓋了綠色網布。四周圍牆本來有一部分被敲開以利大型機具進入，現在也已被修復，你幾乎看不出來一星期前還有人住在這裡。

又隔了幾天，我在幾個街區外一間破舊旅館與陳里長和謝國珍見面。他們穿著一模一樣的藍色上衣，看起來跟囚犯沒兩樣，因為他們沒有任何衣服穿，這兩件是兒子借給他們的工作制服。他們的狀況糟透了，看起來很久沒睡好，眼袋很重。謝國珍在被拘留後曾被送進醫院，她本來就有直腸癌，那天早上的突襲更是害她嘔吐後暈倒，醒來後還出現心臟病的徵兆。拆除大隊全額支付她的醫療與旅館的費用。

我坐在他們的床邊，拿出筆記本。事件已經過去好幾天，但當我開始提問，他們仍然激動地搶著說話，彷彿那件事情幾分鐘前才發生。謝國珍說：「我活了七十三歲，沒有一天過得這麼沒尊嚴。我根本不被當作人。他們直接綁架我，挾持我們。簡直無法想像。這是黑道才會做的事，他們根本是賊。這不是個社會主義國家嗎？」

謝小姐擦乾眼淚，讓我看那天被男人抓住上臂產生的紫色瘀青。陳里長說他們整天都被關在一座中庭內，直到兒子帶了律師來才獲准離開。

他們在傍晚過後沒多久才回到麥琪里，警衛不讓他們進去。他們原本的床被放在路邊，其中一名警衛就在上面休息。另外一名警衛則舒服地窩在從他們家搶出來的一張骨董桃花心木大椅上。至於其他家當早已消失無蹤。拆除大隊說其中一些物品進了倉庫，其他的則隨著房子一起沒了。那我們的現金和珠寶呢？陳里長問。他有數千美元的現金、金飾、銀飾，還有一些傳家寶收在臥室內。工人只說他們對此一無所知。

沒有人清楚這次拆除究竟是否合法。一名徐匯區官員告訴他們，土地將用於公共設施，因此在中國法律之下的這項強制搬遷完全合法。不過拆除大隊使用的手段——綁架並拘留居民，很顯然不合法。強制搬遷之前，地方法院應該要個別知會居民，給他們時間收拾家當，但沒有人收到通知。「他們就像納粹一樣闖進來。」陳里長告訴我。

8 作者任職的新聞單位，為美國一新聞廣播平台，官網為www.marketplace.org，目前無正式官方中譯名，此為暫譯。

無論合法與否，麥琪里都已經消失了，成為上海另一段等待被發現的歷史。謝國珍說：「上海總愛吹噓自己是個國際大都會，卻毫無文化。這裡只有摩天大樓，房價高得老百姓根本買不起。徐匯區政府剛以史無前例的高價賣出一塊土地，而我們的土地還比那塊大上五倍。誰知道它將來會被怎麼使用？」

失去房子隔天，陳里長也去徐匯區政府問了同樣問題。「我對他們說，一九三〇年代的日本人都沒有搶走我的房子，四〇年代的國民黨也沒有，它甚至撐過了文化大革命。但現在一群法外之徒就這樣搶走了它。」

謝國珍拿出一封兩人寫給徐匯區政府的信，大聲唸給我聽。「只要擁有權力，你們就能踐踏體制，侮辱並羞辱人民，也能侵犯人民的人權。我們實在太天真，相信報紙與電視的報導，誤信政府對人民所做的承諾。你們可以奪走人民的土地，但終究失去我們的信任，而信任才是國家的基石。」

我想起離開美國前，我和陳里長見了一次面，他當時對於一個合理的協商結果心存樂觀，也相信新任主席終究會根除貪腐文化。距離中國夢的口號出現已經過了六個月，而他現在無家可歸。

他從旅館的小小窗戶往外看，哭了起來。「我妻子失去了尊嚴，而我倆都失去了安全感。什麼都沒了。政府嘴巴裡說著中國夢，但那到底是誰的夢？」他流著眼淚說。

你很難看到一個中國男人哭，從謝國珍的表情看來，陳里長也不是個愛哭的男人。但經過十多年的奮鬥，他終究失去了一切。謝國珍把手搭到丈夫的肩膀上。

「他們只想讓我們繼續作夢。」她輕柔地說。

第十章　逃離

——長樂路六八二弄七〇號

一個夏日的週五夜晚，長樂路與富民路交叉口的場景一如街名般歡樂。富有的外國人與中國人從舞廳踉蹌地走向炎熱嘈雜的人行道。許多維吾爾人低聲追著人問：「來點哈希什[9]？大麻？」

幾步之外，人們對著一隻表演特技的猴子丟硬幣，牠的主人是個頭髮蓬亂蓄鬍的肥胖男子，伸手把眼前的人民幣撈起放進口袋。

徐匯區這側街邊坐著陪我度過新年的張乃善，他坐在一袋回收物品上，嘴裡正從某個外國人給他的海尼根酒瓶中啜著剩下的啤酒。我駐足閒聊，當時接近八月底，他說他剛從每年夏天例行的河南返鄉假期回來。此刻的他衣衫襤褸，前方的奉獻箱內滿是硬幣與紙鈔。

長樂路的其他路段早已因為夜色沉靜下來。六個街區之外的趙小姐已經打烊準備就寢，隔天一大早還要處理批發商的運送事宜。四個街區外，在街邊廚房後方的小臥房內，馮大叔與傅大嬸早已沉入夢鄉。一個街區外，ＣＫ在「二樓」三明治屋裡喝著進口啤酒，和朋友討論藏傳佛教。

不過在這個霓虹燈閃爍的街口，夜晚才剛要展開，場景讓人不禁聯想到美國的玲玲馬戲團。沒過多久，馬戲團的角色都到齊了：重機車隊出現了。二十幾輛哈雷機車發出震耳欲聾的音響，每一道都直穿悶熱的晚間空氣，刺耳的活塞聲隨著他們沿街緩慢前行一陣陣起落著。這些大型機具以一列縱隊騎上人行道，猴子嚇得四處逃竄。騎士經過老張身邊時，他舉起拳頭打招呼，希望可以因此得到幾枚銅板。

這群人把機車列隊停好，其中幾人又把引擎最後一次催到底，讓耳背的人都能知道自己的到來。要說長樂路上有哪裡可以吸引美國的犯罪重機幫派「地獄天使」，大概就是這裡了：這裡有一整排酒吧，包括一間有戶外座位的墨西哥主題酒吧。不過這群人無視地走過這排店面，一路引人注目地走進國際連鎖咖啡店「香啡繽」，然後紛紛拿了奶泡濃郁的拿鐵或卡布奇諾到戶外桌邊啜飲。

這是由一群中國高階主管與白手起家的百萬富翁組成的重機車隊。他們每週五晚上在此聚會，喝咖啡討論商業資訊或一起計畫公路旅行。「你別說出去，但我們大概認識這個地區的所有人。」其中一人向我吹噓。

這群人占據了五張戶外桌，他們的裝備（包含頭盔和皮夾克）占據了第六張桌子。他們閒聊談笑，一邊注意那些拿起手機拍他們機車的年輕人。「某次雨太大，我們改開車來。」領隊揮手指向那一排停放整齊的重機說：「結果這區全部擠滿賓利、法拉利、路虎汽車。」

這群男人出生在中國經濟不那麼富裕的時期。當時整個國家剛從毛澤東造成的廢墟中站起來，小個子領導人鄧小平表示要走出去想辦法賺錢。一九六〇年代，鄧小平為了掃除所有社會主義及資本主義之間的矛盾，喊出一句源自四川家鄉的實用主義諺語：「不管黑貓白貓，能抓老鼠的就是好貓。」

9 哈希什（Hashish），由印度大麻所榨樹脂製成的迷幻劑統稱，強度遠高於大麻。

這些身穿皮衣的大亨確實抓了不少老鼠。陳俊（音譯）的工廠製造設計師款的衣服。唐東尼（音譯）是鑽石經銷商。朱蘭克（音譯）開了一間喀什米爾毛衣公司。溫森（音譯）的公司負責運輸煤礦，還有一個叫小薩（音譯）的台灣人在辛巴威擁有一座金礦。他們在街邊一字排開的重機顯示了身價。在美國，一台哈雷機車八千美元起跳，而在中國，同樣一台哈雷可以從兩萬美元喊到超過五萬美元，還得外加一萬美元買牌照。

朱蘭克留著一頭抹布般的黑鬈髮，是個滿面笑容的五十二歲男人。他給我看手機上的照片，記錄了他在中國最荒遠的西藏及新疆的哈雷之旅。其他人則給我看了他們去蒙古、南亞甚至更遠方的照片。中國在過去八年建造了超過五萬公里的高速公路，繼五十年前美國建造洲際公路網之後，這是全世界最龐大的公路建設計畫。於是，數億中產階級首次開著他們的第一輛車橫越中國，探索這片廣大的領土，進一步深化對這個國家的理解。

這個探索世代也讓人找到了一種新的自由情懷。「城市生活常令人沮喪。」其中一名哈雷騎士鞏傑利（音譯）啜飲著義式濃縮咖啡說：「你總是困在一個小空間內，但重機沒有天花板、窗戶或門，讓我感到自由。我可以享受生命的熱情。」

我不禁想到我在長樂路上有很多朋友，他們從未享受過所謂生命的熱情，未來也很難有機會享受。我想到王銘，以及他四十多年前留在這個街區的家人，當時資本家會被送去勞改營懲罰，而非能以這些高檔玩具犒賞自己。

我在鞏傑利啜著小杯濃縮咖啡時觀察他。他的眼神很敏銳，笑容有那麼一絲不自在，不過身處這些同穿皮衣的朋友之間，他看起來很平靜。我問他以什麼維生，他扭動嘴脣露出一個尷尬的笑容。

「我是蓋監獄的。」他說。

一九五七年，他們在這個街區逮捕了一名資本家，警方大步走過宣導根除右派分子的紅字標語布條，抵達了工廠經理王銘的住處。我桌上盒內的信件說明了接下來發生的事：警察把王銘從妻子、六個女兒及未出世的兒子身邊奪走。幾個月後，一名法官判他到西藏邊緣的勞改營服刑十五年。他的罪名是實行資本主義。

我在信件中翻找，選定一封由王銘寄給妻子劉舒元，且回郵地址註明德令哈農場的信件。

我打開那封信，上面的日期註明是一九六八年三月十四日，在宣紙右上角有一個線條為紅色的印刷方框，裡面以簡體字寫了：

毛主席語錄：

我們必須謙卑謹慎，避免驕傲，有耐心，全心為中國人民服務。

——《兩個中國之命運》

信件的其他部分寫滿繁體中文字，整齊的字跡無懈可擊。

劉舒元的丈夫王銘當時已在農場內待了十年，還剩下五年刑期。早在七年前，她就已停止寫信過去，因為與「壞分子」的關係讓她被當地警方盯上。就連在學校，同學和老師都因為錯誤背景霸凌她的孩子。

但王銘還是持續寫信回家。我手上的這封是寫給他父親的，第一行的文字就出現一個觸犯當代規矩的錯誤：王銘稱父親為「父親大人」，這個尊稱在其他時代完全沒有問題，但在文化大革命期間不然。於是在一九六八年五月二十四日的回信中，父親決定指正兒子的錯誤：

> 你尊稱我為「父親大人」，但現在是文化大革命時代，我們必須破除「四舊」。下次寫信來稱我們父親、母親即可。你應該努力用功，學習如何思想正確，也要更常研讀毛主席的思想。

《毛澤東語錄》（西方人通常稱其為小紅書）很快就成為全世界發行量最大的印刷書。在中國，無論老人或學童都努力背誦其中的內容。

不過在長樂路上的一個尋常家庭中，劉媽媽可沒有時間背誦語錄。除了照顧六個孩子之外，她整天都還得在附近的盒子工廠工作。

一九六八年飢荒結束，大姊和二姊都從高中輟學到紡織工廠工作，只有三、四、五姊以及小弟學頌能繼續享受學校生活。

「他們都正確傳承了社會主義的思想。他們努力讀書，也熱愛勞動。」王銘的妹妹在那年後來的一封信中寫道。

這群孩子都撐過了營養缺乏的年代，現在看起來「又白又胖」。她也寫道，小學頌現在也大得可以讀懂父親的來信了。

距離一千六百公里以外的德令哈農場，王銘得定期參加毛澤東思想課程及其後的自我批判時間。所有囚犯都被訓練要徹底檢驗自己的思想，以抓出其中每一絲反革命想法。

此外還有其他思想淨化方法。在一封一九六九年一月十四日的信件中，王銘抱怨反覆感冒未癒，胃也一直脹氣，這些都是營養不良的特徵。他理得短短的頭髮轉灰，年輕時強健的體態也只剩下皮包骨。不過農場醫生沒有為他做治療，反而開了麻醉劑。

「我後來才知道，這個老醫生是在治療我的『思想問題』。我一直有腸胃毛病。有時候我們會在星期天玩撲克牌，我最近一次贏了一枚郵票，那天就連吃飯都開心，腸胃也都沒問題，美好的一天。」王銘寫道。

最後，他終於找到了腸胃疾病的根源，並進行治療——透過毛主席的思想：「首先，我勤奮閱讀去年發表的〈對抗私有化，批判修正主義〉……」

王銘將毛主席的思想加在他對共產中國家庭角色的論述上：「以前我們養兒防老，但我們現在養孩子，是為了預防修正主義思想。以前我過度沉迷於『幸福家庭』的傳統思想，不停往下沉淪直到無法擺脫。」他在一封寫給舅舅的信中如此提到。

「一旦我領悟了毛主席思想的甜美，我的腸胃就再也沒出過問題了。」王銘最後做出結論。

「但主席的思想真的穩固深植於我腦中了嗎？」王銘在一封信中自問。「或許還不夠。舊思想有時候會出奇不意地回歸，所以我一定要努力學習，堅定自己的想法。」

閱讀這些信的時候，我好想知道王銘的腦子裡究竟是怎麼想的。他寫這些是為了迎合那些會檢查信件內容的長官嗎？還是受到藥物的影響？他真心相信「毛澤東思想」治癒了他的疾病嗎？

吳哈利（音譯）曾待過德令哈附近一座勞改營數十年，他向我解釋：那個年代的囚犯忍受過太多學習課程與自我批判練習，因此大多真心相信毛澤東是神。吳哈利在華盛頓特區與我通電話時這麼說：那是一段漸進的轉變過程，並因為情緒剝奪、飢餓、疲倦、孤絕感而被逐漸強化。

「今天如果你說：『毛澤東萬歲！』我會說：『狗屁。』明天你說：『毛澤東萬歲！』我會說：『我聽膩了。』第三天你說：『毛澤東萬歲！』我不會有反應。接下來你說：『毛澤東萬歲！』我會問：『為什麼？』到了第五天，你說：『毛澤東萬歲！』我就開始有興趣了。第六天你說：『毛澤東萬歲！』我就會開始跟著唸。」吳哈利說。

「然後毛澤東死掉的時候，我也跟著哭。」吳哈利最後說。

一九七〇年四月十七日，劉舒元經過九年的沉默，終於又寫了封信給丈夫，沒有解釋之前中斷去信的原因，而且信件開頭和之前的每一封一樣：「你的來信已收到。」她在信中建議丈夫針對疾病尋求他人意見：「不要拖延，有病就要趕快治療，你應該好好找出病因。」

信中也提到好消息。孩子都大了，劉媽媽寫道，幫得上家裡的開銷。這對夫妻的一窩小鬼後來都長得比她還高。其中三人已經開始工作，大姊一個月能賺三十六元人民幣，二姊和三姊目前是學徒，一個月收入十八元人民幣。四姊才剛分配到中學畢業後要到安徽的農村工作。讓別人收養的小妹在鄉下也過得很好，劉媽媽寫道。而他們的小兒子現在已經就讀中學，每一科目都拿滿分。劉舒元最後附上六張孩子的照片。

王銘已經十二年沒有見到他的孩子了。等這封信也等了將近十年，總算可以知道他們健康與否及其他近況。他回信給妻子的內容滿懷感激之情，也提出許多疑問。此外，王銘首次在信中為家中所發生的一切道歉。

一九七〇年四月二十六日

舒元，

妳的來信與照片昨天已收到，我欣喜若狂。在此同時，我的許多想法與感受也浮現出來。我昨晚沒睡，幸好今天是休息日。孩子都長大了，也過得很好，這一切都仰賴妳的辛勞，也對妳的健康造成影響。妳看起來老了，全都是我的錯。我逃離了應負的責任，而妳被迫肩負起這個家。我只能等待重獲新生活的那天，才能想辦法彌補我的過錯。

我反覆看著孩子的照片。他們的臉型和小時候還是很像，只有老二和老三女大十八變了，小妹大概也一樣吧。當我看著這些孩子，明明是我的血肉，感覺卻像陌生人。我們的家已經變了，變得更好，從剝削別人的寄生蟲轉變為苦幹實幹的家庭。

如果妳能每月寫封信給我，將會是我最大的安慰。如果對妳太困難，或者是不方便寫，請拜託孩子代筆。如果有小妹的照片也請寄給我。請寄幾張以前的照片來，比如我還在家裡的大合照。每次只要沮喪，我就會反覆仔細讀妳的來信和照片，這對我的健康有益，希望妳能了解。

王銘

隨著之後的大批信件，我能看出這對夫妻之間的權力關係出現改變。即便經歷饑荒與不間斷的威嚇，劉舒元現在的筆調充滿獨力養大六個孩子的自信。所有孩子都在前往就業的道路上，他們的獨子也順利進入高等教育系統。

黨的文化大革命要求人民揚棄儒家思想，但劉舒元所面對的現實使她毫無選擇，這個家裡母親成為一家之主，他們的孩子則在成長過程中逐漸開始憎恨父親。

一九七〇年代初期的十幾封信，多次顯示劉舒元對家庭事務的姿態高於丈夫。年紀最大的幾個女兒逐漸接近適婚年齡，此時中國的父親通常會負責為孩子找到合適的對象。在一封一九七一年的信件中，劉舒元向丈夫保證：「我知道你擔心孩子結婚的問題，他們可以自己選擇對象。此外，政府現在提倡晚婚政策。別擔心了。」

之後，這對夫妻的二女兒、三女兒相繼登記成為共產黨員，此時工廠經理首次檢查了她們在德令哈勞改營的父親的狀況。在寫給丈夫的一封信中，劉舒元表示心中最大的恐懼終於被證實了：

> 幾個月之前，女兒工廠的經理去你的勞改營確認你的行為與進度，結果並不好。根據你的檔案，你常常違反營區規定，沒有努力工作。他們說你偶爾會怠工還跑出營區，把我寄給你的香菸拿去與附近村民交換物品。除此之外，他們還常聽你說之後想回上海靠政府發給殘病者的補助過活。
>
> 我聽到這些心都碎了。你該管好自己，不只為了你自己好，也要為孩子的未來著想。他們都很努力工作，總是受到同儕讚賞，聽到父親讓如此令人失望實在心痛。我希望你能為了孩子和我真正做出改變。下次開口之前請三思。我再也不會寄香菸給你了。

一九七三年，王銘的刑期結束，卻沒因此享受到多少自由。他才回家大約一星期就被警方送至上海鐵路局、丟上火車，行駛超過三千公里的路程後回到青海。原因是他的上海戶口申請被駁回，沒有戶口他等於在家鄉非法居留。

於是，在短暫嚐到自由的滋味後，王銘又回到他的戶口所在地：德令哈勞改營。明明已經服刑結束，他卻只能繼續勞動，毫無選擇地服刑、努力工作，研讀毛澤東思想。

他必須待在那裡，直到毛澤東過世。

我在長樂路一段彎曲的路段上緩慢走著，眼睛盯著綠色路牌，但也沒預期能真的找到王銘的家。那間房子位於巷弄內的一個老社區裡，根據麥琪里的經驗，我知道這類房子通常的下場。

我走過六四〇號……六六二號……然後看到：長樂路六八二弄。我轉進去，地上鋪著卵石，附近三層樓高的房舍晾曬的衣物投下舞動的陰影。我走進去尋找七〇號門牌的房子。

過去三個月來，我仔細研讀每封信，並在翻譯後依照時間順序排列，直到將最後一封信都處理完，我才前來探索這個地址。我的目標是：透過長達數十年夫妻通信的單方信件，想辦法拼湊出這個家庭的遭遇。

這批泛黃發皺的信件橫跨三十二年，始於一九五八年劉舒元捎來小兒子斷奶的消息，結束於一九九〇年代一名台灣表親的來信：「我聽說共產黨打算把上海打造成東方大城。我想這應該算是好消息，不管哪一黨執政，只要中國人民擁有能變得富裕強大的自由，我都對人民的成功感到樂觀。」

就這樣結束了。盒內空空如也。原本不祥的故事開端突然出現一個喜氣洋洋的收尾。

王家人後來怎麼了？他們還住在六八二弄嗎？

我敲門，大概過了一分鐘才聽到動靜。一位留著銀灰短髮的婦人開了門。

「阿姨，不好意思打擾您，我找王銘，他還住在這裡嗎？」我說。

「誰？」她看起來有點被嚇到。

「王先生，王銘，他現在大概八十幾歲了，我不大確定……」

她打斷我：「王先生？我認識王家，是我的房東，但現在不住這兒。他們出國了。」她的口中斷續冒出上海方言。

「出國了？去哪裡？」

「紐約。你說的是王學頌他們家吧？」

「對，他是王銘最小的兒子。」我說。

「王學頌住在紐約，幾年前就跟媽媽搬過去了。你為什麼要找他們？」

「我從來沒讀過這些信，也從來不知道這些信的存在。」王學頌從紐約市透過電話告訴我。我把他母親的名字輸入上海市電話目錄後才找到王家電話。他的中文說得緩慢，口氣溫和，只有在努力回憶過去時會有點結巴。他非常有耐心地聽我描述找到他父母信件的過程，現年五十六歲的他對於這批信流落到骨董店感到困惑。「我是家族裡最小的孩子，能提供的幫助恐怕不大。」他事先警告我。

我問了有關他父親的事。「他、他過世了，應該是幾年前吧。我不、不、不大記得是何時，得問姊姊。」王學頌答。

這回答顯得有點奇怪，但王學頌結巴得太厲害，我覺得似乎不該追問下去。王學頌只告訴我，父親在德令哈服刑完畢後又待了六年，直到一九七九年才終於返家。

我問他何時第一次見到父親？一九七三年，王學頌告訴我，當時父親初次從德令哈回來，短暫待了幾天後又被送回去。「我和大姊一起去車站等那輛來自青海的火車。我也不知道該找誰，他離開時我只是個嬰兒，而且在一九六〇年代的文化大革命之後，我媽就燒掉了所有他的照片。那時候所有人都受到家族審查，而我們家的背景並不好，所以很怕身邊有與他頻繁聯絡的證據。所以我根本不知道他長什麼模樣。大姊在他離開時已經九歲，對他的長相大概有印象，但記得的是他三十幾歲的樣子。」

「火車抵達時，一群人向我們推擠，我們攔下一個看起來像父親的人，但他不是。最後我們根本沒接到他。我們雙方都不知道對方長什麼樣。等回家之後，他已經到了——我父親就這樣搭公車回到了家，獨自一人。」王學頌說。

他將這段經歷描述得很清楚，回憶過程中也毫無結巴。

「他的頭髮灰了，大概百分之七十都已經白了，皮膚因為在戶外勞動多年變得很黑。但他兩手空空，沒有收入、沒有工作。」

王學頌的幾個姊姊當時已經開始在紡織工廠工作，分擔家計，她們每個月把薪水交給母親，由她負責分配如何使用。王學頌說母親很會存錢，花錢也精打細算。「她每天晚上從工廠下工回來還要補毛衣，一件賺一分錢（一元人民幣的一百分之一）。大多時候，在小孩都入睡之後，她還會坐在高腳凳上，把燈壓低，不停補毛衣補到凌晨，然後再去上班。她幾乎沒有時間睡覺。」

王學頌告訴我，父親第一次回家的時候，家裡最糟的時期已經過去了。「我母親是逆來順受的人，但又能為了養育孩子一肩扛起所有責任，她堅信情況總有一天會變好，生活一定會改善，一點一滴。她是一個非常傳統的中國女人，丈夫離開時才三十一歲，她大可改嫁，但她沒這麼做。中國有一句老話：『烈女不事二夫。』我母親深信父親從青海回來後，思想一定會改善。」

「他改善了嗎？」我問。

「其實還好。他和我們在家待了一陣子，之後就急著想出去賺錢。」

我想到那些王銘寫的信，其中滿滿的共產主義口號都在向資本主義宣戰。花了將近二十年在田間勞動，加上每晚接受馬克思、列寧、毛澤東思想洗腦，卻只讓王銘更加確信自己一直都是對的。當你被悲慘囚禁在青藏高原一個幾乎被人遺忘的角落，那些思想或許聽起來不錯，可一旦回到繁忙的上海文明街道，一切與資本主義相比都顯得相形失色。

在我讀過的幾封王銘還在勞改時期的信中，他都曾表達想要回去做生意的欲望。一九八一年四月三十日，王銘寫了一封信給上海工商局，希望幫助他們重建這座城市的矽鋼回收事業。「現在有很多失業的年輕人，我們可以在郊區設置工廠雇用他們，這類工作非常需要勞工，成本又不高，但獲利很好。我們可以廣設工廠。」他在寫給官員的信中這麼說道，還提及鄧小平重振中國經濟的舉措，最後才終於提出最重要的問題：「不知能否讓我將精力與智慧投入於『四個現代化』，在其中扮演一個積極的角色？」

一年之後，王銘靠著一名產業中的老友找到工作，在上海郊區的祖屋中，他以抽佣方式幫忙尋找對回收金屬有興趣的企業。當時的他已經五十七歲，再過三年就可以領取退休俸，但首先他得先向地方法院提出申請洗清犯罪紀錄，重獲名譽，而這次申請就是他的終極自我批判試煉，也是王銘將最後的自我奉獻於黨的證明：

如果檢視我的行動根源，很明顯的，是因為我的世界觀還沒有得到改變。也就是說，我當時學習得不夠，立場不夠堅定，過於沉溺於自我需求。一切都是我的不對。真希望當時的我能運用過往回收矽鋼的經驗，在公私合營企業的時期，全心為了社會主義而奉獻；真希望當時的我能為國家而非自我累積財富，那麼，就算我被逮捕，也能夠信念堅定地解釋我的行為，並因此獲得公平審判。

「法庭駁回了他的申請，他的罪行直到今天仍然成立。」王學頌透過電話告訴我。我問王學頌是否認為政府對他父親不公。我以為他會責怪政府，責怪體制，以及混亂的政治氛圍。

王學頌緩緩開口：「當然，**他**一定會覺得不公平。但在每個時期，中國政府都有它特定的規則，而我父親當時開了一個地下工廠。共產黨上台後，開設地下工廠是違法行為。政府需要緊密控管原物料，因此禁止私人控管。當時的遊戲規則就是這樣。我父親被判刑並不是一件不公平的事。他違反了那個時代的規則。你既然犯規，就要受到懲罰。」

電話中出現了一小段沉默。我不知道該說什麼。反右派運動是一場集體瘋狂，他和家人因此受害甚深，他怎麼可能還覺得父親受到的是公平的對待？

王學頌沉默了一下後又開口：「從我的觀點來看，我父親有選擇。而他的選擇是錯的。他生活過得很好，穩定，根、根本沒必要經營地下工廠。政府接管他的工廠之後，他一個月還能賺一百七十元人民幣，在當時已經是天價級的高、高薪了，但他不滿足。他、他想要更多。」

王學頌的語調變了，怒氣逐漸從中湧現，講話也開始結巴。他的童年總是被同儕及老師欺侮，只因為他是資本家的孩子。他的姊姊在工廠也因此無法升遷，另外還有一個姊姊被迫要送人領養。剩下的家人甚至一度瀕臨餓死的邊緣。

中國人對於政權的所有意識型態風向都非常敏感，他們成為會為此不停調整自我立場的民族。不停隨環境的變動改變自己，已成為在中國生存的通則。為什麼他父親不願意調適自己？

王學頌繼續說：「我母親得照顧這麼多孩子，負擔真的很大。我、我父親也不是一個善良的人。他之前做過壞事，背叛過我母親。」他嘆了口氣。

這種說法像是他父親可能有過外遇，甚至娶了第二個妻子，畢竟這情況在中國的那個年代並不少見。我等著王學頌繼續解釋下去，但他決定不再多談。「不、不用多說。」

「我父親生前最後幾年住在療養院，我不確定他確切的病因是什麼，死的時候大概八十六、七歲吧。我不大記得了。」

在極度尊崇父系社會的中國，一位有七個孩子的父親晚年都住在療養院，實在是前所未聞之事。不過，如果要說王銘的信件中傳達出了什麼清楚的訊息，應該是他早已習慣孤獨。就算是孤獨赴死，他也已經調適。

王銘的骨灰被葬在上海郊區故鄉的一片家族墓園內，兒子和妻子都沒有出席葬禮。

二〇〇八年五月十二日，王學頌搭乘中國東方航空抵達甘迺迪機場，那天是他母親的八十二歲生日。母子兩人都不感到新奇。王學頌說：「看起來跟中國沒有太大不同，上海是一個現代化的大城市。從甘迺迪機場離開時四處看，覺得沒有比我們之前住的城市好多少，等到了法拉盛，到處都是中國店家，到處都是中文。」

開車經過許多家中國店面，劉舒元終於開口了：「我們現在在上海的哪裡？」她問兒子。

她是認真提問，當時劉舒元已經得了阿茲海默症。「她什麼都不記得了。」

王學頌和母親花了二十年才得到美國居留權。五姊則多年前就隨丈夫搬來美國，對方是在中國出生的美國公民。大姊和二姊後來也跟進，三姊妹分別散居在皇后區各處。

王學頌的姊姊們為他找了一間距離地鐵站十五分鐘的公寓套房。那棟房子有兩層樓，裡面還擠了另外五個中國家庭。王學頌住在一樓，每個月付給來自福建的房東七百八十美元。

前往美國之前，王學頌在一間冰箱工廠擔任工程師。不過在紐約，他不會講英文，所以無論是工作經驗或之前的大學文憑都沒什麼用處。抵達美國後不到幾個星期，姊姊的一個朋友幫他找了一份不需要說英文的工作：位於長島市一間韓國人經營的手機維修工廠。王學頌於是每天花八小時在流水線上，掃描損壞手機的標籤。那是一份在中國常見的工作，只需要進行機械式的重複動作，在紐約並不常見。每天早上，當王銘經過廣東人開的雜貨店和北京人開的餃子館，走進滿是中國人的流水線工廠，他逐漸開始感受到侵蝕著母親、使她衰老的軌跡——他簡直像是回到老家，無論到哪裡都擺脫不了中國。

王學頌每個小時賺七元，比他在上海工廠的工作賺得還多，不過還是低於當時紐約的最低薪資。我問他如何用這樣的薪水應付生活。「我是中國人，我總能想到辦法。我們跟美國人不一樣，絕對不做無謂的消費。」王學頌告訴我。

他始終沒有結婚。他的六個姊姊都很早婚，也生了不少孩子，但王學頌總是忙於其他事務。除了學業及工作外，他還要照顧母親，沒什麼時間想結婚的事。他母親用了大半生照顧他和姊姊們，作為家中獨子，又沒有父親，他一成年就覺得照顧母親是自己的責任。

王學頌在法拉盛最喜歡的地方，就是住處附近的公共圖書館。每天走去搭地鐵七號線的路上，他都會經過這棟閃亮的鋼骨玻璃建築，之後很快發現此地社區圖書館的定位與中國的完全不同。中國很少有公共圖書館，明明人口有十四億，卻只有在大城市總共有三千多座圖書館。相對起來，人口三億五千萬的美國卻幾乎在各鄉鎮都有公共圖書館，總數高達一萬七千座。在中國，公共圖書館只能借出政府審核過的書籍，但在美國，王學頌發現公共圖書館的功能更多。這些地方是公民的活動和學習中心，甚至在法拉盛這樣充滿移民的地方，圖書館幾乎是當地居民最重要的生活場所，提供免費的英語、電腦與高中教育課程，另外還有各式各樣幫助新移民融入當地的工作坊。

王學頌把大部分的空閒時間都花在圖書館。這名五十七歲的移民每星期去上兩次英文課。他也會用每週二的晚間時間，和每週六的七小時去上高中教育課程。等到六十歲，他就能拿到等同於高中學歷的普通教育發展證書（General Education Development，GED）。在那之後，他還打算繼續修習大學教育課程。王學頌和一些同學成為好友，他們大多來自中國，但他也交了來自印度、俄羅斯、多明尼加的朋友。直到走進圖書館之前，他都不是很明白美國和中國有什麼差別，但在這個以書本及課程促進社區進步的地方，他發現人們可以免費學習幫助他們找到更好工作並改善生活的新技能。中國沒有這種地方，王學頌說，每次走進法拉盛公共圖書館明亮又溫暖的環境中，他就覺得充滿希望，覺得自由。

二〇一四年五月一個下著雨的早晨，我踏上法拉盛公共圖書館的階梯。當時是五月的第一天——中國的勞動節，但在美國就是一個尋常的工作日。我剛好因為公務途經紐約，前一晚也聯絡過王學頌。

「我是白人，身高很高，到時候會穿黑色外套。」我在電話中這麼告訴他。

「圖書館已經有很多身高很高的白人了，穿黑衣的黃種人也很多。不如我穿一件亮綠色外套？我很矮，到時候會戴一頂寫著『NEW YORK CITY』的帽子，好嗎？」王學頌說。

我提早到了。雖然外面下雨，圖書館內卻非常明亮，我到地下室的成人學習中心，看到裡面有三個班級正在上英文課。教室內滿是中國移民。我回到一樓走出戶外，看到了亮綠色外套。王學頌比我矮上大約三十公分，戴眼鏡，小眼睛內的神色總是游移不定，彷彿在確認周遭是否可能有危險。他的黑色棒球帽上有自由女神圖像，背景的星條旗上有「NEW YORK CITY」的字樣。

我們坐在一排高聳書架前的長椅上，眼前的角窗外正落下傾盆大雨，正對面坐著兩名說著福州話的婦人，聽到我們開口說中文立刻停止對話。

「哇，那個外國人的中文很好，他是美國人嗎？」其中一人問王學頌。

「是，但現在住在上海。」王學頌解釋完轉頭繼續與我對話。

婦人看起來很困惑：「為什麼一個外國人可以把中文講得這麼好，但我在美國卻一句英文都不通？」

她的朋友也跟著自嘲地笑了起來。

「他學過中文，妳們也應該學英文。樓下有開英文課。」王學頌說。

「但我們一個字也不會，我們才剛從福建來。」其中一名婦人說。

「沒關係呀，他們會從ABC開始教，下樓登記就可以了。」王學頌催促她們。

兩名婦人想了一下。「不用啦，我們太老了。」其中一人說。

王學頌非常困惑地盯著她們，表情像是在說：怎麼會有中國移民不想學英文？

我打斷這段尷尬的靜默：「大嬸，妳們找到工作了嗎？」

「沒有，我們才到這裡一個星期，不知道去哪裡找。」

王學頌拿出紙筆，寫了一個英文地址及一些中文指示，把紙遞過去：「去這間仲介公司，這邊的工作完全不用說英文，而且總是在招人。薪水也不差，工作內容就是照顧老人。」

兩名婦人一臉懷疑地檢視那張紙。

「別擔心，妳們負責照顧的老人都是中國人，也不會說英文，其中一些甚至講福州話。」

王學頌說。

她們道謝離開。

王學頌已經適應了美國生活，在流水線上工作六年後他辭職了，現在靠失業津貼過活。每個月政府會寄來七百美元，與他在工廠上班的薪水差不多。他說這樣已經很足夠了。畢竟與母親和姊姊一起經歷了史上最慘的飢荒，他早已懂得節約開支。此外，既然現在沒有工作，就能花更多時間上英文課，並想辦法考取普通教育發展證書。

我問他這麼做的目的，他從提袋內拿出一個信封。「這個。」他抽出一張摺疊整齊的粉紅色紙張，上面是幾天前參加考試的複選題，最頂端印了紐約市運輸局（New York City Transit Authority）的標誌，標誌下方的字樣是「營收設備維護測驗」，考題的四十個空格都有王學頌端正的筆跡。

「你想在大都會運輸局（Metropolitan Transportation Authority，MTA）工作？」我問。

「這是用來招募技術工程師的測驗，工作內容和我在上海做的類似，通過之後我就能修理地鐵售票機。這種工作總是缺人。你想想，售票機是不是一天到晚壞掉？一定很缺人。而且薪水一年有六千美元。」

這是王學頌所熟悉的模式：希望透過測驗得到一份隸屬政府的穩定工作。中國人都很熟悉這種模式，所有人總是以同樣方式在競爭公職。他把那張粉紅色的紙遞過來時，外套上的雨水滴到了紙面，他仔細擦乾才又收進信封。

王學頌說他也在曼哈頓上課，內容是如何成為一名辦公室助理。「但得在得到工作機會前，好好增進英文能力。」

王學頌並不急著找工作。他的童年全部用來學習美國的資本主義有多邪惡，但抵達紐約之後，他發現比起共產黨，這裡的資本家對窮人還比較好。美國政府每個月給王學頌母親價值兩百美元的食物券。王學頌每天去圖書館為了教育發展證書上免費的英文課時，醫療健保還會支付一名看護免費來照顧母親。王學頌告訴我，光是靠母親的福利金及他的失業津貼，他們付完房租還能存一點錢。根據現況評估，他認為只有蠢貨才會自願跑去工作。「我其實有資格每年再領價值好幾千美元的食物券，但拒絕了，覺得太丟臉。」

王學頌每天最享受的，就是能在課堂上學習內容涵蓋甚廣的知識。他微笑地談起在課堂上學習到美國觀點的世界史，也很高興能用莎翁的母語學習莎士比亞戲劇，提到未來時如同一名青少年般興奮。他的父母都很長命，他告訴我，他還有很多時間能在這個新的國家重新開始。「在美國，任何年紀都能重新開始，都不嫌晚。」他說。

王學頌的母親已經八十八歲，目前處於阿茲海默症末期，生活中常常遭遇或大或小的混亂時刻。王學頌從口袋拿出皮夾，拿出一張母親的黑白照片。閱讀過幾十封信後，我腦中自然浮現劉舒元的形象，此刻也驚訝地發現影中人與我腦中形象幾乎完全一樣。她長得很美，細長的臉龐顴骨很高，和王學頌一樣有一雙細小、善良的眼睛，眼神中也同樣有抹焦慮神色，彷彿感到迷失。「這張照片是去年拍的，大約就是她逃家的那時候。」王學頌告訴我。

某天早上，王學頌為母親做早餐時發現她不見了。他不停在家附近大喊她的名字，但就是找不到她。他報警，警犬聞過劉舒元的枕頭後，嗅聞著將附近街區繞過一遍，但也沒找著。那天晚上警方甚至出動直升機，以探照燈四處搜尋，卻也沒發現她的蹤跡。最後警方在當地醫院發現去治療臉上瘀傷的劉舒元。她可能是在樓梯上跌倒了。「美國的警察非常好，那幾次的搜索一定花費很高。中國的警察才不會做到這種程度。」王學頌顯然印象深刻。

王學頌又看了照片最後一眼，放回皮夾。「等她過世後，我就能有更多自由時間。」他嘆了一口氣。

王學頌在美國住了六年，但從未離開紐約市。他說取得學歷證明後，他要遊歷全美找一個更適合居住的地方。「一個容易找到工作，生活開銷又不會那麼高的地方，最好安靜一點。我還沒想好，你覺得呢？」

我想了一下。

「我是明尼蘇達人，在中西部。那裡比較冷一點，但生活很舒適、安靜、安全，而且生活開銷不算太高。我妻子是德州人，和紐約比起來，那裡的地價沒有那麼貴，氣候也好很多——跟上海比較像。」

王學頌認真地聽我說話，用中文重覆每個地名，「明、尼、蘇、達，德、州。」他緩慢地唸過一遍。「旅遊時，我想要每個地方都住一小段時間。因為戶口問題，我們在中國無法這樣隨興移居，但美國沒有這個問題。你們想去哪裡都可以，實在方便多了。」

我點點頭，腦中開始想像那位不用再照顧母親的王學頌，開著一輛不算太貴但可靠的車離開紐約，朝著夕陽一路往西開去。「你所追求的似乎是美國夢。」我說。

王學頌想了一下。「我不認為。上海的生活也不差，我們離開之前住的街區也不錯，食物又便宜又好。很多人問我，中國現在機會這麼多，為什麼還要來美國？我說因為這裡的空氣和水質好很多，此外，我花了十三年才得到居留簽證，機會終於來了，我當然要把握。不過現在我已經明白，至少對我而言，住在美國或上海其實沒有太大分別。」

中國跟他年輕時已經很不一樣了。上海這樣的大城市工作機會很多，學校也好，街道相對安全，人民的生活比起數十年前也大幅改善。他有足夠理由相信往後幾年會繼續提升。不過對王學頌而言，美國夢或中國夢聽起來都不真實，他的夢只屬於自己。

我們已經聊了兩小時，眼前的大雨仍在外頭持續沿著斜角窗潑下，敲打玻璃的喧騰聲響為圖書館提供完美的背景音樂。我抬頭看向王學頌：「我影印了所有信件，你想要嗎？」

他搖頭。「我們家沒人在意那些信，我們很清楚發生過什麼事。」

「但下一代呢，你的姪子、姪女呢，他們知道嗎？」我問。

「可能不知道吧，但他們對這類歷史過往沒興趣。他們對文化大革命、飢荒或其他的事件沒有記憶，也不想研究。我們把信件丟掉就是有我們的考量。中國人相信『逝者已矣』。我們這代人非常清楚發生過什麼事，也不希望同樣的事發生在下一代。」

我心想：正因如此，他們更應該讀這些信件，不是嗎？我和其他經歷過毛澤東時代創傷的人聊過，得到的答案通常都一樣：「眼不見為淨。」

「我父親已經走了，一切都會過去。沒有必要執著於此。」他因為我的沉默而不自在。「我父親不是一個偉大的人，就是個老百姓，普通人。」

不遠處一群剛上完英文課的老人一臉微笑地從樓梯間走上來，湧上一陣交織的中國方言。王學頌和我安靜地看著他們。他指向那群人：「隨便找一個經歷過那個時代的人聊聊，你就會知道，我們的故事都一樣。」

第十一章

零風險

——長樂路一六九號

在一間白瓷磚牆上滿是刺鼻氣味和炸蔥油餅油煙的廚房後方，有一個塞滿箱子的房間。這些箱子堆放在沒有床墊的上下鋪床架、儲物箱、大衣櫥上，其間還點綴著從天花板垂下的蜘蛛網。箱子裡裝的全是傅大嬸的「事業」：蓋網手冊、一罐罐奇蹟茶、一包包乾香菇，以及所有她投資的不同公司的產品。這間潮濕的房內，所有箱子就這麼圍繞著一張大雙人床、一張小餐桌、一座五斗櫃。於是馮大叔和傅大嬸常為了空間不夠而爭執。

不過當我初次拜訪這對夫妻的住處時，吸引我注意力的不是這些箱子，而是電視機，總共兩台。這兩架笨重的機器是房內唯一的科技產品，也是唯一有價值的財物。兩台電視都面向床鋪，在五斗櫃上並排而立，我一看到就轉頭面向傅大嬸，用表情詢問：「為什麼？」她一副我這幾年都白認識他們的模樣：「我們對於要看什麼節目沒共識。」

我腦中出現畫面：白天兩人已經因為一日的爭吵而疲累，晚上躺在床上，還並肩看著不同節目，而且兩邊音量都開到最大，彷彿用電視延續兩人的吼叫大賽。

這天二〇一三年的二月即將結束，正是蛇年的第八天。我騎著腳踏車在長樂路上前進，空氣濕冷而安靜，連續四天凍人的雨水逼得附近居民緊閉門窗。上次見到傅大嬸時，她保證新年時蓋網一定會在倫敦證卷交易所掛牌上市。但當她因為我敲門而來應門時，我實在怕得不敢問後續，只遞上一籃橘子，同時口冒霧氣地祝賀她新年快樂。

房內的馮大叔身上蓋了好幾層毯子，正在打瞌睡，我們繞過床鋪坐在桌邊。「大過年，吃呀。」傅大嬸舀了一掌核桃，用雙手捏破外殼，碎片直接撒落一地。

傅大嬸在新年假期間到處發送影印文宣，內容就是和耶穌遊歷過天堂與地獄的那位厄瓜多女孩的故事。她說拿了小冊的人大多看過就丟進垃圾桶。「我向他們說丟掉是有罪的，有人對我說他信佛，我說這個故事與佛經無關，但你還是可以先帶回去，再決定哪一個宗教的內容比較合理。」

床上的馮大叔坐起身，朝著傅大嬸的方向嘆息。這兩個人因為下雨已經困在室內四天，房內繚繞著各種爭吵後的餘味，流程通常是這樣：傅大嬸大肆誇耀自己的善行，接著馮大叔會針對她的自以為是進行攻擊。

他搖搖頭，拿起一台遙控器，瞄準他前方一公尺左右的電視機，左邊那台於是開啟。馮大叔隨意地轉台：中日戰爭紀錄片、清朝宮廷劇、捕蠅草紀錄片……最後決定看《西遊記》，一部在一九八〇年代非常受歡迎的連續劇，改編自中國古典小說，講豬八戒和孫悟空陪玄奘前往印度取經的故事。我在九〇年代剛到中國，當時最愛看的也是這部電視劇，因為就算中文不好也能樂在其中，你只需要放鬆享受極度暴力的各種功夫場景、廉價特效，以及彷彿嗑了迷幻藥的各式旅途遊歷。多年後我了解了其中對話，但發現沒什麼差別，這故事總之沒什麼邏輯，但非常有娛樂性。

「今年的央視春晚很難看。」傅大嬸大聲抱怨，努力想壓過功夫情節的聲音。「是我看過最差的一次。」

除夕夜包餃子收看央視春晚是數千萬中國人的習慣，那是一個觀眾人數比超級盃還多的節目，但今年的春晚卻充滿爭議。中國搖滾歌手崔健本來應邀上台表演，但他只打算表演為聲援一九八九年天安門事件而創作的〈一無所有〉，因此被踢出了表演名單。

傅大嬸又給了我一些杏桃乾。「這是我住在新疆的妹妹寄給我的杏桃乾，不像上海這邊的那麼酸。新疆的食物比這裡的好多了。」

「那妳怎麼不搬回去？」馮大叔突然插話，但雙眼仍盯著電視。

傅大嬸翻了個白眼。螢幕上的孫悟空剛逃離兩名土匪的魔掌。孫悟空從一棵樹上晃蕩到一名土匪身後，箝制住他的脖子直到鮮血從口中噴出，接著抽出掛在他身上的刀子，揮刀砍下了另一名土匪的頭。

傅大嬸把一顆杏桃乾丟進嘴裡，繼續回憶美好過往。「在我老家四川，新年的節慶氣氛比這裡濃厚多了。我們會去拜訪親戚，大家一起坐在路邊，還會一起包餃子。」

「她連餃子都不知道該怎麼包，和豬一樣笨。」馮大叔對妻子齜牙咧嘴地咆哮：「既然比較喜歡老家，妳怎麼不回去算了？」

「因為我寧可跟你一起留在這裡呀，你好棒，你好英俊。」傅大嬸語帶譏諷。「你以為自己是皇帝呀？你以為自己很帥呀？怎麼不去照照鏡子？」

馮大叔坐在床鋪邊緣前後搖動，神情煩悶，沐浴在螢幕隨劇情動態閃爍的藍光中。節目中的唐三藏和豬八戒正努力想拯救臉龐轉紅變身中的孫悟空。唐三藏將手放在孫悟空額頭上，嘴裡喃喃唸誦佛經，終於讓孫悟空恢復正常。

傅大嬸一臉嫌惡地怒瞪丈夫一眼。「神教我們不憎恨人，但這種人你怎麼能不恨？」我認識他們好幾年了，每次拜訪都是這種互罵場景，除非剛好只有一個人在家。一開始我懷疑是有旁人在場讓他們吵得更凶，但花了一點時間與兩人各自往來之後，我發現這就是他們唯一知道與彼此相處的方式：自從毛澤東時代以來，生活的困頓從未停歇，而他們就是如此固執地互相咆哮。

兩人都覺得對方瘋了，馮大叔覺得不找工作的妻子太懶，面對那些快速致富的投資方案時又過於天真。每次只要我們獨處，他都會向我抱怨妻子在投資詐騙中損失的金錢，責怪她始終不明白努力工作才是賺錢的唯一途徑。另一方面，傅大嬸覺得丈夫頭腦簡單，完全不懂得利用這些出現於二十一世紀中國的全新投資機會。她覺得他是個糟糕的商人，根本不懂基本的協商技巧。

傅大嬸曾提起他們為兒子結婚買了一間公寓，但媳婦對那個區域不滿意——「太多移工了。」她抱怨道。於是這對年輕夫妻毅然決然搬走。馮大叔將那棟公寓賣了將近十萬美元，但傅大嬸認為應該值兩倍。

他們因為這件事互吼了幾天，其中當然也包括利用電視較勁，最後傅大嬸告訴我，要把錢賺回來只有一個方法。「我得上法院告某人。」某天馮大叔不在，我去找傅大嬸喝茶，她告訴我：「所以我告了代表買家的仲介商，但法院判決仲介商無罪。法官說這其實是我和家人之間的問題。」

實在是個明察秋毫的法官，我想。

「所以我現在控告我丈夫，法官接受審理，開庭日很快就要到了。」

我以為自己聽錯了。「等等，妳是說妳控告了妳丈夫？」我問。

「對，這一切都是他的錯。他的腦子有問題。」

「但如果妳贏了呢，他得賠償妳嗎？」

「不、不、不，我也告了協助他賣房子的房地產公司，但他也得被列為被告，因為決定要賣的人是他。我兩邊都告。如果我贏了，他也不用賠償我。我只是要證明他錯了。」

傅大嬸看出我的困惑，起身在一堆裝滿資料夾的塑膠袋中翻找法庭文件。

我啜飲一口茶，搖搖頭，心想確實該料想到兩人之間的爭執遲早會鬧上法庭。她拿出一個紙資料夾放在我面前。「我輸了第一場訴訟後，他把所有賣公寓賺來的錢都亂花掉了，還為一名來自安徽的女人買了公寓。」她吼道。

「等等，為什麼？那個女人是誰？」我問。

傅大嬸告訴我，他二十五年前從新疆回上海的時候，曾提到有個竊賊在火車上試圖搶劫。一名女子和她的丈夫出手相助，他說，過了這麼多年，他決定買一間公寓回報對方的恩情。

「我對他說，回報人家是沒錯，但也不至於買間房子，就算是全中國最笨的人也不會這樣做。我真的氣死了。」

這故事聽起來不合理，像個誇張的爛謊，但我還是打算聽她講完。

「我最後報了警，他們審問過她。」她說。

傅大嬸從資料夾中找出警方報告，我們一起讀了起來。二〇一一年五月五日，警方訊問來自安徽的離婚婦女卜小姐，卜小姐證實馮大叔買給她一間房子，房子也登記在她的名下。根據筆錄，卜小姐比馮大叔年輕十五歲。她說她認識馮大叔多年了，因而在她二〇一〇年與安徽的丈夫離婚搬來上海時，馮大叔基於同情，買了間公寓給她和兩名女兒安居。為了回報這份恩情，她同意在馮大叔和傅大嬸老了之後照顧他們。

我把資料放回桌上，努力想理解這一切。

「妳覺得她說的是實話嗎？」我謹慎提問。

「當然不相信，她是安徽人。」

都市人常把遇到的問題歸咎給外地人，但不是所有外地人，而是某些特定地方的外地人。北京人特別愛把河南人當作所有問題的代罪羔羊，河南是中國最窮且人口最密集的省分之一。上海人則特別討厭安徽人。安徽距離上海一天車程，是一個貧窮的山區省分。每次只要上海市內出現說謊、詐騙或偷竊之類的行為，上海人都覺得是安徽人幹的好事。

「你是外國人，你不懂，他們真的很壞。」某次我向我的中文家教質疑這不過是刻板印象，他只這麼回答。

不過傅大嬸也知道，不是所有來自安徽的人都很壞。她在地方法庭控告卜小姐誘騙馮大叔買房，來自安徽的法官判她勝訴。不過馮大叔拒絕在判決結果上簽字，因此那間房子目前還屬於卜小姐。

「我丈夫不是一個壞人，但很容易被別人欺瞞和利用。」傅大嬸在我檢視文件時這麼說。這是她描述丈夫所說過最好聽的話了。

「他真的是個好人，但反應很慢，常需要花很多時間分辨誰值得信任。」她嘆了一口氣。傅大嬸把文件放回資料夾，穿過小小的房間，把資料夾收進其中一個散亂堆疊的箱子中。

「或許我背負的罪太多，所以神才讓我受這麼多苦。」傅大嬸說。

傅大嬸不知如何理解自己竟然落得如此下場。眼前似乎只有一個說法可以形容這種情況：「亂七八糟。」我輕聲地說。

傅大嬸安靜點頭。「亂七八糟」是說明一切都失去秩序，情況非常險惡的中文慣用語。在這片不停變動的土地上，亂七八糟更能用來形容一切動盪所牽扯出的無以名狀的糾結。

傅大嬸似乎不急著為丈夫的胡搞找出明確說法。說不定馮大叔真的是為了還卜小姐二十年前的那份恩情。但最有可能的結果是：她是他的情婦。傅大嬸沒打算理清這些可能性，對她而言最重要的還是錢。馮大叔把本來應該留給兒孫的價值連城的房子送出去，而她的親友為了讓她搶回房子，已經借給她好幾萬元人民幣打官司。「所以我才去進行那麼多投資，總得想個方法還債。」她解釋。

電視上的《西遊記》已經演完，螢幕上出現演職員名單。馮大叔關掉電視，從床上起身，向我道別後騎著腳踏車出門。

「一天到晚出去玩。」傅大嬸在他關門後咕噥。

現在似乎是個詢問她蓋網投資進度的好時機。「傅大嬸，已經二月了，蓋網在倫敦證券交易所掛牌上市了嗎？」

她突然起身整理桌面，靠著把胡桃殼清乾淨裝出一副漫不經心的模樣。「他們本來跟我說一月，但現在得等到三月。」她把所有碎屑集中到一隻手上。「他們一定是要等到農曆新年後再上市。」她努力以樂觀的語調猜測著。

「但我不擔心，這一定能賺錢。我投資的另一間公司也會在三月上市，那會是個好月份。」

這下糟了。「另一間公司？」

傅大嬸伸手從某個檔案夾內撈出一張名片。這間公司名叫遼寧鼎旭，遼寧在中國北部，鼎旭意指旭日東昇的年代。名片上有一片綠油油的田地，上面兩行詩詞分別以「鼎」和「旭」起頭。

鼎信如金
旭照天地

「這是什麼公司？」我問。

「他們種真菌。政府給他們幾千公頃的土地，他們打算三月在那斯達克證券交易所掛牌上市。」

我把名片翻過來，背面印著「投資鼎旭原有股份能快速增加您的財富」。

「公司為八位上海股東規劃了一場旅行，讓我們理解公司的運作內容。」傅大嬸的語調中有一絲因受邀參與考察行程而感到被看重的自豪。

這是傅大嬸首次搭飛機。她對公司的營運狀況印象深刻，因此甚至還沒搭上返回上海的班機，就已經奉上價值約一萬五千美元的人民幣作為初期投資，其中大部分都是向兒子借來的錢。

我正打算警告她，但她早已習慣我的模式，立刻向我保證一切安全。

「別擔心，很多人都投資了。我們都和公司簽了約，零風險。」她又微笑重覆「零風險」這句口號，彷彿也在說服自己。

風險是馮大叔和傅大嬸這一代該從經驗中知道要避開的東西，但實際做到的人不多。他們的人生大多毀於毛澤東改造中國的高風險政經運動實驗。舊有政策結束後，他們大多卸下在鄉間的革命身分，重回大都會文明生活的懷抱，同時被迫面對突然改變的遊戲規則。革命結束了，資本主義成為新的生活方式，而他們最害怕的風險也一點一滴重返日常生活。

一九四九年共產黨執政後十年間，總共有一億五千六百萬人出生，這群人被稱為「失落的一代」。他們幾乎沒有童年可言，也少有穩定家族關係或像樣的教育，經歷的一切也無法養成足以面對新中國的技能。

此世代中傑出的一員接受央視訪問時表示：「過去談的理念非常抽象……但充滿激情，那是一種情緒。不過當文化大革命確定失敗後，一切都成了幻覺。」

當時是二〇〇三年，而這位接受訪問的人就是之後的主席習近平。在政權的一切紛擾塵埃落定後，他因為有親戚位居領導高層，有幸維持在特權團體中。

但其他同代人並沒有他得以爬上政治高層的好運，只求過上規律安穩的生活。他們最適合工作的年歲都奉獻給了黨（像是CK的父母被要求下鄉，王銘被送到勞改營，又或者像傅大孃和馮大叔被送到西部邊疆），同時因為親眼目睹親友受苦而死的慘況，他們學到的教訓之一就是「活下去」。因為經歷過這段政治動盪時期，他們的心靈都留下了無法抹滅的創傷，就像從戰場回來的士兵腦中揮之不去的夢魘。

就外表看來，我所認識的五十五至七十歲的中國人幾乎都像一般退休人士，但心底總有一抹強烈的憎恨之情。他們曾花費多年投身於無私的平等主義理想，因此對於今日中國蔓延的不平等景況顯得憤世嫉俗。他們同代中只要後來變得有權有勢的，通常就是最腐敗的那群人，之所以能有後來的地位，全是因為行使了一九六〇年代的那些紅衛兵伎倆：霸凌長官和告密舉發朋友。整體而言，這一代人都過得挫敗又貧窮，但並不害怕朗聲對抗不公。

我所逐漸熟識的「失落的一代」似乎總是埋頭猛衝，不尋求他人引導。他們幾乎錯過所有正規教育訓練，缺乏足以仿效的楷模，使得他們在各種行動上變得一意孤行，同時代表他們總處在鑄下大錯的風險當中。這點在馮大叔和傅大嬸身上表現無遺；麥琪里的陳里長和妻子謝小姐也一樣，他們以一種唐吉軻德式的精神面對腐敗的政府官員，希望恢復這一小塊中國土地上的正義，只為了繼續住在自己家中，從此過著幸福快樂的生活。

正如他們關係最好的那位同代人所說，這群人的年輕歲月就是一場幻覺。到了老年，他們其中許多人開始追尋一種不那麼天真的新幻覺。他們或許無法觸及身處的體制核心，但法律仍保障人民在世界其他地方的權利，也就是投資這些值得信任的公司、擁有房產，以及努力實踐使眾人平等的國家大夢。

這部廣告的開頭就是一連串數據：男性人口中四分之一有勃起障礙；半數女性有性冷感問題；三分之二的男性都有性病。這些數字閃過螢幕，後方是一名中年女性拿著衛生紙啜泣，一名男性則在陰暗家中鬱鬱寡歡。螢幕上的數據沒有停下來的意思：半數以上的婚姻都以離婚收尾；四對離婚夫妻中就有一對是因為性生活不協調。接著是一個煙囪林立的畫面，戴著口罩的人群在充滿霧霾的街上踽踽而行。旁白開始大聲說：中國逐漸惡化的環境與生活壓力正在摧毀你們的性生活。不過，傅大嬸下一個準備投資的單位表示可以解決這些問題。

傅大嬸在電話中堅持要我出席投資會議。看著她將退休金丟到蓋網和那間真菌公司之後，我覺得該嘗試保護她，所以跟著去了。我們在上海郊區一座因破產而廢棄的購物中心碰頭，空盪盪的店面前堆滿垃圾。三層樓高的中庭內，電扶梯停止運作，但電梯還能使用，所以我們搭電梯上頂樓。隨著電梯逐漸上升，我開始思考她到底又惹上什麼麻煩。電話中她只說這是一場健康產品相關的投資會議。「天大的好機會。」她語調誇張，但我很緊張。畢竟哪種公司會設在陰暗的廢棄購物中心裡？

「叮」的一聲電梯門打開，眼前是一條旁邊堆滿施工廢料的陰暗走廊。我們得利用手機的光線才能走到唯一有電力運作的空間：一個亮著燈門半開的辦公空間。

眼睛逐漸適應黑暗後，我才發現有一名肌肉發達的光頭男子正對著我伸出手：「我們的貴客。」他聲如洪鐘，用力與我握手。

「看看我帶了誰來？」傅大嬸用手肘碰碰那名男子說：「一名真正的美國記者。」

「外國來的客人，而且還能說中文。哇，阿姨，妳的人脈真廣。」男子一臉讚歎。

光頭男子姓薛，是四川退役的部隊直升機駕駛員，外觀就像美國廣告角色「乾淨先生」的中國版：光頭、粗壯的脖子，穿著緊身白T恤。他乍看是個冷靜沉穩之人，但才開口，我就注意到他的左臉頰每十秒就痙攣一陣，會使人聽他說話時分心。

他身後有七名老人分別坐在長木桌兩旁的黑皮椅上，全體面對前方一台平板電視。後方牆面則掛了一幅前主席胡錦濤的書法提字：誠實。

「這是我們在賣的商品。」乾淨先生抓了一個盒子塞進我手裡，之後又轉頭面對大家：「這是個很棒的產品，對男人和女人都有效，現在已經銷售於全世界四十個國家。」

他停下來轉頭面向我說：「包括美國。」

桌邊的人聽了都點點頭。我檢視盒子的包裝，上面的照片有名白種男性模特兒，胸口幾顆鈕子沒扣，看起來像年紀比較大的網球明星諾瓦克．喬科維奇（Novak Djokovic），頭髮稍微灰白，底下則用英文寫著「Personal Ecological Care」（個人生態保健）。另外還有一段英文產品描述：

CREATING POWERFUL DETOXIFYING, CONFIDENT LIFE（強力排毒，自信生活）
GET RIT OF TOXINS, BEAUTIFUL APPEARANCE（擺脫毒素，亮麗動人）

中文版的產品描述比較不那麼令人困惑：每盒內有三十組中藥貼片，只要固定在內褲內側，幾天內保證幫你排毒，拯救你的性生活。產品的中文名稱是「蓮滋養」，製造商是黃金時光國際公司（意譯）。

乾淨先生打開電視。

蓮滋養廣告的旁白語調平穩有力，充滿情緒張力。每個句子結尾聽起來都像即將到達高潮。在我十五年的廣播生涯中，從未聽過有旁白如此操控聽眾。他一開始彷若低吟：「蓮滋養貼片，充滿……三十種……不同的……**草藥！**」

「但其中最重要的，莫過於天然雪蓮……來自遙遠的山區……**新疆！**」那聲音宣稱。

傅大嬸興奮地用手肘碰碰我。她所熱愛的新疆第一次聽起來如此震懾人心。我環顧房內，其他老人的身子都坐得挺直，神色警覺卻又面帶微笑。

「天然雪蓮會使妳的子宮暖起來。」那語調聽起來有些情色。「也能幫助排除經血……促進子宮收縮。」

「至於男人……這藥能刺激……**性欲！**治癒性無能……並預防……**性病！**」

螢幕上有一隻手在蓮滋養的專利文件上蓋了「美國」的印記，然後溶接一群穿白色實驗袍的中國技術員興奮跳上跳下，相互擊掌的畫面。

廣告的最後一個畫面是一名女性高舉雙臂，頭往後仰，任由雨水浸濕全身，淨化全身毒素。「你的……性生活……自此……重生。」那聲音低沉有力地吐出最後一句。

「正是如此。」乾淨先生關掉電視，向大家宣布：「公司的總部設在新加坡，他們的國家總理與妻子也在使用這項產品。」

傅大嬸拿了一盒，取出一片貼片，拆開貼片包裝。包裝上寫著「天堂極樂」，而她拿出的貼片氣味介於萬金油與腐爛水果之間。

「你把這個放在內褲裡。你把底膠撕開，黏在褲底，就能碰到你的小兄弟。」她咯咯發笑著說。

整個房間的人都因為她使用的中式修辭笑了出來。

「我已經使用了好幾天，真的很有用。」傅大嬸宣布。

我頓了一下，想到傅大嬸和馮大叔每下愈況的關係，想到那兩台電視，想到他們幾乎毫無交集的生活，懷疑他們的性生活到底能如何改善。我打了個冷顫，決定不再想下去。

乾淨先生遞給我一個資料夾，裡頭有幾十張照片，在我看的時候大家也都圍了上來。第一張照片標示著「男子初次使用天堂極樂貼」，而貼片上有許多如同黑莓果醬的分泌物。

「哇！」傅大嬸在圍觀的人群中大叫出聲。

「這是什麼？」我指著那堆黑色果醬物提問。

「毒素分泌物。」乾淨先生從房間的另一頭對我朗聲道。

我感覺臉抽搐了一下。「所以這是從……」

「是的，是從他的小兄弟排出來的。」

大家又笑了。每個人輪流對著照片讚歎「天堂極樂」貼片的效果，但在我看來，那場景更像「地獄悲苦」。

中國人面對分泌物這類景象向來不會大驚小怪，地方新聞常直接播出大型交通意外中的恐怖扭曲屍身。有一次我到醫院看病，也在候診室看到一系列駭人照片：一名農夫試圖用鋼管刺穿自己頭骨，海報上還詳細描述優秀的醫療團隊如何治癒這名不幸的男子。

乾淨先生將照片傳回我手上，我又瞄了一眼。

「真是太可怕了。」我說。

「一點也不會痛，又涼又舒服，大概貼了十分鐘就會有感覺。」傅大嬸說。

我看了看散在桌上的其他照片。天堂極樂貼片上滿是棕色、黑色、黃色的分泌物。其中一張照片的貼片上沾了乾掉的經血，並聲稱這名使用者本來已經進入更年期，但感謝蓮滋養的功效，她又開始來經。

乾淨先生把手放在我的肩膀上，遞給我一盒天堂極樂貼片：「這給你。走廊底端有廁所，去把一片貼在內褲裡。」

我反射性地將雙腿交疊。「嗯……不用了，謝謝。」

乾淨先生的臉龐先是抽搐了一陣子，接著皺起眉頭。「我已經用了兩個月，非常舒服，不會有感覺。」

我搖頭。

「會促進你的性欲。」乾淨先生微笑向我保證。「你是記者，對吧？得試用過才能藉由親身經歷寫出報導。」

「我報導的是中國經濟，不是性愛健康貼片。」我堅定地說。

乾淨先生的妻子開口：「那你或許可以報導我丈夫的另一間公司，他是一間直升機公司的總裁。十年內大家就會搭乘直升機到處移動，這可能性成真的機率有百分之八十。」她信心滿滿地說。

乾淨先生點點頭。我眼神掃過去，想像他生活的模樣：今天還在招募人替他賣內褲貼片，明天又改賣直升機公司的股份給其他可憐的傢伙。

我看著坐在桌邊的其他人，都和傅大嬸一樣是退休人士，成天就是在參與這類投資會議、彼此交換機密、為自己最喜歡的投資商品站台、彼此遊說投資，並交換各種棒到簡直虛幻的投資提案。有時候他們是獵物，有時候他們是獵人，他們不停向彼此進行買賣，不停在各種身分間轉換，直到獵人與獵物最後連成一個頭尾循環的生態系，複雜到不知道自己究竟屬於哪一邊，只知道大家全都深陷其中，成了一座人堆金字塔，而將他們彼此相連的就是：關係。

我拿起一盒天堂極樂貼問乾淨先生：「所以這一盒多少錢？」

「三百九十八元人民幣一盒，裡面有二十片。」他回答。

我計算一下，這個價位相當於七十五美元，也就是一片要價四美元。馮大叔要賣一百五十份蔥油餅才買得起一盒。

「似乎有點貴。」我說。

「很划算的價格。而且如果你賣這個，可以賺很多錢，人們只要用過就會一直回購。」

乾淨先生一臉嚴肅。

我看著桌上的照片，這項產品會讓人不停排出使內褲像髒尿布的分泌物，誰會想要回購這種東西？

乾淨先生感受到我的懷疑，臉部又抽搐起來。「只要你停止使用貼布，就會覺得很不舒服。」他講這句話時又抽搐地眨了一下眼睛。「不知不覺就離不開這些貼布了，所以大家一定會回購。」

他拿起一支黑色麥克筆，開始在電視旁的白板上寫下幾項數據。會員花費四千元人民幣（大約七百美元）就能得到十五盒貼布，賣掉之後，第二批貼布我可以抽成一半。等到抽成開始，我每賣一盒天堂極樂貼布就能賺到兩百元人民幣。

傅大嬸進一步為我計算：「百分之四十五的利潤。」

乾淨先生點點頭：「就是這麼簡單。」

「如果我找別人一起來賣呢？」我配合他們繼續問下去。

乾淨先生的臉興奮地抽動了一下。「以你的人脈一定沒問題的。」

他又在白板上寫下更多數字。「如果找別人來幫忙一起賣，你能賺到『第一代收入』，也就是朋友利潤的百分之二十五。假設他又找到其他人來幫忙賣，你就能賺到『第二代收入』，也就是那些人利潤的百分之十五。第三代依此類推，到了第十代會來到百分之九點五。過來這裡，我進一步解釋給你聽。」

乾淨先生熱切地在白板上畫滿小點，然後看著我們：「看到這些點了嗎？」

我們點頭。

「現在看我怎麼做。」他說。

他轉身用筆把那些點連接起來，白板上現在滿是三角形，他的臉此時抽搐得更厲害了。

他又把所有三角形連接起來，氣喘吁吁地轉向我們。此時白板上的圖像清晰可辨。

「這個——是一個金字塔。」乾淨先生說。

我望向傅大嬸，她也微笑回望，一邊還示意我看白板。

乾淨先生用麥克筆指著我，繼續講：「我問你，你是寧願我一個月後一次給你一百萬元人民幣，還是在一個月的第一天給你一元人民幣，之後每天給你前一天乘以二的金額？你會怎麼選？」

我裝傻：「我應該會想要一百萬。」

傅大嬸無法克制地冒出冷哼的笑聲。

乾淨先生也笑了：「好，你選一百萬，我選一元。我們來看看誰的選擇才正確。第一天我拿到一元，第二天二元，第三天四元，第四天八元……」

乾淨先生手勁激烈地在白板上寫下一個個數字，房內所有人也跟著他誦唸。「然後是四千零九十六，然後是八千一百九十二，然後是一萬六千三百九十四，然後是三萬兩千七百六十八！」

寫到了第二十五天，乾淨先生再度帶領大家齊聲唸出數字，傅大嬸也興奮地拍打膝蓋。

「你看，已經超過二億了，到了第三十天已經超過五億了。哇，但你……」乾淨先生停下來，深吸了一口氣：「卻只拿到一百萬。你瞧？我們的銷售系統正是如此運作。」

這是個計算縝密的乘法遊戲，但真正的銷售情況絕非如此，更何況他們販賣的產品還是訂價過高的藥用保健貼片。

「你招募了多少人？」我問乾淨先生。

他的臉稍微抽搐了一下，一副在權衡答案的模樣。「五、六個人。」

「你賣這些貼片多久了？」我又問。

「三個月。」他回答。

傅大嬸拍拍我的膝蓋說：「他一個來自溫州的朋友招募他來上海賣貼片。」

果然是來自溫州的人脈，我不禁心想。「你目前賺了多少錢？」我問乾淨先生。

「我才剛開始。」乾淨先生努力擠出一抹笑容：「此外，我還在準備我的直升機事業，所以主要都在忙那邊的業務。」

房內一名老太太向我走過來，年紀大約八十多歲。廣告開始前，她曾告訴我她靠這類投資賺進不少錢，甚至足以送孫女到澳洲讀大學。她發現我們的對話內容已經離題，伸手搭上我的肩膀說：「哎呀，你們記者賺的錢不多，對吧？實在不多。生意人才有辦法賺大錢，賣貼片可以幫助你賺些外快。」

傅大嬸點頭。「他們會給你試用盒和朋友分享，喜歡的話還可以再回來多拿一些。」

「也可以把這項產品帶回美國呀。」老太太鼓勵我。

「但我以為這項產品已經在美國銷售了？」

「她只是請你也幫忙在那推廣罷了。」傅大嬸立刻出來圓場。

乾淨先生此時加入話題：「我們可以幫你聯絡公司，討論怎麼將產品銷往美國市場。」

老太太摸摸我的手說：「這是個好機會。」然後拍拍我的手臂又說：「我們都是老實人，絕對不會騙人。」

我在一個中國搜尋引擎打入「遼寧鼎旭」，也就是傅大嬸投注大筆退休金的真菌培養公司，出現的第一個新聞標題就是「一百五十七名寧波長者投資夢碎，一千兩百多萬養老錢打水漂。」在二〇一四年五月十五日《東南商報》的一篇報導開頭指出：「超過百名寧波長者疑似在龐式詐騙中受害。」

文章指出遼寧鼎旭從全中國各地吸收資金，目標鎖定七、八十歲以上的長者。寧波位於上海南方，距離只有兩小時車程。說不定正是同一群犯案者帶傅大嬸搭飛機去看真菌園，還從她身上詐取了一萬五千元人民幣。

遼寧鼎旭的總裁和另外兩名人員都在公司的寧波辦公室被逮捕，因為詐騙一百五十七名長者而遭到起訴，其中有些長者是將所有退休金都投入其中。嫌犯說服這些老人相信，只要公司在那斯達克證券交易所上市，他們的投資每年都能回收百分之十五。

許多文章都指出這間公司瀕臨破產邊緣。《遼寧晚間新聞》報導也發現，那些傅大嬸曾參觀過的真菌溫室只是幌子，裡頭的作物是向公司租用溫室的農夫所栽種。

根據寧波的報導文章指出，那些失去退休金的長者拒絕相信自己被騙。文章表示：「儘管案件已經進行到判刑階段，許多投資者仍想與被告討論在美國上市一事。」

審理法官對此感到無比震驚。就在判刑之前，他看了這些聚集在法庭內的受騙投資者最後一眼，無法置信地問：「你們還相信這間公司會上市？」

接著他坐在法官席上說出了一句中國的成語：「哭笑不得。」

我們無法知道有多人中國人因為投資詐騙而受害，畢竟政府沒有相關紀錄。傅大嬸買下股份的兩間公司——蓋網和遼寧鼎旭，都保證會在西方頗有名聲的證券交易所上市。而在此同時，中國確實有許多公司在那斯達克、紐約、倫敦證券交易所上市，相關報導更是鋪天蓋地在各處放送。

不過針對蓮滋養這類金字塔型詐騙，中國政府的經驗稍微多一些。二〇一四年，國家工商行政管理總局允許四十九間公司合法進行直銷行為，也就是說，只要公司與參與的老百姓遵循中國法律，就可以透過個體銷售員販賣產品，而不需要透過固定的零售點。這四十九間公司也包括外商安麗、雅芳、賀寶芙。毫不令人意外的，蓮滋養沒有在這批合法名單中，因此行為違法。不過名單上的公司也不代表沒有問題，其中有好幾間公司也涉嫌金字塔詐騙中常用的招募與洗腦手段。

中國一位研究金字塔詐騙的學者表示，中國共產黨之所以嚴密監控這些直銷產業，理由非常充分。「這些草根團體的成長模式與共產黨早期發跡的狂熱景觀類似，呼應了傳統上在中國鄉間興盛的門派與邪教現象，共產黨之前也是從鄉下找到他們最熱切的支持者。」

我也是因此擔心傅大嬸。她成長於四川山區，沒有受過完整教育，之前就曾被共產黨招募到新疆沙漠務農。然後她隨著丈夫橫越幾乎整個中國到上海闖蕩，此地財富橫溢，唯有她的口袋空空。

她就和她同世代的許多人一樣，不知道該如何在這個新中國賺錢，只能仰賴她在毛澤東時代所熟悉的事物：讓一名滿面微笑的招募人員向她保證幸福富裕的未來。一九六〇年代，一名純真的鄉村女孩成為共產黨的理想洗腦對象，而在二十一世紀的上海，這名未受教育又不懂網路的年長婦女更是詐騙集團的完美目標。

傅大嬸及馮大叔功能導向的住房內沒有任何裝飾，只有床頭牆面貼了張文藝復興時期畫作的海報。其中長了翅膀的男子應該是羅馬神話的農神薩杜恩（Saturn），他一隻手抓著一名裸女，準備要帶著她飛離；另一隻手則握著鐮刀戳刺地上一名痛苦不堪的男子。

「你們為什麼要把這幅畫貼在牆上？」我問兩人。

因為查到遼寧鼎旭的詐騙新聞，所以我打算來此與傅大嬸好好談一談她的投資計畫，但在家的只有馮大叔。等傅大嬸終於出現時，兩人又開始吵嘴，我只好靠這個話題引開兩人的注意力。

「那是德國的畫，是一幅描述歷史的古畫，談的是封建社會。」馮大叔說。

我不知道他是如何做出這個結論，或許是因為男子手中那把鐮刀，又或者是因為背景的田園景觀。傅大嬸也不相信他的說法。

「歷史？你懂什麼歷史？他們甚至衣衫不整，這怎麼叫歷史？你講的話就跟毛主席沒兩樣。封建社會，階級鬥爭，哎呀。」

「妳什麼都不懂，胡說八道。」馮大叔反擊。

「毛澤東這人邪惡又冷酷。」傅大嬸對丈夫說。

「妳不能說他邪惡。」他偷瞄了我一眼：「他只是選擇了一條不同的路線。」

「他殺死我父親。還殺了我叔叔，他只不過是從國民黨的學校畢業而已。他們都是無辜的人。現在我只剩下一個半死不活的叔叔。」傅大嬸說。

「那妳怎麼不去拜訪他呢？順便把妳投資賺的錢跟他分享呀。」馮大叔吼道。

「等官司打完就去。」她說。

「妳那愚蠢的官司！」馮大叔大吼。「妳到底有什麼毛病，竟然真的提告。如果不是有我，妳現在一定更窮，還在新疆受苦。」

傅大嬸尖聲道：「新疆的空氣比較好。食物安全，物價也比較低，冬暖夏涼。你還能在哪裡找到這樣一個像天堂的地方？」她問。

「那妳回去呀。」馮大叔繼續吼。

你等著瞧吧，老頭子，我暗暗心想，**她總有一天會回去的**。對於傅大嬸而言，新疆代表她人生中簡單純樸的快樂時光。她在新疆時不用住在寒冷陰暗的雜物間，也沒有負債。當時丈夫沒在外面養情婦，她的內心也尚未充滿貪婪與復仇的欲望。

傅大嬸指著背對她的馮大叔：「你要我走，這樣你就可以背著我幹壞事。」

她轉頭對我說：「我們留在上海完全是為了孩子。這裡的教育系統比較好，但其他一切都是新疆比較棒。」

「噢，原來是為了孩子呀。」馮大叔語帶譏諷。「妳給了孩子多少錢？妳為他們買了房子嗎？沒有。只有我在幫忙他們，妳的所有錢都被騙光了。妳買了一堆健康食品和其他垃圾，現在還花錢打官司？全是狗屁。」

我起身，想以我所知最有禮的方式悄悄離開。

「我真的得走了。」我舌頭有點打結，低頭盯著手機。傅大嬸的臉因為怒氣而脹紅，對於我說要走完全充耳不聞，只是伸手抓住我的手臂。「記得我向你說的，他逼我回上海生孩子，記得嗎？」

我記得。我們見面第一天，她就說了這個故事，當時我們正在參加一間地下教堂的禮拜，身邊的其餘信眾還在唱聖歌。她離開新疆到丈夫家鄉生產的故事令我驚訝，因為《聖經》中瑪麗亞與約瑟夫當初就是為了應付羅馬人口普查回到伯利恆生產。傅大嬸雖然不是在馬廄生產，但也是在沙漠上的一台巴士歷經陣痛，最後在一間破落的小診所生下孩子。之後她深受併發症困擾，一名醫生介紹她認識了上帝。

「是，我記得。」我回答。

傅大嬸用手抹抹眼睛，深吸一口氣。「那個兒子後來死了。」她說。

馮大叔把眼神從電視上移開，怒瞪妻子一眼。

她指著丈夫：「**他的**媽媽把我們的兒子帶回安徽。某天他就在河裡淹死了。那年是一九九〇年，我兒子是上海醫學院的學生，剛滿十八歲。但他媽媽把他帶回安徽，然後就死在河裡，就這樣死了。」

我只好再次坐下，準備好迎接下一波爭吵襲來，但兩人都陷入沉默，只有馮大叔在看的醫藥節目傳出醫生的聲音，充滿整個寒冷陰暗的房間。

漫長的三分鐘過去，傅大嬸從櫥櫃裡拿了一袋果乾出來，打開遞到我面前。「來點杏桃乾吧。」她的臉上浮現一抹溫和的微笑。

我看了馮大叔一眼，他無精打采地盯著電視，沒再說任何話。

第十二章

農村婚禮

——長樂路一〇九號

自從趙希林成年，每次往返上海長樂路花店與山東老家之間都得花上十三小時。然後在二〇一一年七月一日，高速鐵路出現了。本來你得在搖晃顛簸的臥鋪巴士上度過的緩慢旅程，現在搭乘時速超過三百公里的子彈列車滑過珠江三角洲的田野只需花三小時，而且從餐車端著拿鐵走到舒適的靠窗座位，真的是一滴咖啡都不會潑濺出來。

我啜了一口拿鐵，望向窗外的中國農村。不過車速太快，讓人無法將眼神停留在任何事物超過兩秒。在中國建造高速鐵路之前，火車之旅很適合思考，我常會看著窗外正在工作的人們，偶爾他們也會注意到火車上有名外國人，於是也在火車緩慢經過時微笑向我揮手。我會把頭伸出窗外，深吸一口農村空氣，也向他們揮手致意。我會想到他們在太陽下山前還需要做的農活，想到他們正在農村學校讀書的孩子，然後想像他們在此地的生活樣貌。然而搭乘高速鐵路無法思考這些，你再也無法跟這些村民呼吸同樣的空氣；也無法再從橋上仔細觀察河谷的模樣。現在在中國搭火車，時間都花在小螢幕上看電影，或者用手機看電子郵件。如果實在無聊到必須望向窗外，可能才剛定神看一名農夫鋤田，下一秒那身影就已經消失。彷彿他與正在耕種的田地都不存在。

當時是五月的五天連假，我在棗莊高鐵站下車，走上一台故障的電扶梯爬到了一樓，趙小姐和她的小兒子就在那兒等我。此後我就再也碰不到我的行李箱了。「給我，拿過來。」小陽把箱子從我手中搶過後丟上計程車。

我幾乎認不出趙小姐了。二十年前她穿工廠的藍色連身工作服回鄉，現在穿著一件時髦的正式花洋裝，鬈髮垂在光裸的肩膀上，臉也上了睫毛膏和脣膏，另外還戴上珠寶與遮陽帽。

趙小姐盛裝打扮都是為了婚禮，但不是我前去參加的那一場。她的姪子隔天要結婚，不過她的任務是要在此行為大兒子說定與一名當地女孩的婚事。在這片土地上，大家總是漂流外地討生活，家族成員散落各處，因此，家鄉婚禮不再只是新娘與新郎的大事，還是討論家族事務、締結姻緣、計畫未來的重要場合。

「你竟然真的來了。」趙小姐興奮大叫，拍我的手臂。「我向姪子說你要來參加婚禮，他好興奮。我們這裡只能在電視上看到外國人。」

棗莊看起來一片空曠，空氣霧濛濛，天際線布滿一台台起重機。中國有些城市因為地方美食備受稱頌，有些因為文化古蹟而聞名，棗莊的名聲卻來自好鬥。中國這區的土地平坦，被稱為魚米之鄉，但這片肥沃的土壤卻容易遇上旱災。微山湖提供當地水源，位於一千五百年前建造的古代大運河中段。這座湖處於山東、安徽、江蘇的交界處，影響數千萬人民的生計。旱季的時候，棗莊的男人常因為水源與鄰近省民起衝突，過去六十年來，按記載已經發生超過四百次因微山湖而起的跨界鬥毆，至少有數百位當地居民因此受傷或死亡。

棗莊的男人不只因為微山湖拋灑熱血。一九三〇年代末期日本人入侵，當地出現一支由鄰近農民與煤礦工人組成的游擊隊，他們對入侵者發動攻擊，殺掉不少敵軍，接手掌控他們的火車後取得不少彈藥，並因此成為民族英雄。

這座城市擁有染血的歷史。隨著我愈是深入了解棗莊的過往，就愈明白趙小姐描述家鄉無法無天的行徑絕非誇口胡言。棗莊的男人真的隨時準備來上一戰。

趙小姐希望大陽可以在此定居謀生。為了他即將組成的家庭，她已經在一棟叫人民和諧公園大樓的二十一層替他買了一套公寓。那是當地最高的大樓之一，鄰近棗莊最大的旅遊景點：鐵道游擊隊紀念公園。「就在這裡。」趙小姐把手伸出計程車敞開的車窗，指著一棟貌似城堡的建築物。「公寓現在租給別人，但之後就是要給大陽。」

現在唯一欠缺的就是一名妻子了。趙小姐把手收回來，重新陷入計程車的副駕駛座，帽子擱在腿上，閉上眼睛，深深嘆了一口氣，任由春天溫暖的風吹拂她的髮絲。她已經為了這個週末準備超過一年。自從大陽高中輟學回花店幫忙，趙小姐就覺得有責任為他規劃好人生道路。現在該是為他找老婆的時候了，而這是她最接近成功的一次。大陽和那女孩已在微信上成為朋友，直到這個週末之前每天都聊天。

「他們今天中午一起用餐，她長得挺美。」趙小姐的眼睛還閉著。

直到今天，趙小姐都只看過她的微信照片，上面半張臉被凱蒂貓的口罩蓋住。

「他正在拜訪她的父母和親戚，他們似乎對大陽作美髮師不大滿意。這職業在這裡不大受歡迎，大家覺得薪水不高。」她的語氣聽起來有點憂心。

這說法當然沒錯，但他們的女兒賺的也不多。她負責管理一間雜貨店的倉庫，每個月的薪水大約一百五十美元，也沒打算離開家鄉追求更高的收入。兩人結婚後，大陽會被迫回家鄉找工作，選擇也會因此受限。他的資質很高，但畢竟只讀到高中，後來又只有高爾夫球場和美髮師的經驗，而棗莊的工作機會幾乎都在煤礦場、麥田、工地，都是大陽不願接受的體力活。趙小姐擔心對方父母的看法，但希望人民和諧公園大樓的公寓能為兒子增加談判的籌碼。「我們村裡有個說法，抓鳥前得買鳥籠。」趙小姐對我說。

趙小姐還有另一個鳥籠。在城鎮郊區綠油油的麥田與玉米田中，有一棟藍白磁磚交錯的高樓，而她在十七層樓擁有一間寬敞公寓。我們抵達公寓時，趙小姐小兒子的妻子張敏已經從鳥籠飛出去，幫助命運乖舛的大哥找到凱蒂貓女孩的家人。原來他迷路找不到對方家，緊急打了電話求救。「哎呀，他連追女孩都會迷路。」趙小姐聽了之後忍不住哀嘆起來。

這間公寓原來是座水泥空屋。趙小姐為小陽與張敏買了這間公寓，但兩人結婚後赴上海工作，又旋即生了一個兒子，所以始終沒時間裝潢。等到之後兩人在上海賺夠錢，就能帶著兒子碩碩回來定居，公寓內的第三個房間則屬於將來退休後的趙小姐。

小陽抱起兩歲的碩碩帶我參觀公寓，這裡的空間大約三十坪，以中國人的標準來說算大，有三間臥房。從客廳窗戶可以俯視底下附籃球場的巨大中庭，另外還有一條充滿卵石的人工小溪。有些青少年正在投籃，還有些小男孩正在接引消防栓漏出的水，製造屬於他們的迷你河流。「我可以想像碩碩在底下玩耍的模樣。」小陽在陽光中露出微笑。

每次我在趙小姐的店裡看到小陽，他總是剛下工或準備上工，永遠一副壓力很大的沮喪模樣。但在棗莊抱著年幼的兒子時，他看起來放鬆、樂觀、幸福。這裡才是他的家。

反之，他的哥哥大陽回來時還需要人替他導覽家鄉，就連見完未來岳父母與張敏一起回來時，都還是一臉迷失。他只稍微往我這瞄了一眼，喃喃地說了聲「你好」，之後便垂頭喪氣地盯著地面。為了今天這個場合，他穿了花襯衫及精心破口的黑色牛仔褲。

「情況如何？」我問。

「我不知道。我們應該要共進午餐，但沒有。共進午餐本來代表她的父母接受我成為一家人，但我們只是坐在那邊閒扯。現在我只能靜候通知。」他聽起來很絕望。

凱蒂貓女孩的父親剛動過手術，所以大陽帶了祝福他早日康復的禮物：一個水果籃。趙小姐認為這是一個有禮又孝順的表現，但女孩家人覺得他在這場農村姻緣的試探遊戲中太顯躁進。由她父母的表現看來，似乎認定收下水果籃就得接受這名滑頭的城市人成為未來女婿，而趙小姐和大陽純粹只是出於禮節。這是一場城鄉文化認知差異造就的誤會。對農村人而言，禮物不可能只是禮物，是需要償還的債務。當趙小姐努力思考下一步該如何時，我則在思考她和兒子與家鄉習俗脫節的問題。

趙小姐抬頭問大陽：「她現在人在哪裡？」

「在雜貨店工作。」他說完還嘆了口氣。

趙小姐站著沒動，眼神看向一旁沉思。他們只剩一天可以談定這場婚約，大陽眼中看到的只有一片無望的黑暗，趙小姐卻看到了機會。

十分鐘後，趙小姐一家人都來到了雜貨店門外，要求和女孩說話。大陽和母親直奔雜貨店後方的倉庫門口，我們其他人則退到半個街區以外，試著低調。不過在遠離大城市的地方出現一名外國人畢竟還是惹人注目。「老外！」有人大喊，然後更多人跟著跑來湊熱鬧。

大陽在趙小姐點頭後敲門，接著趙小姐離開他來與我們會合。她能做的都做了，接下來兒子得靠自己了。

開始有更多人盯著我看，有些好事者甚至停車觀望，其中一人還按了喇叭。大陽驚恐地回過頭朝我這看了一眼，他的求偶行動幾乎要成為一場鬧劇。

倉庫的門打開，女孩走了出來。

比起棗莊人，凱蒂貓女孩其實更像上海人，她嬌小而貌美。但仍然擁有當地女孩的脾氣，在看到大陽出現時顯然接近暴怒邊緣。「你為什麼跑來打擾我上班？」她揮舞雙臂尖聲道。

我們想看清楚一點，只好繞過一旁的好事者。趙小姐走在最前面，手裡牽著含著棒棒糖的碩碩。

凱蒂貓女孩終於轉頭發現我們。「咦？這些人是誰？」她甩臂指向我們大吼。

這下圍觀群眾有另一場好戲看了：就在棗莊大街上，一場肥皂劇就此上演。有那麼一瞬間，現場因為焦點轉移而安靜下來，只剩下碩碩用力吸吮棒棒糖的響亮口水聲。大陽被現場狀況震驚得呆住了，完全不知該做何反應。凱蒂貓女孩勃然大怒：「到底發生了什麼事？」

她怒氣衝天地扯開喉嚨：「現在是怎樣？你根本是在找我麻煩。」

大陽突然知道該說什麼了，他結結巴巴地表示只是想邀請她去參加表弟的婚禮，但凱蒂貓女孩這下吼得更大聲了。

明明是自己搞出來的場面，趙小姐卻搖搖頭說：「大陽真是沒用。」她又壓低聲音說：「在這裡娶老婆根本不難，就他搞不定，有夠沒用。」

吼叫聲仍持續著。圍觀群眾緩緩聚集在兩人身邊，興致勃勃地想看人吵架。這似乎讓凱蒂貓女孩更起勁，吼得也更大聲。大陽只能緊張地瞄向身邊的群眾，雙手插入口袋，窘迫異常。

「這裡的女孩更喜歡那些會把錢花在酒、賭博、妓女身上的流氓。」趙小姐望著兒子從嘴角小聲擠出這些話。「大陽人太好了，太天真、太老實。簡直沒用。」他母親語帶同情。

女孩當著大陽的面把門甩上。他盯著那道門幾秒鐘，思考著是否該再次敲門，但畢竟生性就不是窮追不捨的人。群眾發現肥皂劇突然收場，只能失望地逐漸散去。大陽轉身走向我們，頭簡直要垂到胸口。「她不會來。」他囁嚅地說出這顯而易見的事實。

坐上計程車之前，大陽看著關上的倉庫大門最後一眼。再見了，凱蒂貓女孩。

他和我一起坐在後座，姿態萎靡，然後我們驅車前往婚禮所在地：一個叫塘湖的村莊。坐在前座的趙小姐靜靜盯著窗外。

她的手機響了，來電的是凱蒂貓女孩。「喂？啊，我了解。好，請別生氣……放輕鬆。

他告訴我妳父親病了，我說應該去探望，無論你們會不會結婚……」

然後是一陣漫長的沉默。趙小姐將電話換到另一耳，凱蒂貓女孩聽起來更生氣了。

「對、對，沒關係，不用覺得丟臉。」趙小姐透過電話安撫女孩。「我們之所以在外面等，是因為有個來自美國的朋友想見妳……對……我知道妳的老闆也在……我知道……大陽真的很喜歡妳。我看得出來。」

我望向大陽，他意志消沉地看著窗外。景觀此時已經從城市變成鄉村，我們的車子超越了一台驢車。

趙小姐在電話中瞄了兒子一眼。「可能妳不喜歡他。而且他在南方長大，所以不知道該麼和北方女生相處。但我知道他喜歡妳。是我不好，沒有好好教育他……」

大陽的表情從沮喪轉變為惱怒。除了訊息往來，他只見過這女孩兩次，根本就和她不熟。一切都是她母親一頭熱。但他仍因為剛剛公開出醜而生氣，所以趙小姐才掛上電話，他就坐直身體開口問：「她怎麼說？」

「她說老闆都在，所以不能離開，講得一副你會像原始人去把她拖出來一樣。」趙小姐也怒起來：「哎呀，這裡的人真是的。他們的想法……有夠封建。」

類似趙小姐的城市移民在形容農村生活的舊習時，我常聽見他們使用「封建」一詞。

「我怎麼可能把她拖走，根本連碰都沒碰她。」大陽反應很激烈。

趙小姐轉頭看他：「她覺得，因為你跑到門口問她能不能一起離開，讓她在老闆面前很丟臉。」

「太封建了。」司機也跟著爆笑出聲。

這名平頭司機身形健壯，戴一副飛官太陽眼鏡，似乎很想加入話題。大陽透過後照鏡對上司機的眼神問道：「在上海，有人喜歡你不都是好事嗎？追女孩不是很正常的事嗎？但在我們老家這邊，追個女孩複雜又痛苦。真是搞不懂這個地方。」

「是儒家思想的問題。」司機中氣十足，轉頭對車內的外國人解釋：「孔子老家就在這條路走到底。」

這名聖賢發跡於曲阜，距離此地一小時車程，而附近居民（也就是城市人認為封建的這批人）仍然遵照儒家傳統生活。

趙小姐和司機在前座討論起大陽的困境。

癱坐在後座的大陽愈想愈氣。他怒道：「她跟頭牛一樣固執。我去見她母親，但她也不讓我知道究竟有沒有被接納，只是又帶我去見她父親。所以我買了份禮物，就是表示禮貌而已，但她又因為我這樣做而生氣。」

「你完全沒做錯。」司機立刻果決地說。

「我是說，我到底是跟誰結婚？她還是她爸？」大陽氣呼呼地問。

「哈哈哈，你真是一針見血。」司機聲如洪鐘，還大力拍一下儀表板。

這是你在中國能取得最接近心理諮商的療程了。上海司機通常對後座乘客喋喋不休，吐的苦水置之不理，但鄉下的司機可不同。他們不只擁有這台車，還想主導車內的對話。就算乘客講的是極為私密的事情，他們也會以一副利害關己的模樣投入其中，幫腔解釋令人困惑的儒家思想。

司機透過後照鏡看著大陽：「聽著，你媽說你在杭州工作，是嗎？你已經看過世界，還交了個外國朋友，這女孩不過是個土包子，一個月在超市賺個一千元人民幣。你有什麼好在意的？」

大陽認真想了片刻。「全國的房價都在上漲，娶妻的聘金也是。」他說。

「對，但你在鎮上已經有地方住了，是吧？根據你的狀況，很快就能找到對象了。如果我是女孩，你到我上班的地方來找我，我還會覺得受寵若驚呢。」

司機把車停在一條塵土飛揚的主要幹道邊，兩側都是破舊的店家。店家後方是一整片綠油油的麥田。「我今天本來打算收工了，但看到你們身旁有個外國人。我已經快五十歲了，還沒見過一個外國人。」然後他指著大陽：「而你，年輕人，什麼都不用擔心，你一定會找到更好的女孩。」

趙小姐拿出五十元紙鈔給司機。車資要付，諮商療程倒是免費。

如果大陽在棗莊長大，可能早就已經找到那位「更好的女孩」了。他的表弟就找到了。「他們是在讀研究所時認識的。」當我們看著新娘新郎的浪漫照片不停在大螢幕上淡出淡入時，大陽這麼告訴我。

我們坐在一棟兩層水泥農舍的中庭裡，身邊許多工人忙進忙出，為明天的結婚典禮搭建舞台，後方則有許多正在為晚宴切肉切菜的婦女，刀子起落聲如機關槍。一籃籃的活魚和鱉占滿中庭。房外的走道邊搭滿一整排帆布篷帳，一路延伸到遠方的麥田，附近鄰居正幫忙把數十張桌子擺開於篷內。村裡所有人幾乎都跑來大陽表弟的婚禮幫忙。

一張新人深情凝視彼此的照片出現在螢幕上。新郎抬頭看著身材高䠷的新娘。他的臉龐圓潤，雙眼細小，還有中國人口中的大蒜鼻，鼻孔像蒜瓣般往外擴張。新娘身材細瘦，灑滿雀斑的臉龐有稜有角。照片中他們一起站在石灘上，身後就是大海。

「那是哪裡？」我問大陽。

「青島。新娘是青島人。」

青島是山東對面一個風光明媚的港都，這對新人在那裡的研究所相識。

隨著相片一張張掃過去，我不禁思考大陽與他的表弟行走的道路如此不同。他的表弟在家鄉長大，努力讀書，最後考上位於理想城市的知名大學就讀，後來進入一間不錯的研究所，並在那裡遇見一名都會女孩。他在一間製藥公司擔任工程師，她則是外商宜家家居的經理，而現在他們都在這裡，準備步入幸福快樂的生活。如果趙小姐沒有跑去上海，大陽可能也會走上類似道路，畢竟他的才智與行動力都不差。但現在的他不過是個移民外地的美髮師，剛被家鄉一名捉摸不定的女孩判定出局。

等我們抵達目的地時，全村人都知道大陽剛剛的潰敗。在山東鄉下的玉米田與麥田間，消息傳得特別快。

「是哪一家的女孩？你傳過照片給我看的那個漂亮女孩嗎，戴凱蒂貓口罩那個？」一位表哥臉帶訕笑地開口問。

大陽點頭。

「我覺得問題在於你沒有做出任何喜歡她的表示，你就是不夠浪漫。」他開始說教。

大陽嘆氣。「有時候我會開玩笑，說男女之間的愛情只夠拿來生孩子，真愛只存在於男人之間。」

如果在西方，這類評論一定會讓人懷疑他的性向，但在這片土地上，討老婆的過程總是充滿挫敗，更強化了男人之間的情誼，出現這種說法也不奇怪。

一名矮胖粗曠的中年人站到這對表兄弟身旁，他是大陽的父親。在趙小姐的白血病進入緩解期之後，只有這名「山裡來的」男子願意與她結婚。他在本地擔任礦工，總是毆打妻子，最後趙小姐逃去大城市，只有假期和婚喪喜慶時才會回來。他是擁有一雙大手的靜默男子，臉上同樣長了蒜頭鼻，身高比趙小姐矮上將近十公分，抬眼看人時有瞇眼的習慣，總是一副很困惑的樣子。為了週末這場婚禮，趙小姐特地為他打點了海軍藍上衣、藍格子襯衫、卡其褲。穿上這身行頭的老礦工不大自在，彷彿急於擺脫上教堂衣著的小男孩。

我和他握手。「看吧？我就說他很醜。」趙小姐大聲說，還飆出響亮笑聲，但丈夫沒理她，只是回握我的手，同時困惑著妻子為何會在那個遙遠的「海上城市」認識一位外國人。

我們站在中庭有遮蔭的地方。趙小姐的先生和一群男人圍著桌子，望著一名戴眼鏡、穿著中山裝的男人仔細地在一本紅色的禮金簿上登記。他們都是新郎的親戚或鄰人，每個人長繭的手上都握有塞滿現金的紅包。

排在最前頭的男人將紅包交給抄寫員身旁的西裝男子，他是當地會計，也是唯一一位雙手乾淨的人。會計師打開紅包，大聲地把裡面的數字算出來，「一百、兩百、三百……」其他人則擠向前看。等他算完，抄寫員就從一大疊紅色喜帖中取出一張，寫入禮金捐獻者的姓名，並以此邀請對方參加隔天的婚禮。

所有人早已習慣這項習俗。他們知道如何權衡不同因素後，給出恰當金額的紅包。這些因素包括：你是這個家族的一分子嗎？你之後想成為這個家族的一分子嗎？如果你和這家人有生意來往，上次兒子婚禮時他們包多少？你欠這家人任何人情嗎？這簡直就像由中國農民演出的《教父》電影開場，不過這裡是農村，人與人之間沒有祕密可言，所有人都可以根據記帳本知道其他人包了多少，有些人甚至在自己遞出紅包前才查看。

了解出席鄉下婚禮的所有訣竅，似乎是件頗令人緊繃的事。如果你有意見，不如遵從剛剛那位計程車司機的指示，直接去找那位建立中國文化傳統的教父理論，畢竟只需要沿著這條路一直走，就會抵達他的家鄉。

隔天早上，我被一陣刺耳的伸縮喇叭聲響吵醒。我的身體瞬間從床上自動彈起，大腦努力在一陣陣頭痛中搞清楚自己身在何方？現在幾點？為什麼窗外有伸縮喇叭在演奏耶誕歌曲《鈴兒響叮噹》？

我跌跌撞撞地下床走向窗邊，拉開窗簾，看見底下有六名穿亮紅西裝的老男人弓身在演奏樂器：一個吹伸縮喇叭、一個敲大型低音鼓、一個打小鼓，另外三個人則找間隙隨興胡亂敲著銅鈸。天色清朗，陽光普照。我坐回床邊，腦中努力搜索有關昨晚的回憶，同時窗外噪音仍持續湧入房內……（啊衝破大風雪，我們坐在雪橇上）……我顯然是喝醉了，衣服都是菸味……（快奔馳過田野，我們歡笑又歌唱）……我注意到擺在床邊桌的筆記本上有一截菸頭，接近濾嘴處以正體中文寫了「蘇菸」二字。啊，對了，我基於鄉村男性的禮數接受了他們遞來的社交菸，然後雪球愈滾愈大，我一根接著一根抽下去。我把蘇菸的英文名字「Sequoia」（紅衫菸）寫在筆記本上，並抄下印在菸包上的英文格言：

FOLLOWING THE TRACK OF THE GALE（跟隨狂風的軌跡）
I AM CHASING THE SUN（就等於追逐太陽）

我咳出一些痰，嚇了一跳，我的喉嚨彷彿是追上太陽，抓住它，還把它整顆吞了下去。昨夜的片段開始朦朧浮現，我還記得本來和女人小孩同桌，但後來被紅衫菸引誘到男人桌，最後坐在兩名對飲一瓶酒的醉醺醺漁民之間。等那瓶喝光之後，我們改喝在地啤酒。我還記得往女人小孩桌看了一眼，發現坐在母親腿上的碩碩正一杯杯喝著紅酒，最後終於昏睡在母親強壯的臂彎中。同桌酒伴看了都笑我：連兩歲小孩都比我能喝。

我還記得一直跑去流動廁所，而且感覺牆好像在搖動，等在裡面吸了一口紅衫菸，橘色火星照亮陰暗小空間，我才發現原來是因為牆面爬滿蛆蟲。等到準備回我住的汽車旅館時，我還記得我安靜地沿著新郎鄉下老家的樓梯往上爬，走進其中一間臥室，準備拿回我的提包，卻被房內一名孕婦嚇了一跳。我還在結結巴巴地道歉並解釋來意，她就已經走出房門不見了。

隔天早上趙小姐來汽車旅館接我，我問了那名孕婦的事。當時我們坐在一輛小篷車內，前面由三輪機車拉動，目的地是她表親家。輕薄的紅色絲絨窗簾蓋住窗戶，篷車內一切因此被染上微微的玫瑰色。「那是新郎的弟媳，她在躲人。」趙小姐說。

「躲誰？」我問。

她失望地看著我，彷彿沒想到我這麼笨。任何人都應該知道鄉下的孕婦必須躲誰。

「計畫生育委員會。」趙小姐說。

這個機構負責確保中國的生育計畫正確執行。她說那對夫妻已經有一個女兒，現在想再生個兒子。中國的醫生依法不得事先將孩子性別告知父母，所以趙小姐的親戚去了一間地下診所，超音波結果顯示懷的是女孩。他們已經預約了墮胎時間。「可是她到醫院後狠不下心，所以從那時就一直躲在那間臥房內，通常門是鎖上的。如果被發現的話，她得付出六萬元人民幣的罰金，在這種地方可是一大筆錢。」

確實很慘，但趙小姐描述那名孕婦的困境時，語氣沒有一絲情緒。

「孩子出生後怎麼辦？」我問。

「他們已經決定了，她妹妹一直想小孩，卻流產好多次，所以她會把孩子送給妹妹，讓他們夫妻登記領養。」趙小姐說。

這裡的人們總有辦法繞過體制解決各式各樣的問題。當親戚遇上麻煩，他們習慣在家族內部解決，不希望政府插手干涉。肥水不落外人田，更何況是這樣一名新成員。

這輛電動機車計程車猛然停在另一名親戚的家門外。趙小姐下車，擁抱一名跟她年紀差不多的婦人。婦人髮長及肩，長得纖瘦美麗，但笑時只有嘴角往兩側拉開，眼神陰鬱悲傷，沉重的眼皮更彷彿被打了鎮靜劑似的。趙小姐對著我喊道：「我向你提過這個表妹，她就是那個不用工作的人，她老公很厲害。哪像我，哎呀，我真是勞碌命。」

我突然想起，沒錯，我在上海花店聽過這位表妹的故事。這就是那個惡名昭彰的稅務官員的妻子，老是被老公及老公的情婦毆打，甚至曾試圖吞農藥自殺。我們聊到大陽追女孩失敗的故事，當初就是這位表妹幫趙小姐撮合兩個年輕人。

走進這位表妹位於五樓的閣樓公寓，趙小姐還沒坐下就急著開口：「那女生完全不給我們面子。」連開場白都省了。

「不是妳的問題，是大陽不好。」趙小姐的表妹說。

趙小姐搖搖頭。「他也真是不可理喻，高不成，低不就。」她氣急敗壞地說。

這句話是中國諺語，意思是說人辨不成大事，也不願意屈就小事，似乎很適合用來形容夢想失落於大都市與鄉村之間的年輕人。

「哎呀，他都快三十歲了。」這位表妹拍打著白色皮革沙發說：「那女孩也有毛病，總是找藉口不跟他見面。『我累了』、『我病了』，反正就是不跟他見面。」

「那只代表她真的沒興趣。不過，如果妳在超市工作，一群人來見妳，妳是不是至少該出來打個招呼？」趙小姐問表妹。

「當然，這是基本禮貌吧。不能讓人丟臉呀。」表妹也大聲起來。

「就是嘛，她根本沒文化，真沒禮貌。」

她們尖銳的對話聲迴盪在明亮空曠的公寓內。屋內還有一座噴泉，裝飾於中央的天使雕像從一面內牆突出。公寓內滿是這位表妹與孩子的裱框合照，卻看不到她丈夫的身影。他只負責付房租，偶爾出現揍她，其他大部分時間都與情婦住在城鎮的另一頭。

趙小姐和表妹繼續數落大陽和凱蒂貓女孩，以及其他不體面的細節。這兩名媒人其實很古怪：她們自己的婚姻就是災難，而且趙小姐說過她們兩人都沒談過戀愛，但現在仍忘情地討論為何大陽對她們介紹的女孩都沒興趣。

等到話題告一段落後，趙小姐的表妹轉頭問我：「你從美國來，是嗎？你在美國的房子比這間大嗎？」

「欸……對，不過美國的房子普遍都比較大。妳家非常不錯。」

趙小姐的表妹又露出一抹眼如死灰的微笑。

「我另外還有四間房子。」她說。

我們又回到計程車上，準備去參加那場鄉間婚禮，前晚的宴會不過是今天婚禮的熱身。趙小姐的語氣中有一絲羡慕。表妹的丈夫或許打她又養情婦，但有錢有勢，這點上贏過當地大部分男人了，更別說和她自己的丈夫相比。

「她的丈夫很能幹。」趙小姐說。

「他人脈很廣，總是在工作。他和我表妹其實是二等親。」

「他們是親戚？等等，妳也是她丈夫的親戚？」我很困惑。

「我們都是親戚，他們有三個孩子，兒子有基因問題，眼睛有點毛病吧，但另外兩個女兒都很好。」趙小姐回答。

計程車的窗戶開著，一陣暖風拂過趙小姐的髮絲。窗外的風景逐漸從城市的水泥樓房轉變為新栽種的麥子及玉米。我心想趙小姐表妹的生活變得有多混亂啊。

「這裡的女人和上海的不一樣，一點也不女性化，不溫柔。這裡的女人只要受夠了生活，就喝農藥。」趙小姐把手臂伸出窗外靠在門上。

頭髮灰白的計程車司機點點頭。「我認識很多這樣的女人。」

計程車開始跳表，另一段諮商療程隨之開始。

「我也看了很多，在這裡很常見。」趙小姐說。

司機笑著搖搖頭。「她們被丈夫打了之後覺得自己走投無路了。」

不知道司機打不打他的妻子？

「我表妹喝了半公斤農藥，但不夠，她被洗胃後救回來，還在加護病房住了幾天。」

「哇。」司機一臉驚歎。

「另一個表妹比較厲害，她喝了一整桶後死了，簡單俐落。」趙小姐說。

「還有很多女人從吊橋跳進河裡。」司機說。

趙小姐點點頭。「我表妹喝農藥沒死，之後試過跳井，但也沒用。」她咯咯笑了出來。

對於在晴朗春日前往婚禮現場的車程來說，這實在是很詭異的對話。趙小姐和司機說說笑笑得像在談論生活趣事，搶著交換自己的第一手見聞。

「我實在沒勇氣喝農藥或跳井，真的是很敬佩她們。我有時候也想死，但就是做不到。」趙小姐說。

「妳怎麼會這樣說？」我問。

趙小姐和司機都因為我的憂心語氣笑了出來。「如果自殺比較簡單的話，我早就下手了。我的人生就是工作、吃飯、睡覺，一點意義也沒有。」趙小姐說。

又一陣風吹進車內。司機點頭表示同意。

「今天是二〇一四年五月四日，陽光普照，微風徐徐，空氣中瀰漫桂花香。真是一個喜氣洋洋的日子。我們很開心聚集在此，見證這對美好的年輕夫妻成婚。」

觀眾齊聲爆出一聲：「好！」握著麥克風的男子身材高䠷，就站在新郎和新娘中間。這對新人已經換掉中國傳統的紅禮服，現在身上穿著是西式服裝：黑色燕尾服與軟蓬蓬的白紗禮服。不過為了向傳統致敬，新郎戴了紅色領帶，新娘則戴上紅框眼鏡。

這對新人抵達現場時乘的是租來的寶馬，兩人下車時，他們的家族成員點燃一串圍成心型的且長達十公尺的鞭炮，彷彿機關槍的爆響持續將近一分鐘，村莊主街上停放的汽車幾乎都因此被觸發警報。接著是一連串的紅色大龍炮被相繼點燃，爆破聲響嚇得前晚喝紅酒還宿醉的碩碩驚慌哭鬧起來。

舉辦婚禮的中庭內則擠滿數百位新人的親朋好友和鄰居。他們安靜地望著新娘與新郎站上原本家中用作麥子脫殼的平台，舞台用粉紅色簾幕裝飾起來，中間還寫了一個「福」字。

「新郎，請往前一步，面對大家。」主持人透過麥克風大喊：「今天我們的新郎很帥，而且氣宇非凡，我問問大家，新郎是不是很帥呀？」

主持人將麥克風指向群眾，但大家沒有反應過來。這些人幾乎沒參加過西式婚禮，搞不懂拿麥克風的男人為何要對他們說話，要結婚的又不是他們？因此有那麼一會兒，場內只聽到背景音樂，令人感傷的小提琴曲從舞台上的喇叭緩緩流淌下來。其中一座喇叭上放了一台泡泡機，噴出的數百顆泡泡盤旋在沉默不語的群眾之間。

主持人清清喉嚨。他是一名戴眼鏡的帥氣男子，身上穿了類似天主教牧師袍的黑西裝，但不是神職人員，而是這家人雇請來的婚禮主持人。

他有點尷尬：「嗯……咳，這世界上有數以萬計的新娘，但我們今天的新娘才是最美的。」但仍然繼續說下去：「光是新娘站在這裡，就使太陽失色，天搖地動。為什麼？因為她是人間仙子，讓我們用掌聲證明這件事。」

原本驚惶失色的群眾此刻也才終於醒過來，紛紛起立大聲鼓掌。

典禮就這麼進行了一小時。主持人似乎在跑一道既定流程，但影片與平面攝影師只要想拍新人或家人都會直接跑到台上，打斷他的工作。他們會直接大吼著打斷婚禮：「三、二、一：茄子。」而被拍攝者也會微笑大聲回應。中文的茄子發音時會讓人露出微笑，如同拍照時說英文的「cheese」。

村裡的孩子身穿學校運動服，脖子上圍著紅色手帕，就這麼在中庭內外跑來跑去，偶爾坐在舞台邊因為眼前的奇觀咯咯發笑。不過攝影師在某個孩子擋住他拍照時咒罵了一聲，孩子的父親是新娘表親，看了立刻動手把攝影師推進賓客裡，一邊還罵出許多粗話。主持人只好關掉麥克風，但兩人彼此瘋狂揮拳卻一直沒打到對方的場景，觀眾倒是看得津津有味。因為覺得丟臉，那名賓客最後帶著妻兒怒氣沖沖地離開，原本想在這場西式婚禮中看場好戲的觀眾只能失望放棄。

我就站在趙小姐兩名兄弟身旁。他們身材高壯，脖子粗壯，大肚腩，臉頰很有肉，此刻渾身酒氣。趙小姐之前就警告過我：「他們兩個只要湊在一起就會喝個不停，而且會拉你跟著喝。」

趙小姐的哥哥是卡車司機，他吹噓自己連續讀了八年的二年級，最後在十五歲輟學。弟弟的書唸得稍微好一些，但小學畢業後決定放棄學業，跟隨姊姊的腳步跑去上海做建築工人。彷彿為了追隨當地習俗，兩兄弟都同時擁有妻子與情婦，而且弟弟看來還在持續搜尋新獵物。他眼神盯著前方一名新娘好友，口齒不清地在她耳邊悄聲說：「妳好漂亮」。

那名女性立刻把頭別開，彷彿躲避一隻盤旋不去的蜜蜂。哥哥一看就笑了：「他一喝酒就會變成野獸。我爸以前會用鐵鍊把他鎖在桌腳，實在太野了。」

典禮持續進行，我從遠方遙望趙小姐與久未聯絡的親友打招呼。她的微笑輕鬆寫意，姿態優雅地在中庭內滑行，一副世故都會人的姿態。

這裡是她的家鄉，其中滿是野獸般的男人、受虐婦女、被遺忘的孩子，而她沉靜的文明姿態因此顯得突出。家人面對她時皆語帶敬重，朋友都向她尋求建議。在這座聚滿親友的中庭內，大家都渴望擺脫這個小地方，去看看外面的世界，而她是第一個「出走」的人。而且她工作努力，為兩個兒子各買了一間房子，這通常是男人的工作，沒人指望一名當地女人做到。因此，趙小姐在當地女人之間成為一位開拓者，卻同時激發了男人對她的欣賞與恐懼，畢竟她是一個有權力的女人。

「終於到了我們期待已久的時刻，新娘和新郎面對面。」主持人透過麥克風朗聲道。

這代表兩人親吻的時候到了。但這對新人只是羞怯又尷尬地抱了抱彼此，群眾因此發出噓聲與怒吼，就希望他們好好親一下。

「你應該更激烈一點，頭往這邊擺。」主持人透過麥克風指導新郎。「新娘的頭應該這樣。」他用雙手擺弄新娘的頭，彷彿她是個人偶。

新人又猶豫了一下，最後只輕輕吻了彼此的臉頰，這下中庭內的嘶吼聲更響了。最後大陽爬上台，用雙手將新人的頭推到一起，強迫接吻。賓客爆出笑聲。無論這對年輕新人樂意與否，他們的家人此時確立兩人從此成為夫妻。最後，趙小姐與她的兄弟姊妹及兩個兒子都站上台，與新人一起面對攝影師微笑：「三、二、一：茄子。」

「那地方已經不再是我的家鄉了，我只是回去拜訪親朋好友。現在我待在這裡最舒服。這才是我的家。」趙小姐在長樂路上的花店內這麼告訴我。

那場婚禮已經是兩星期之前的事了。因應母親節的大量購花需求已經減退，在這個五月中潮溼涼爽的日子裡，趙小姐獨自坐在花店內，弓身使用手機和朋友傳訊討論大陽在棗莊的災難性表現。為大陽尋找另一半的旅程仍未結束，但這次趙小姐沒再尋求老家親友的協助。

「就在昨天，我在上海的鄰居為他找了個女孩，但大陽不想和對方見面，他嫌對方太年輕。

這人沒救了。」她抱怨道。

就在趙小姐的家鄉，關於大陽的慘劇已經出現神話性的傳言。趙小姐告訴我，她的親友間開始有耳語，說那個女孩是「童子」：根據道教思想，童子前世是仙人，轉世為人時帶有特殊使命。根據傳說，童子完成使命後就會被召回。童子的長相都很好，但無論面對人生或情感的命運都不好。「老天給了她一張漂亮的臉，但命不好。」趙小姐對我解釋道。

說不定大陽也是童子，我心想。看著趙小姐緊皺的眉頭，我知道她和我正在想一樣的事。根據她自己的估計，過去八年來，她每年替大陽介紹三名女孩，但最後都沒下文。我對道教仙人沒什麼概念，不過大陽連續遇見二十幾位轉世仙人的機率實在不合邏輯。

「我的兄弟都喜歡你，他們喜歡跟你一起喝酒。」趙小姐決定轉移話題。

「跟他們喝酒很愉快。」我說的不完全是實話。

婚禮結束後，趙小姐的兄弟用盡全力灌我喝了大量酒精，當然也塞給我一大堆紅衫菸，最後我根本是跌跌撞撞地爬上開回上海的高鐵。我在高鐵逐漸往南加速的夜色中，想到那兩句，**跟隨狂風的軌跡，就等於追逐太陽**。

「我的每個兄弟都有兩個妻子，我弟弟終於跟第一任妻子離婚，但我哥哥人太好，就是放不下前一個。」趙小姐的語氣相當實事求是。

不知道棗莊還有沒有剩下任何一個只娶一名妻子的男人？

「你丈夫就沒有其他妻子，不是嗎？」我問。

這個問題讓她笑不可抑。「你看過他啦，長得一點也不好看。」趙小姐笑說：「如果他有兩個妻子，我還會更愛他。妻子愈多代表你能力愈好。」

「如果我留在家鄉跟他住在一起，早就喝農藥死了。我想跟他離婚很多年了，但他就是不肯。」她臉色突然變得很嚴肅。

趙小姐曾對我說過很多次，她很害怕丈夫從礦坑退休後會想來上海和她同住。「婚禮結束後，我姊姊哭著怪我媽當初沒為我們找到好姻緣。我有四個姊妹，但她替我們找的丈夫都很沒用，負責養家的全是我們女人。」

趙小姐拿出手機，想確認朋友為大陽找對象的事有沒有進展。

窗外煙雨逐漸消散，只剩車子一輛輛從我們眼前駛過，發出一陣陣如同鴨子降落在湖面的聲響。趙小姐關掉手機，嘆了口氣，她的大兒子顯然還要單身好一陣子。她搖搖頭，怒氣沖沖地說：「男人都沒用。」

第十三章　CK的朝聖之旅

——長樂路八一〇號

三年前的某一天，ＣＫ開始感受到「氣」的存在。當時他和幾個朋友一起打電動，中途決定躺下來休息一下。「然後我感覺到，有人在對我說話，是另一個我。」他告訴我。

「聽起來你是嗑了什麼茫了。」我說。

他詭異地笑了一下：「其實那一刻，我的腦子異常清晰。」

二〇一四年五月的一個星期天午後，窗外的梧桐樹正茂盛長出亮綠新葉，人們在長樂路上愉快地散步，而改頭換面的「二樓」三明治屋正忙碌著。

ＣＫ的職員努力應付人潮，而他們的老闆坐在角落，和我聊著他所發現的「氣」。

「氣也就是一股在我體內流動的能量，另一個我引導我呼吸、放鬆身體。突然之間我什麼都感覺不到，彷彿躺在另一個空間的床上，顏色全部消失後剩下黑與白。然後我看見了蓮花，好多蓮花，還有一個人陪著我。」

「除了你和另一個你之外的人？」我問。

「對。」他一臉正經。

ＣＫ當下不知道那人是誰，但現在覺得應該是佛祖。

「當時我只確定那不是男人，也不是女人，兩者在那瞬間再無分別，就像沒有絕對的是非對錯。因為在那個空間之內只有和平，沒有顏色。」

之後他在書中讀到佛陀的性別中性，立刻聯想到當時看到的幻像。他開始研讀佛教經文，之後沒多久就遇見了他的師父。

「他是在城外一間小寺廟的和尚，說我也是生來就要當和尚的，第一次見面就要我落髮留在廟裡。」

「你覺得有辦法遵守和尚的戒律嗎？」我問。

「目前沒辦法，要我放棄性生活實在太難。」ＣＫ啜飲了一口咖啡說：「我告訴師父，我還沒有如此大的覺悟，我還是習慣大城市的生活。」

三明治屋改變路線後終於開始賺錢，手風琴事業也開始看漲。在中國少有其他城市（其實在全世界也一樣）能靠著賣三明治及手風琴過活。

不過上海生活也有缺點。我一到店裡就看到ＣＫ左耳上的繃帶，下巴也有一道七公分長的傷口。「我在一間夜店昏倒跌下樓梯，醒來時滿臉是血，耳朵裡也嗡嗡作響。」醫生幫他縫合好下巴，也為耳朵動了手術。「是因為喝醉嗎？」我問。

「其實我只喝了兩杯葡萄酒，應該是最近睡得太少。還有我的生意……壓力很大，你懂吧？」

三明治屋現在的生意熱絡多了，ＣＫ幾乎每天都無法休息，也習慣一天工作十二小時，顧店之餘還透過手機處理手風琴生意。我問他最近睡得如何，他答：「睡不多。」因為每天關店之後還是忍不住跟朋友出去玩，他現在幾乎每天只睡四、五小時。

城市生活的壓力開始讓ＣＫ身心失衡，他開始尋找任何能使心靈中的焦躁和欲望平靜下來的方法。因此，當朋友說要介紹他認識一名和尚，他覺得來的正是時候。

那座寺廟距離上海四小時車程，他一個月去一次，同行的還有幾名也在那裡研讀修行的友人，他稱他們為師兄弟。這位師父與他們年紀相仿，和CK一樣出身鄉下，十八歲時告訴父母要來上海做和尚。幾年之後，他在冥想時看到西藏的景象，並看到一位在山間的年邁和尚指示他創建屬於自己的鄉間寺廟。

「那就是一間小寺廟，幾乎沒有人會去，只有他和另外四位和尚。」

CK暗示，之後或許有一天，他會成為第五位。

我在長樂路上認識的人們多少都跟宗教有所關聯。街角花店的趙小姐因為虔誠的母親接觸了基督教。一個街區外，傅大嬸在遙遠的沙漠生下長子後，也決定成為基督教徒，現在也會固定上教堂。就在「二樓」三明治屋往南幾個街區外的麥琪里，如同許多在上海長大的人，陳里長與妻子一輩子都是基督徒。

不過相對而言，四十歲以下的族群卻很少有時間考慮這個問題。偉祺小時候住在我家這塊地上，後來到美國讀書拿到博士，他似乎對宗教沒什麼興趣。至於那位在三明治屋對面大樓工作的亨利，練習瑜珈就算最精神性的活動了。比起他們，CK似乎渴望得到更多來自外界的指引。

於是佛教自然成為首選。CK無法忍受上海瀰漫的物質主義。中國正在進行一場資本主義的文藝復興，而且才正要起飛。這些在二十一世紀致富的人就是所謂的「新貴」，表現通常也恰如其名，他們喜歡開霓虹色法拉利，身穿名牌普拉達，週末時全跑去泡夜店。佛教反對欲望與物質主義，這點與掌權之前的中國共產黨人類似，因此對無法適應新中國欲望洪流的年輕人很有吸引力。

但正是快速累積的財富促進佛教傳播。截至二〇〇五年為止，中國境內的佛教徒已和美國總人口差不多，是一九八〇年的三倍。每五名中國人中就有一名佛教徒，是基督徒的兩倍，這些信徒奉獻的金錢也因此流入全國各地的寺廟。佛教古蹟景點也因此大受新興消費階級歡迎，地方官員亟於從宗教旅遊業獲利，因此贊助修復在毛澤東時期被摧毀的寺廟。雖然共產黨本身遵奉無神論，但地方官員更理解人民幣的價值，對他們而言，資本主義比無神論重要多了。

不過收入不是共產黨樂見佛教復興的唯一原因。這個國家正身陷一場道德危機。不過數十年前，中國還是農業社會，人們仰賴鄰近社群互助共生。經濟的快速發展卻將二億五千萬移民吸入城市，於是轉瞬之間，大家不再認識鄰里居民，信任成為稀缺的資源。網路上總是瘋傳行人無視他人醫療緊急需求的影片，接著就是全國一起討論道德與社會責任的議題。數以千萬的中國人投入基督教重建自己的價值體系，但畢竟佛教在中國已有兩千年歷史，共產黨領袖覺得推廣起來比較安心（只要沒有扯到西藏的種族與政治問題即可），也能藉此達成共產黨為了政權維穩希望達到的目標之一：社會安定。

我偶爾會和亨利喝咖啡，也就是在「二樓」三明治屋對面摩天大樓上班的那位哲學系畢業生。當我告訴他ＣＫ開始信佛，他一點也不驚訝。他也是八○後的一員，與ＣＫ一樣面臨許多類似的混亂困境。「理論上來說，你的人生應該不停往上提升。不然有什麼意義呢？你吃得飽，生活舒適，還有什麼好追求？你得想辦法填補那個黑洞。」他解釋道。

許多與ＣＫ年齡相仿的中國年輕人都踏上這條精神旅程，這讓亨利聯想到美國在一九四○、五○年代的垮世代作家，他們成長時面臨的也是類似環境：經濟繁榮但社會動盪。就跟垮世代一樣，今日的中國年輕人，希望透過當地的宗教與哲學，追尋屬於自己的啟蒙之路。道教也因此興盛起來，幾乎可與佛教匹敵。現在中國郊區的道教寺廟是一九九○年的六倍。至於在中國都會，也出現愈來愈多研究孔子經典的學者研究中心。

其中一個研究中心就位於長樂路的巷弄內，就在三明治屋的後方，其中許多學員都來自它對面那棟亨利工作的大樓，裡面擠了各式各樣的跨國公司。這個中心的名稱是「國學新知」，就位於一棟重新翻修過的公寓一樓。

中心創辦人名叫徐淵，他沒有研究中國經典古籍的背景，之前在復旦大學讀的是電子工程。之所以決定創辦這間中心，是因為讀到美國的資訊，發現那邊的大學生在進入主修課程之前得先修習一系列的人文課程。中國大學沒有要求學生擁有這類人文知識，就算是最好的大學，提供的古典文學課程內容都很薄弱。

「中國社會經歷太多革命與創傷，許多傳統文化都因此被摧毀了，很多人都已經忘記作為中國人的本質，但其實所有的生活習慣都有關聯。只要能多了解這些本質的根源，就能更了解我們自己。」徐淵在他開辦的中心喝著茶說。

徐淵是個身形瘦長的男子，大約三十多歲，豐唇，眼鏡後的神色冷靜嚴肅。中心成立不到兩年，就已經有超過五萬名年輕人參加過他每週舉辦的活動。這在人口眾多的上海似乎沒什麼，但就中心使命而言可說令人佩服。

徐淵也注意到一個現象，這些新成員在此重新認識孔儒思想，卻苦於無法將此哲思的核心教義融入當代生活。「中國都會化的後果之一，就是人們不再擔負孝親的責任。」他說。

徐淵希望轉化深植於年輕人心中的孝親思想，使他們願意禮遇上海這個第二家鄉的鄰里老者。這種說法似乎符合習近平的中國夢，以及政府想要復興孔儒思想的大方向。我在中國各地進行報導工作時，就注意到各種宣揚傳統儒家美德及行事原則的推廣海報，上面的標題通常是「中國夢，我的夢」。

成長於共產革命發端的所在地延安，習近平完整攝取了馬克思主義的養分，但這名中國的新領袖也浸淫於中國古典名著，於是自從黨將他選為新領袖，他便誓言要恢復這個國家的傳統價值與榮光。

如果你把中國領袖依照時間排列在一張紙上，這條長約一百五十公分，且領袖大多為封建帝王的時間軸上，代表共產黨政權的紅色線段不到三公分，但兩者間的相似之處卻比任何人想像的都多。

我非常享受與徐淵對話。在我擔任教師和記者的工作生涯中，比起那些放棄中國傳統，擁抱西方思想（包括共產黨思想）的人，與理解中國自身文化的人對話總令我感到更自在。「我得說，大部分中國思想重新復興起來，靠得都是老百姓。」徐淵指的是廣大的農村人民。「而不是那些頂層的知識分子。中國的知識圈與社會上層階級都比較西化，深受蘇聯影響，但老百姓的需求總有一天會喚醒他們的記憶。」

這種草根復興活動需要長時間耕耘。不過在中國，傳統思想與信念總是有辦法在遭受長期忽略之後重新找到復興的方法，彷彿一顆耐心撐過旱災的種籽，只等待雨水落下。我不禁聯想到亨利曾向我提起的儒家核心思想，我覺得這完全展現在CK和趙小姐身上，他們為了達成目標，已經學會耐心等待，時機只要正確，他們就會立刻趁隙衝入如風暴凶險的體制內。

「中國人推崇蓮花，為什麼？因為出淤泥而不染。孔子告訴我們，即便無法生活在一個理想的世界中，你還是能以自己的方式找到人生意義，無論是透過政治、個人或精神上的追尋之旅，反正一定會有辦法。」亨利告訴我。

早上六點，我抵達CK公寓門外，朝聖之旅就此展開。他帶著兩箱物品及背包在人行道上等我。如果是之前的週六清晨，他可能才剛踉蹌地經過法國租界的街道返家，因為混了整晚夜店亟需補眠。不過在這個晴朗悶熱的五月早晨，在目的地等待我們的是一座寺廟。

我們把箱子搬進計程車的後車廂，坐進後座。我遞給他一杯咖啡，問箱子裡裝什麼。

「水果和酒，要拿去寺廟的供品。」他回答。

他打了呵欠，揉揉飛官太陽眼鏡底下的雙眼，兩隻手腕上的木製佛珠隨之搖晃。他穿了一件棕褐色襯衫，釦子一路開到肚子，凹陷的光滑胸口掛了一串紅色珠鍊，看起來就像亞洲版的搖滾歌手吉姆．莫里森（Jim Morrison）。我們的車從城市邊緣沿著空曠交流道開上高速公路，原本連著幾分鐘閃過窗外的亮綠色梧桐樹葉逐漸消失於我們腳下。

巴士外有好幾十個人正在等我們。一群男人幫我們把箱子和行李放進巴士載貨區，CK對這些「師兄」表示感激。我本來以為這輛巴士載的都是與CK同輩的人，但其實不多。其他人的組成就是中國社會的每日縮影：帶著孩子的家庭、單身的中年專業人士、老人、工程師、白領員工、退休工廠工人、建築工人、老師，還有一位尼姑。這輛巴士幾乎是都會中國人口組成的完美縮影，只不過他們現在打算一起去探索人生的奧祕。

一名師兄開始點名，此時CK靠在巴士外點起一根菸，這下是百分之百的吉姆．莫里森了。一名穿著黑色緊身上衣與破口牛仔褲的女孩下車，手肘搭上他的肩膀，他完全沒轉頭看她，只是從口袋掏出一包萬寶路紅，掀開蓋子遞過去。她拿出一根菸，他蓋上包裝，另一隻手拿出打火機，為她點菸。她深吸一口後用鼻子蹭了蹭他的脖子。

「這位是潔姬。」他對我說。

潔姬擁有一頭長直黑髮，一張鵝蛋臉上的鼻子細長，雙眼位置很高，看起來像是來自中國北方靠近外蒙的人。她身上也戴了佛珠，但黑色指甲油和睫毛膏漆了一股哥德風格。如果

ＣＫ是吉姆．莫里森，她就是流行歌手艾薇兒——根本是一對搖滾情侶一起踏上追尋佛陀的朝聖之旅。ＣＫ在計程車中提到已經跟她交往了一個月。「但我覺得應該行不通，只是想要玩玩。」他承認。

潔姬乍看像十六歲的女學生，但其實已經是二十五歲的祕書。兩人在「二樓」三明治屋相識。她之前不信教，但ＣＫ說服她接觸佛教，所以這次也跟來進一步了解。她的父母在上海北區經營商店，這次特地指定她哥哥和哥哥的好友跟來照看。

旅程還沒開始，這兩名「監護人」就已經忙不過來了。比如潔姬的哥哥此刻正緊張地看著環抱ＣＫ腰部的妹妹。他身形瘦高，一張長臉毫無對稱性可言：眼睛一大一小，鼻子稍微往左偏，就連笑容也歪歪的。他的朋友塊頭很大，圓圓的雙眼幾乎要陷入肥滿臉中消失，身上穿著巴爾的摩金鶯隊的特大號Ｔ恤，卻也藏不住那顆大肚腩。那個週末，無論ＣＫ和潔姬遊蕩到哪兒，這一對傻蛋都跟在後面，彷彿勞萊與哈台一邊追逐壞人，一邊又搞不清楚到底是怎麼淌上這渾水的。

巴士順利離開城市，幸好時間尚早，高架快速道路上沒什麼車潮。隨著車子遠離市中心，原本環繞上海天際線的高樓便逐漸縮小，等在眼前的是五小時往西的車程，沿著泥水奔騰的長江，跨越江水的無數支流後進入被稱為「魚米之鄉」的鄉間沃土。我坐在ＣＫ的一位朋友身旁，他姓孫，移居到上海之前住在北邊的西安。「你去過西安嗎？」他問我。

我去過，而且用中國人所預期的方式回應：稱讚當地的食物與旅遊景點。西安擁有中國最寶貴的文化資產之一「兵馬俑」，那是一支陶俑軍隊，用來保護秦始皇尚未被挖掘出的地下墓穴。「假的，他根本就不是埋在那裡。他們在那裡其實什麼都沒發現。」孫先生說。

我想最好還是改聊孫先生受佛教吸引的原因。「我在尋找一些值得相信的事物，一開始是讀書和各式選集，之前冬至剛過時第一次去了這間廟。我問了師父許多問題，他建議研讀佛經。他看起來挺聰明的，所以我目前已經讀了幾個月。」他說。

孫先生三十歲，他在西安時讀的是工業設計，畢業後參加當地的就業博覽會，接受了一份上海的工作。但他到職後發現跟原本想的不同：「我被騙了。」

公司沒有如實告知職務內容與薪資，反正先把人誘騙到上海，再要求他們到郊區的嘉定銷售外國風情的高價別墅。「真的很難賣。」他抱怨。

不令人驚訝，中國的房地產市場早已飽和，泡沫隨時會破掉，嘉定這種地方已經成為幾乎無人居住的別墅鬼城。孫先生承認，偶爾去寺廟參訪已經是目前生活中唯一的亮點。

我轉向ＣＫ詢問有關寺廟的資訊。他說師父靠著一些上海參拜者的贊助營運這間寺廟。

「只有上海？」我問。

「對，所有參拜者都來自上海。」

這間寺廟離上海很遠，卻只接待來自上海的參拜者，怎麼想都有點奇怪。所以我也這麼問了ＣＫ，他措辭謹慎地說：「政府對宗教的管制很嚴格，我的師父有許多思想與一般佛教不同，所以他希望能在一個不受人關注的地方靜靜生存，避免政府干涉。」

「怎麼個不同？」我問。

「祕密。」他語調輕柔，就怕其他人聽見。

我翻了個白眼，他忍不住也笑開了，悄聲地說：「好吧，他教導我們的是藏傳佛教。」

這件事其實不違法。藏傳佛教是國家法定可傳播的宗教，但確實受到中國政府特別嚴格的關注。許多西藏人長久以來都追求從中國獨立，這些人通常都追尋藏傳佛教的領袖達賴喇嘛，中國政府視為對國家主權造成威脅的分離分子。

ＣＫ說他的師父對藏傳佛教的興趣純粹基於宗教信仰，與政治無關。「我們的目的是要找到脫離『輪迴』的方法，我的師父相信最棒的途徑就是透過藏傳佛教。」他解釋。

ＣＫ說，師父並沒有向地方政府通報寺內信仰藏傳佛教，但因為按時繳稅，又很少有當地人前去參拜，所以他們似乎也不大放在心上。這樣的「祕密」行徑確實解釋為何這位師父只招待來自遠方大城市的參拜者，畢竟要是當地的參拜者多，當局就比較容易聽到風聲。只有目前的方式，才能讓師父不受限制地帶領學員，走向啟蒙的平靜境界。

村莊主街上滿是農業用品店，巴士就停在裡。我們下車拿了兩箱供品，走過一條長長的巷弄後抵達寺廟入口。所有人都已經進廟裡了，只有潔姬還忙著用塗了黑色指甲油的指尖跟上海的朋友傳簡訊，走在巷弄裡時一副出神的樣子。

ＣＫ問我：「這裡的天空很藍，對吧？你能真正看到雲的樣子。」

我抬頭看到烘暖整個村子的太陽就在正上方，淺藍色的天空，只有幾朵邊緣被棕褐霧霾圍繞的雲。這裡仍有汙染問題，但不像上海幾乎難見湛藍天色。潔姬暫時停止講電話，微笑抬頭看，我轉身看到身後的勞萊與哈台瞇起雙眼，舉起手機拍攝天空，留下這在上海少見的自然奇觀。

走進寺廟，我發現其他自然景觀。廚房旁的陰暗處有兩座紅色浴缸，裡頭裝了二十幾隻鱉，牠們擁擠地堆疊在一起，努力想爬過彼此的頭頂逃出去。上次看到這麼多活鱉，是在趙希林家人的婚禮上，一堆等著被煮熟烹調後上桌。勞萊與哈台戳戳那些鱉，捏著尾巴把牠們拎起來，訕笑牠們無助的樣子。

「我們等一下要放生這些鱉。」ＣＫ指著寺廟後的河流對他們兩人說。

這是中國佛教徒常進行的活動：在市場買活的動物之後帶去放生。不過這種古老習俗偶爾也會引發意外的負面效應。「八百條鯉魚在放生儀式後立刻遭漁夫網獲」可說總是年度新聞標題之一，反映了中國人在靈性追求，與自利精神兩者之間的衝突。我對ＣＫ提了此點，他回答：「我們不會讓人家知道在哪裡放生。我們通常會在晚上去，這樣當地人才不會在下游偷抓。」

這座寺廟仍未完工，師父負責監管五間彼此相連的紅磁磚建物的建造進度。這些空間包括會客室、生活區、食堂，以及兩間朝拜大廳。這兩間大廳拔地而起，俯瞰著村中其他建築物。這一切工程始終進行地斷斷續續，隨著每年起伏的捐獻數字進行又停止，目前已經蓋了十年，之後可能也得再花上十年才能竣工。主殿叫做光明殿（意譯），上面有一對金鹿面對著法輪，法輪是藏傳佛教的重要象徵物，底下還刻了一整串的金色藏傳經文。寺廟前方的廣場中央有一尊兩層樓高的金色僧侶雕像，身穿長袍，右手拿著一根法杖。為了看清楚，我們兩人往後站了一步，同時ＣＫ告訴我：「那是地藏菩薩，他是唯一決定留在地獄裡的菩薩。」

菩薩為菩提薩埵的略稱，是將自己的性命奉獻於幫助他人覺悟的已覺悟之人。在中國最有名的菩薩是觀音菩薩，她被大眾尊為極有慈悲心的女神。地藏王菩薩則自願下地獄拯救受苦之人，梵語為「Ksitigarbha」，有幽冥教主之意，相對而言就不那麼有名。

我用手擋住陽光，瞇起眼睛往上看地藏菩薩。他的耳垂很長，幾乎要碰到肩膀，半張的眼神越過田地望向遠方，超然而自信。ＣＫ似乎很適合做地藏菩薩，身為住在地獄的一員，他不費吹灰之力就能成為最搖滾的一位。

我們花了一整天等待師父現身。巴士抵達時他不在，ＣＫ向我解釋，他當時在寺裡的生活區冥想。當信眾走過他所居住的兩層樓建築時，也都會慢下腳步，希望透過窗戶瞥見師父的身影。確定師父還要好一陣子才會結束冥想之後，ＣＫ和其他幾個人在地藏菩薩前鋪了瑜珈墊開始朝拜。他們站著，先雙手合十敬拜，接著把手臂高舉過頭部，雙膝跪地，身體俯臥到地後往前延伸，在地面短暫趴伏一陣子，再起身回到原本的站姿，而後重複。他們應該在反省自己的罪孽時重複這組動作一百零八次。於是在悶熱的天氣中，ＣＫ花了四十五分鐘完成這次的朝拜。於此同時，潔姬、勞萊與哈台則在寺廟簷廊下沉迷於智慧型手機。

下午三點，我們魚貫進入一間會議室，室內的大木桌旁擺了幾十張椅子。從其中一整面窗戶往外看，能看到蜿蜒的小河流過翠綠水田。等我們坐下，師父終於出現，坐在桌首一張黑色大皮椅上。室內一片安靜，他皺眉環視四周，默默確認出席狀況，同時下意識地用粗大的左手搓弄一串灰色佛珠，用中指和大拇指捏緊每顆珠子。明明才三十出頭的年紀，師父掌握全場的氣勢卻彷彿戰場老將，一雙銳利的眼睛掃過每個人。由於他身形魁梧，亮黃色袍子底下彷彿包著橄欖球隊前鋒的身體，氣勢更是驚人。他把大頭上的髮絲全數剃光，肥壯臉龐上的不對稱更形顯眼，那對豐厚突出的嘴脣彷彿永遠噘著，只要張開就會露出一對大門牙。

經過大約一分鐘的沉默，他開口：「你們要我來這裡是為什麼？我不知道你們想知道什麼。」他似乎有點不悅。

一名母親腿上的女孩沒管師父，轉頭向另一個小孩要玩具，母親發出「噓」聲要她安靜。師父對孩子丟了一個自命不凡的微笑，畢竟他們是房內唯一不受他影響的人。坐在師父身邊的CK此時開口了：「師父，我可以在火爐附近放唐卡嗎？」他問。

「這不是我認為你該問的問題。」師父厲聲說。「你原本的問題是什麼？」

CK緊張地身子前傾，轉頭看著縮在椅子裡的潔姬：「請師父幫妳解夢。」一句話講得結結巴巴。

「什麼夢？」師父大聲問。

「她夢見一位菩薩。」

「啊，哪一位菩薩？」師父這下看來有點興趣了，手指繼續搓弄佛珠。

ＣＫ轉頭看著嚇得不敢開口的潔姬。「告訴他啦。」他緊張地吼起來。

「啊，我其實記得不是很清楚。我夢見自己在一個小鎮裡，看到一尊很大的菩薩像，背後有很多美麗的光。菩薩好像對我說了些什麼，但我不記得了。」潔姬囁嚅著說。

「妳知道是哪一位菩薩嗎？」師父問。

潔姬搖搖頭。

「好吧，我會去拿一本菩薩圖冊，妳參考看看。」他語帶挖苦，ＣＫ和其他人不禁哄笑出聲。

「師父，那我剛剛的問題呢？我住的公寓有一座舊火爐，已經沒在用了，我可以在上面掛唐卡嗎？」ＣＫ忍不住又提起。

師父的雙脣扭曲，彷彿又聽到了什麼蠢問題。唐卡就是佛祖的布製畫像，掛在哪裡有差嗎？「所以你拿唐卡當家居裝飾？」師父的眉毛彎皺起來，手指輕輕敲打下巴。

「也不是這樣說，我們本來就該在家敬拜佛祖，我原本也就有唐卡，只是想知道掛在火爐邊會不會不敬。」

師父臉上擠出一個迷惑的表情。「只要不掛在廁所就可以。」說完更多人笑了。

師父此時啜飲了一口茶，臉皺成一團。「這是誰替我泡的茶？」他高聲質問。

房內瞬間安靜下來，只剩下兩個小孩子不理會師父繼續用氣音玩鬧。「是我泡的。」一名戴眼鏡的年輕男子舉手承認。

「真是個浪費的孩子。為什麼用這麼多茶葉？多浪費錢呀，這麼多茶葉我可以喝兩天。到底是在喝茶還是醬油？」師父吼他。

房內斷續出現幾聲竊笑。師父出場已經半小時了，卻仍未語帶慈悲地對任何人說過話。我開始擔心師父點我講話，但從一開始他就忽略我的存在。CK在我們抵達之前就向師父說過有個外國記者會來，或許他是故意在躲我吧。

一名坐在桌子另一邊的女人開口：「師父，我又帶女兒來了。」她指著大約十歲的女兒。我在上海一上巴士就注意到了。那名女孩身形高瘦，不管誰對她說話，那雙美麗狂野的雙眼就會凝視他處。她始終坐不住，彷彿跟著腦中的背景音樂在走道上手舞足蹈，時不時發出毫無意義的語句。她的臉上始終沒露出過微笑，其他孩子也對她保持距離。

師父轉頭看向正盯著窗外小聲呢喃的女孩。「她還有希望，不要讓她亂吃藥，會有不好的副作用。妳只需要保持冷靜。」

女人點點頭。「每次她發作的時候，我什麼都不會說，只是向菩薩祈求。」

師父點點頭。「很好，妳愈是大驚小怪，她的狀況就愈糟，過一陣子就會沒事了。」

女人又點點頭。她身高很高，身體坐得挺直，長髮往後梳得很整齊，眼睛和女兒長得一樣。「有一次我們去逛街，經過一座廟，裡面有觀世音菩薩的像，她一直打我，就是要進去，我最後還是讓她去了。」

「不錯不錯。」師父說。

「去年我帶她看了一位住家附近的巫醫，她說我女兒瘋了，但十六歲就會變正常。」她繼續說。

師父猛然坐直身體。「什麼？」

「我覺得那女人不過是亂說，她開了一些茶給我女兒喝，還說她是一位尼姑。我一點也不相信。她說我女兒被觀音纏上了。」

師父的表情變得很嚴肅，口氣粗率地說：「不，不是那樣，是妳的女兒追隨觀音，她前世是觀音的子弟，是隨伺在觀音身邊的龍女，妳懂嗎？」

「我懂。」女子回答。師父之前跟她解釋過了。

我挑眉望向CK，他稍微抬頭示意我們之後再討論這件事，先不要分心。所以我又回頭繼續關注那對母女。

母親瞄了女兒一眼，告訴師父：「每次她發作，我真的都很難過。她哭得好慘，有時候還會拿碗盤丟我。我真的不知道該怎麼辦。」

「只要她不危及自己的安全，妳應該任她去。」

「今天早上，她起得很早，我問她：『妳今天要去哪裡呀？』她說：『我要去見師父。』她好興奮。」

師父似乎很滿意，對小女孩露出一個溫暖的微笑。女孩知道師父在看她，也知道大家的焦點都在她身上，眼神掃過師父一眼後，盯著天花板大聲尖叫：「掰掰！掰掰！掰掰！」

「掰掰？妳才剛到這裡，又要跑去哪裡？」師父有點好笑地問了。

女孩沒理他，又把視線投回窗外。夕陽此時已經接近地平線，陽光使整個空間都亮了起來。她望著一名農夫，正努力把一根他身高四倍長的竹竿從泥水中拉起來，一張形狀如同降落傘的漁網隨之被拉起。女人把手放在女兒的大腿上。「醫生說她有自閉症。」她小聲說。

這三個字的中文直敘意義是「自我封閉的病」，我默默拿出手機查，才理解原來是英文中的「autism」。

「自閉症不是這樣，告訴我，哪間醫院說她有自閉症？」師父說。

「北京的兒童醫院和上海的新華醫院都這樣說。」女人有點緊張。

這兩間都是中國最好的醫院，而且以這女人的狀況看來，特地從上海到北京諮詢最好的醫生，無論是旅程或醫療都所費不貲。

但師父不為所動。「叫那些北京的醫生去檢查自己的腦袋，聽起來有毛病的根本是他們。妳可以繼續想辦法分析她的腦，但我告訴妳，她沒有自閉症。」

女人突然感傷起來：「她以前很正常……」

「就是因為妳一直要她吃西藥，就是那些藥害她變笨。」師父有點動氣。

「我沒有讓她吃很多啦，只吃了一個月就停藥了。因為她變得很沒活力。」女人小聲抗議。

師父指著女人打斷她說話：「好啦，現在妳得做的是，去普陀山拜觀音菩薩。聽懂了嗎？帶女兒一起去，會有用的，多拜幾次。」

「我們應該多久去一次？」女人問。

「去愈多次對妳女兒愈好。反正就先去一次，我們再來看看效果如何。但不要再餵她吃藥了。」

中國佛教徒將普陀山視為四大聖山之一。那裡有一座高三十三公尺的觀音像，每年吸引數百萬信眾前往參拜，佛教僧侶建議信徒前去朝聖是常見的事。但CK師父的說法卻讓我有點不舒服。那女孩聽起來就是自閉症，中國至少有兩間頂尖醫院的醫生都這麼說了，師父高姿態地否定這項診斷似乎只是為了測試女子的忠誠度，而且不是對信仰的忠誠度，是對他本人。他說的只是女人想聽的話：她女兒沒有身心疾病，只是前世因果造就了她此生命運有了奇蹟似的轉折。她的女兒很特別，師父不停向她保證，而她也只需要他的保證。我沒說話，只是掃視房內所有人的臉，努力想看出一點反應，但似乎沒有人跟我一樣不安。

「那你呢？你似乎有話要說。」師父動動頭，點向一名坐在窗邊的眼鏡男子。

男子點頭，正襟危坐地說道：「我的小女兒每個大約兩週就會發高燒，還會起紅疹，我們都不知道她到底是怎麼了。」

師父想了一下：「你們怎麼餵她，母乳嗎？」

「我們餵她配方奶，其他該餵的也都餵了。」

「之前餵過母乳嗎？」師父問。

「有，一直到她七個月大都餵母乳。」

「那怎麼會這樣呢？」師父思考了一陣子，手指一顆顆地搓弄手腕上的佛珠：「她是自然產還是剖腹產？」

「我妻子無法自然產，最後不得不剖腹。」

師父不耐煩地搖搖頭。「回答剖腹產就行了。」然後轉頭望向大家訕笑道：「他老是無法直接回答問題。」

有幾個人跟著竊笑起來，男子也緊張陪笑。接著師父坐正後開口：「你得放生動物，任何動物都可以。」

師父正要點名下一個信徒，男子打斷他：「抱歉，師父，但我們在上海已經放生過一些動物了。」

師父看起來有點驚訝：「什麼動物？」

「黑魚。」

「你們都誤讀經文了，下次放生龜或鱉。但要記得，你們不能把牠們放生到上海的河流中，因為那裡沒有天然河岸，牠們無法上岸會淹死。懂了嗎？」師父說。

「是的。」男子說。

「還要注意放生的地點。上次我們在這裡放生烏龜，附近的人把烏龜抓去吃掉了。最好找人少又有軟泥地的地方。當然，如果之後還是被人抓到了，我無法負責。」

「謝謝你。」男子微笑點頭。

師父將身體靠回椅背，緩慢環視房內一圈。被診斷出自閉症的女孩正在自顧自地輕聲哼歌，但因為房內安靜下來，她就哼得更大聲了。唱完之後，她問師父：「我唱得好嗎？唱得好嗎？好。掰掰，掰掰。」

師父點頭後朗聲道：「阿彌陀佛。」

師父指著坐在女孩身旁年紀三十出頭的女子：「換妳了，我記得妳上次來問過問題，是什麼呢？」

這名女子的頭髮也整齊向後梳，露出一張年輕漂亮的臉龐。她戴著眼鏡，聲音輕柔到很難聽清楚，包括師父。「大聲點，不要害羞。」

女子清清喉嚨，大聲說：「我停止排卵了。」

師父點頭。「看過醫生了嗎？聽說是什麼原因了嗎？」

女子沉默點頭。

師父猜測：「很難啟齒是吧。去看過中醫嗎？中醫怎麼可能診斷不出來？」

女子的朋友開口了：「她只去看了西醫。」

「去看中醫。妳幾歲了？別隱瞞。面對師父不該有祕密。」師父說。

「三十五。」

「如果你到四十歲還沒治好這毛病，就得找其他方法。我們來想想這事為何會發生。努力想，最好想想過去可能相關的事件。」他直直盯著女子。

她避開師父的眼神，盯著地板。師父繼續說：「我曾想在關鍵時刻拉妳一把，但妳不聽。我就說妳和妳丈夫不合，看看現在，這是妳想要的嗎？是妳丈夫樂見的下場嗎？你們得一起想清楚。我現在認真告訴妳，只要走錯一步，其他都會跟著出錯。我現在沒什麼好對妳說的了。」

她繼續落寞地盯著地板。

師父也就不管她了。之後又有幾個人向師父尋求經商相關的建議，他表示之後私下與他們討論，剩下的人幾乎都是來進行醫療諮詢的。其中兩名女性一直無法懷孕，一名女性甲狀腺腫大，還有一名男性的臉和脖子都長滿牛皮癬，情況嚴重。這些人通常都看過醫生，也接受治療，但因為各種原因始終治不好，醫療費用高築，許多人幾乎散盡家財。中國聲稱他們的醫療保險普及，但其實只含蓋了非常基本的醫療開銷，頂多勉強支付專科醫生的看診費用。如果沒有上海戶口（這間房內大部分人皆是如此），你在大城市醫院看診的自付額更高。

就算你存夠錢去看了專科醫生，也得要非常幸運才能享有妥善照護。中國大部分醫院的病人都太多，資金卻匱乏，醫生是隸屬政府的公務人員，每月只能領到不到一千美元的薪水。為了貼補微薄的薪資，醫生通常會在病患家屬給紅包後才進行某些特定治療，也常開立某些藥廠的藥物以得到回扣。後者的情況已經嚴重到出現專有名詞：以藥養醫。

正因醫療保險的情況混沌不明，困惑的人民更亟需尋求解決方案。於是，師父開立的處方就是去普陀山拜觀音，以解決孩子的自閉症症狀；為不停發燒的孩子放生烏龜；另外為了解決女子的排卵問題，師父希望她重新評估自己的婚姻。這一切對他們而言都和醫生的診斷同樣合理，而且價格經濟實惠。

ＣＫ後來告訴我：「人們不知道能找誰解決問題，他們已經看過太多醫生了，最後只好跑來這裡找答案。」

晚餐時自閉症女孩的母親坐在我隔壁。吃過炒茄子、燉紅蘿蔔加豆皮之後，我們聊起她女兒的行為。她來這裡是因為已經試過所有幫助女兒的方法了。她提起下午師父的診斷時皺起眉頭：「我其實知道她是自閉症，她三歲時講話和行為都很古怪，當時我們就知道了。我們很幸運住在上海，至少那裡有收容這類特殊孩子的學校。」

我問她這類學校是否會收取額外費用：「不用，是免費的，但我私底下多給了老師一點錢，希望她能特別關注我女兒。」看來醫生不是唯一靠紅包維生的職業。

她說女兒學校裡大多是腦性麻痺的學生，她的孩子還算是班上功能最好的一位。她問我美國學校如何處理自閉症的孩子。我說：「我母親是小學老師，在她的學校，自閉症學生是和一般學生一起上課的。」

「在中國不可能這樣做，他們覺得會害其他孩子分心，其他家長一定會抱怨。」她說。我說我母親學校的自閉症孩子會有人在校內陪同到處上課。她用手肘碰碰身邊的朋友：「哇，我的女兒在美國可以擁有屬於自己的老師。」

她的朋友豎起大拇指：「美國好，平等。」

那位媽媽開始抱怨：「中國就不是這樣，這裡才不願意這樣對待身心障礙的孩子。嘿，我聽說美國政府會給每位孩子免費牛奶，是真的嗎？」

我對她說，部分聯邦協助計畫確實進行過類似的補助，但要是美國政府提供每位孩子免費牛奶，很快就會破產。美國可能看起來是個很好的地方，但跟中國一樣也有很多問題。但那名女性搖搖頭，堅持糾正我，又說了一次：「美國好，美國好。」

儀式在隔天早上九點舉辦。前晚夜裡風向轉變，甚至下了好大一陣冷雨，把周遭鄉間都淋得濕漉漉的。氣溫驟降，信眾穿著毛衣和大外套圍坐在廚房的煤球爐旁，安靜地吃著早餐。自閉症女孩在隔壁食堂進行每天在學校的運動體操。「一、二、三、四！二、二、三、四！」有些人聽到不禁笑了出來。她瘋狂揮動手臂，繞著潔姬、勞萊與哈台的餐桌不停踱步，但他們沉迷於手機，完全沒留意女孩。

CK告訴我，師父昨晚為了女孩在一尊菩薩雕像前進行了特別的敬拜儀式，最後是因為女孩尖叫著亂踢媽媽，又跑到寺外大哭才結束。CK說那場儀式是為了替女孩灌注正面能量。

信眾在晨間儀式開始前分裂成兩群人：一群是信徒，一群不是。我們這些非信徒先進入寺廟的主殿，在入口拉門旁的兩排皮製拜墊上落座。

我們總共有十個人。在等待信眾前來時，我們都抬頭盯著一座高約三點五公尺的銅製佛陀雕像。佛陀坐在蓮花上，雙手擺放在大腿上，兩隻食指抬起後彼此碰觸，雙眼半張，面帶微笑。佛陀右方是一名表情堅毅的護衛站在白象上，手中握著一枝蓮莖，左方是另一名護衛站在藍虎上，用左手揮劍舉向空中。我拿出手機拍照，但坐在我旁邊的年輕女性悄聲表示殿內禁止使用手機。坐在我另一邊的潔姬、勞萊與哈台看來一臉悲慘，因為還得過一個小時才能繼續滑手機。

我在等待時問那名女性對這裡的看法。「我是第一次來。朋友帶我來的，不錯的地方，但我應該不會再來。」她悄聲說。

「為什麼？」

「我不相信這種事情。」她回答。

師父的四名子弟僧進來後站在兩側，他們身穿黃色袈裟與拖鞋，頭上都已剃度。其中一人用小槌輕敲一只鈴，儀式開始，鈴響在清冷空曠的殿內迴盪。另一名僧侶敲打一組銅鈸，第三名僧侶則用一枝彎曲的棍子敲打懸在梁上的一面鼓。第四名僧侶開始帶領大家誦經，此時師父已經站在門口，面對佛陀行了三次俯臥朝拜。ＣＫ就在他身後，和另外七人跟著他進行同樣的動作。剩下的信徒只能等在這群菁英部隊身後淋雨。

終於他們逐一進入大殿，雙手將香舉上頭頂，之後再插入佛陀前方的香爐。香煙繚繞直到天花板，參拜者一邊誦唸一邊鞠躬，同時逐一走出大殿，我們也跟在他們身後，在簷廊下走成一列躲雨，然後繞了寺廟一圈又回到主殿。我往後看了一眼，發現潔姬利用哈台的魁梧身形擋住濕冷的風。

隊伍慢慢走回正殿時，自閉症女孩開始尖叫：「我只要好吃的！我只要好吃的！我只要好吃的！」她重覆唸著這幾個句子，每一次發作都比前一次激烈。

那是比所有人都更激烈的一種反覆誦唸。她母親抓住孩子的手臂搖晃，試圖阻止她，但只讓情況變得更糟。我想到師父的診斷：「她是觀音的子弟。」於此同時，其他人只能眼睜睜地看著這名母親從儀式隊伍離開，在傾盆大雨中帶著女孩回到食堂。

我們又回到主殿，面對佛陀誦經並俯臥朝拜了半小時。誦唸的速度逐漸變快，銅鈸與鼓聲的節奏也不停加速，砰—鏘、砰—鏘、砰—鏘！我看向ＣＫ，他行進時眼神始終緊緊鎖著前方的佛陀像。他閉上雙眼將香獻給師父，師父接下後插到佛像前的香爐裡。ＣＫ接著以軍隊行進式的精準轉身離開，雙手緊緊交握，背景的打擊樂器節奏逐漸加速，他仍專注於朝拜的禱詞。

透過焚香的煙霧，ＣＫ的表情看來誠懇真摯。他真的想成為更好的人，我心想，這在我認識的人當中並不多見。畢竟每個人壓力都很大，無論是為了賺夠錢養孩子，還是像這裡的其他人，光是為了親人的醫療費用就已經焦頭爛額，遑論改善自己的生活。雖然這間廟的師父並不是醫生，卻也真的是一位心靈導師。正如同傅大嬸在非法教會中所學到的生存方法，CK小心避開師父較為可疑的面向，努力從中取得所需，一如蓮花想辦法鑽出淤泥。這是他目前尋找人生靈光之旅中的最佳機會。

CK和其他人各自回到拜墊上。此時一旁的僧侶以激狂的節奏敲打著銅鈸與鼓，參拜者也以一波波的俯臥朝拜回應，速度愈來愈快，於是空間內交雜著震耳欲聾的金屬敲擊聲、跪拜在地的撲通聲響，以及誦經的人聲。最後師父起身，拿了小槌，敲響一只銅鈴。

所有聲音瞬間平息下來，只剩銅鈴響徹正殿，混合著外界的自然音韻。剎那之間，我們只能聽見雨水敲擊在水泥地上的聲音。我從正殿的格子窗望出去，注意到一對老夫妻肩扛鋤頭沿著湍急河水走著，準備到稻田內繼續工作。

之後回到餐廳，我們準備在搭巴士回到上海前用最後一餐。CK和我坐在一起，問我對這個週末有什麼想法。「很有趣，你似乎在這裡找到一些特殊的依歸。」我說。

他點點頭。「我來過這裡好幾次，但這次不大一樣，我沒想到師父會在儀式中選我直接跟在他身後。」

師父給了CK不少回家作業，包括朝拜、誦經，以及固定的冥想時間。我要求採訪師父，但他透過CK表示自己太忙，沒有時間回答外國記者的問題。「關於這個週末，你想寫什麼都可以，師父只有一個要求：不要寫出寺廟的位置。我們希望保持低調。」CK告訴我。

我點頭，然後問他這個新信仰對他的幫助。他想了一下：「來這裡之前，我酒喝得很多，偶爾吸大麻，你知道的，只要有朋友邀請，我就能徹夜喝酒。不過來這裡之後，我再也不需要這麼做了。那種生活對我本人和我的氣場都太不健康。」

他繼續說：「之前感覺一切都失控了，但現在我又能重新掌控自己的生活。」

大門打開，所有人撐著傘在門口，接著走向廚房幫忙把午餐擺上桌。CK和我看著大家。「我喜歡到一個地方，和與我感受類似的人一起參拜，無論他們來自何方。」

CK這輩子都在尋找真正的歸屬之地。此時他起身幫助他人準備午餐。窗外雨滴持續落下，在河面激起一道道漣漪。

等待午餐開飯時，我晃蕩到食堂後方的一間倉庫，裡面半完成的雕刻木門高高堆放到天花板，旁邊有一台手推車和一把老舊的電鋸。從寺廟上方透進來的光線灑落於髒汙地面上的毀棄皮鼓和破舊香爐上。我能聽見樓上人們的交談聲和外面的雨聲此起彼落。

儲藏室角落塞了一座破舊的玻璃櫥櫃，高度和我差不多，裡面是穿著招牌灰色西裝的毛澤東像，就這樣直盯著我。我看到他僵住了，實在沒想到會在一座佛教寺廟的地下儲藏室見到毛主席。但他就在這裡，臉上微笑彷如佛陀，只是頭上仍留了招牌髮型，下巴上的痣更讓人不可能認錯。

我猜師父之所以留著毛澤東像，是為了萬一當地官員訪查做準備，不過今天當然沒發生這樣的事。樓上的人們不過是老百姓，對毛澤東的一切知之甚詳的老百姓，只不過現在他們想追尋的更多。就在這名老領袖的兩旁掛著紅色布條，上面以黑色的字寫著：

永誌毛主席

莫忘共產黨

第十四章 家

麥琪里被夷平一個月之後，陳里長和妻子謝國珍寫了一封信給上海市長：

我們現在無家可歸。天氣愈來愈冷。我們的財產權與安居權遭到漠視。我們希望領導可以關注此事，在這座美麗的上海之城，重新給予我們生活中應有的公平與尊嚴。

這對夫妻失去了自己的家，但找到暫時的棲居之所。在破舊旅館暫住幾個月之後，他們在前法租界另一區的某條安靜巷弄內租了間公寓。「這邊比匯賢居還要好。」陳里長在我造訪時玩笑著說。

他們的新居是挑高的兩房公寓，一個世紀前曾是歐式別墅的二樓空間。我們坐在一扇敞開的法式門扉之前，透過門外的陽台可以眺望花園景致。這對夫妻每月得支付的租金大約是四百美元，稍微高於兩人月領養老金的一半。

儘管情況不算樂觀，但陳里長的情緒卻異常高昂。上海市長還沒回覆他的陳情信，他也還無法拿回之前房內的財物，當地記者也不願與他來往。「中國強制拆遷的案例實在太多，擠不出新的報導角度了。」陳里長轉述一位新華社記者在電話裡的說法。

他說我是唯一還對麥琪里拆遷有興趣的記者，也想知道我們一起去拜訪地區房屋管理局的可能性。我在兩年前陪老康去過一次，他的房子被拆毀後就始終無家可歸。

「你們去拜訪之後，官員很緊張，所以答應每個月補助老康一千元人民幣。」他告訴我。

陳里長說有了那些錢，老康能在上海郊區租一間公寓，我想了一下，不確定該做何感想。他看出我的猶豫，於是說：「我其實不確定這樣好不好，他們應該會逼我簽一些文件，確保我以後不會再找他們麻煩。」

陳里長可不願意做出這種承諾。他的床邊放了一本從上海市圖書館借的書，《公有土地規範：拆遷與補償》，裡面都被陳里長畫滿螢光黃的重點。他翻開書，找到被翻得破破爛爛的一頁，用食指劃過一行行細小的中文字說：「看看這頁，講得清清楚楚，關於強迫安置：公證局必須通知在地產權擁有者到場，如未通知，必須將所有財物登記在案。隨後財物必須逐一登記入庫。」

然而就在拆毀當天，陳里長和謝國珍回到原地時發現，公證局根本沒有時間列管財物。當地官員只把所有東西裝進大型塑膠袋內丟上卡車，好讓挖土機和推土機可以盡快夷平他們的家。

陳里長又翻到他做了標記的另一頁。「看這裡，就算要拆毀我們的家，也該事先通知。」他不禁提高音量：「北京應該派一支調查隊過來，他們嚴重侵犯了人民權益。」

謝國珍始終安靜地坐在床沿，但聽到這句話笑到差點把手中的茶灑出來。她笑罵丈夫：「習近平才不可能派什麼調查隊過來，類似案例在中國太多了，我們的事情只是滄海一粟，他才懶得管。」

陳里長氣呼呼地把書闔上，謝國珍沒理會，指著丈夫說：「他相信電視上那個看起來完美無瑕的中國，但此時此地發生的一切，才是真正的中國。」

陳里長再次與妻子爭辯：「我真心相信他們不會這樣拆毀我們的房子，他們一直說會保護人民的利益。我還是不敢相信那天發生的事。」

謝國珍搖搖頭，望向丈夫的眼神像是主人望著無法停止追逐尾巴的小狗。

陳里長轉向我：「我想問你，我弟弟住在紐約。你覺得我們有可能向聯合國陳情嗎？」

謝國珍氣到不行，緊咬嘴唇望向天花板。

「我不確定會有用。」

他點頭，眼睛檢視那本書的封面。他的弟弟在布魯克林有一間房子，一直要他搬去美國，陳里長從未考慮這個選項。加上他現在也出不了國了，因為護照留在老屋內，而那裡現在只剩下一堆碎石。房子被拆毀的一個月內，他對於自己的信念顯得更為固執。在那天之前，他只是覺得有權留在那個半毀的廢棄街區，有權住在自己家中；而現在，當自己的家被從地圖上完全抹去，他的信念只變得更為堅定。他還在要求徐匯區政府補償他們一間位於原居附近的住處，但恐怕很難實現。

「你要到什麼程度才會願意放棄？你何時要放下這一切，繼續過日子？」我問。

這個問題使他感到不悅，他衝口而出：「不可能，我們之前的鄰居都同意繼續抗爭，只是要找到新的抗爭方式。」

「你在美國的弟弟對這件事有什麼看法？他也是在麥琪里的那間房子長大的，是吧？」

「我們每天都會通電話。他也問我何時要退後一步，尋求妥協方案，比如要求一間鄉下的房子作為補償。」陳里長說。

「是呀，這樣做不是比較好嗎？」

「為什麼我們得這樣做？我們又不是奴隸。房子本來就是我們的。原本屬於我父親，現在屬於我的家族。反正就是我們的，政府依法不能奪走。」

「可是你討論的這些法條，或許有明文記載，但黨高於一切。只要你跟政府出現紛爭，法律根本就是『假的』。」我說。

陳里長一聽到「假的」二字用力搖頭。「不！」他吼聲道。「這些法條是真實存在的，只是在這個案例裡，政府拒絕遵守而已。不然中國憲法呢？難道也是假的嗎？你不能說這些法條是假的。就連黨也堅持這些法條真實存在。」

它們確實存在，但只為了共產黨存在，而非十四億人口。共產黨創造了現存的中國法律，對於如何詮釋也擁有最後決定權。只要人民和政府之間出現法律爭議，誰輸誰贏昭然若揭。

我造訪陳里長與謝國珍的新公寓後，過了一週，一名北京人大代表要求黨正視人民的憲法權利，地方法院因此針對此案進行審理。當時是二〇一四年一月，提出的人是許志永。四十歲的他身材如海軍陸戰隊般魁梧，擁有的腦袋更造就他成為中國最受矚目的律師之一。二〇〇三年，官方中央電視台稱他為「十大法治人物」。身為法律行動分子，他要求政府讓移工子女擁有更好的教育機會，好讓長樂路上像是大陽、小陽這樣的人不再前途黯淡。許志永也公開呼籲中國領導人公布資產，這對習近平而言是個敏感議題，畢竟彭博社（Bloomberg）才剛做了「習近平的百萬富翁關係揭露菁英財富」的報導。

許志永成立了所謂的「新公民運動」組織，希望從中國體制內部推動改革，進一步確保法律能被確實執行。當時他所呼籲的內容和中國領導階層要的差異不大，畢竟政府中有重要人物在推動教育改革，習近平也在推行反貪腐行動，將數千名貪汙官員起訴，從體制內拔除。不過，要求終結貪腐的許志永卻在人大代表的第二任期間遭到逮捕，並在清冷的一月被判刑四年。許志永在法庭上被警衛帶走時，對現場所有人表示：「今日的法庭完全摧毀了中國法制的最後一絲尊嚴。」

隔天，我在外國新聞網站看到許志永被判刑的消息，心中就想到了陳里長。他和許志永帶著一樣的熱忱與正義感從事抗爭，最後是否也可能鋃鐺入獄？

那年又過了沒多久，我某天被一陣轟隆聲吵醒，原來是挖土機正在清理陳里長夫婦房子的殘骸。橘色的巨大恐龍緩緩前進，一點一點鏟起地上的紅磚、水泥塊、木頭碎片，接著抬高手臂、旋轉，將所有殘骸「轟」一聲地精準倒入一旁的綠色翻斗車。這片存在八十年的街區只花了一天就被清除殆盡。接著，一隊穿橘色連身服的工作人員出現，他們用水泥灌漿蓋出一間給工人居住的紅頂房舍。匯賢居的住戶間開始出現傳言：那片土地似乎已經租給開發商，即將又要蓋起一系列的摩天高樓。

我打給陳里長詢問時，他回答：「不對，不是這樣的。區政府還沒賣地，他們在處理完我們的陳情前，不會有進一步動作。市政府在今年夏天有很多建設計畫，不過是蓋臨時屋給工人住而已。」

那年夏天，我每天早上都吃著早餐，看著那些來自全國各地的工人在宿舍外走動，偶爾蹲在陽光下喝著碗裡的粥。有時他們一起離開去修復某條瓦斯管線，傍晚時一身汗濕又疲憊地回來，但一天的工資總算入袋，為了家鄉的親人多掙一點錢。

隨著夜幕低垂，他們的窗戶也亮了起來。在這個陳里長曾經眠夢的地方，他們和之前無數曾在此地生活的人一樣，進入孩子一般的眠夢。也如同其他人，某天他們也會消失。秋天，穿橘色連身衣的工人拆除了這棟臨時建築，到了年底，麥琪里又成為一片被牆圍起的廢棄土地，只剩野貓在及胸的野草間逡巡。在中國人口密度最高的城市之一，這裡成為其中最大的靜默叢林，無論誰買下它、賣掉它，又或誰稱之為家，這片土地都只是靜靜地等待著下一次的輪迴新生。

＊＊＊

我在二〇一〇年時搬到上海，當時麥琪里的圍牆上寫了「城市，讓生活更美好」。五年後，牆面上的訊息變了：

實現中國夢
活力滿中國

這組標語就釘在陳里長夫妻家舊址邊的圍牆外，面對著人來人往的街道。之後大約每隔五公尺就會出現另一組標語，上面寫的可能是俗諺，可能是詩文，但傳遞的訊息都差不多：擁抱中國夢，熱愛你的祖國。這批裱框宣傳海報延伸了整條麥琪里，繞過兩個街角，最後終止在偉祺父親試圖阻止拆除大隊而被燒死的地點。

我打電話給偉祺時，當時香港正好有暴風雨。他告訴我：「天氣很糟，每天下午大約這個時間就會狂風暴雨，彷彿世界末日，會讓我聯想到家鄉，就是上海的那種黃梅天。」

每年六月都有這麼一段梅雨季，正是鄉下黃梅綻放的時節。那幾週風強雨驟，極度潮濕的氣候會籠罩整片長江三角洲。

不過就在五月底的這天，上海天空一片蔚藍，空氣乾爽，我位於十一樓的辦公室窗外還拂過一陣暖風。我站在窗邊望著底下雕塑公園內放風箏的老人，電話線另一端的偉祺則站在空無一人的會議室中，從窗戶俯瞰香港市中心，眼神緊盯著暴風雨而非香港交易市場。我們兩個都在開小差。

偉祺談到婚禮準備的進度。他的未婚妻來自中國西南省分雲南，在康乃爾大學就讀碩士時與偉祺相遇。兩人即將在秋天結婚，偉祺母親也為了婚禮暫停陳情行動。典禮計畫在西郊賓館舉行，那是中國領導每到上海就會落腳的官營旅館。對於一個母親總因抗議中國領導而進出監獄的人而言，選擇這樣一個地方舉行婚禮實在有點古怪，但偉祺不這麼想。中國到處都存在這種衝突現象，而忙於婚禮的他根本沒有餘裕注意。

此外，他還得費盡心思保住工作。中國的經濟發展速度趨緩，開始出現熊市的徵兆，全香港的銀行投資部門都在裁員。

從窗戶往下看，大樓底下有身穿白色連身服的學生從校門湧出，每個人脖子上還繫了紅領巾。因為晚上得寫作業，大家都想趁此段空檔衝去公園偷一點空閒玩樂。上空則有一群返家的鴿子在午後的陽光中飛翔，並隨著領頭鴿子的直覺不停改變路徑。所有鴿子都擠在一起，儘管路線看來隨機，卻沒有一隻鴿子脫隊。

「你是報導中國經濟的記者，對未來怎麼看？」偉祺問我。

我常在中國各地被問到這個問題。這裡有世界上最難搞懂的經濟體系，而他們選擇問我也確實合理：我是一名外國記者，相較於許多本國記者，確實能夠更自由地在中國境內四處移動調查。不過這問題總讓我覺得自己是個糟糕的記者，因為這個問題無法回答。「每當我知道愈多關於中國的經濟，就愈覺得自己不夠理解，有太多經濟活動屬於黑市交易，很難知道真實狀況。我只能仰賴旅途中得到的各式軼聞。」我回答。

「那靠著軼聞，你得到什麼結論？」偉祺問我。

「目前中國擁有前所未見的大量資金，但大多拿來進行無謂的建設，人民完全沒受惠。」我說。

「我也是這麼想。」

他也注意到有一群投資人開始把資產移出中國。「有人說留在中國的錢不是真的錢，居住在一個不尊重私產的體制內，你永遠無法確定手中的錢是否屬於自己。」他告訴我。

偉祺花了不少時間思考房地產的問題。他父親為此而死，母親一輩子都在為其奮戰，自己又花上多年在美國的頂尖大學研究其對資金流動的影響。最後他做出結論，認定共產黨對私產尊重與否將會決定其成敗。「一旦政府懂得尊重私人財產的概念，也就有機會培養一群不必擔憂自身安危的權貴。一段時間後，這群人會變得相對理性，也能學會為了建立一個更好的國家而彼此妥協。」他解釋。

假如此事成真，偉祺預測未來中國人或許真能擁有自己的土地，而非從全世界最大的地主手中租地使用。

面對中國領導人，他早已學會不要抱持過高期待，但習近平仍使他比之前更受鼓舞。他說：「在資深官員家庭長大的人能受到更完善的教育，也更有可能成為一個理性的人，他的『中國夢』是一種想要改善中國的野心，真的很好，但目前這個階段，我不認為光靠一個人能改變中國路線。改變需要時間，而且老實說，這國家畢竟不是他一個人能掌控的。」

偉祺計畫之後回上海定居。「我恨香港，這城市亂七八糟。」他向我坦承。「大部分香港人都過得很悲慘，幾乎不可能買得起自己的房子。上海也有許多問題，我的家庭也發生過糟糕的事，但我仍願意住在那兒。我經歷的夠多了，根本不怕。」

又一陣暖風拂過我的窗前，樓下有孩子在公園追逐，我可以從十一樓聽見他們的嬉鬧聲遠遠傳來。路樹上方的天色一片清朗，鴿子也已結束了牠們的午後飛行，靠著直覺追隨彼此回到公園後方巷弄內的鴿舍。主人早已在牠們練飛時打掃好鴿舍，重新在飼料碗中填滿種子。我想像牠們飢餓地啄食晚餐，填飽肚子，因為返家而心滿意足。

＊＊＊

五年來，王學頌的美國生活都侷限於法拉盛圖書館方圓五公里的範圍，但這個世界很快就要變大了。他即將慶祝自己取得高中同等文憑及五十八歲生日。接著，或許就有一個工作機會能把他帶離皇后區。「我已經到曼哈頓進行職業訓練了。」王學頌告訴我，臉上還帶著信心滿滿的微笑。

比起之前，他似乎對法拉盛以外的世界更感興趣了。我在二〇一四年秋天再次造訪紐約，和弟弟的家人住在紐澤西，搭火車進紐約市見他。王學頌問我路程費時多久？過程中是否遇過什麼麻煩？還問了很多與紐澤西有關的問題。那裡環境怎麼樣？房子大嗎？能看到野生動物嗎？有中國人住在那裡嗎？他只聽說過這個地方。對於一個從未離開過紐約的人，這個花園之州聽起來充滿狂野的異國風情。

王學頌的失業福利計畫也補助職業訓練的費用。於是接下來兩年，他將每週前進曼哈頓修習行政管理課程。「我想應該能幫助我勝任診所或醫院櫃檯的工作，又或許是在市中心的法律事務所，反正就是那類地方。」他推測。

這話聽起來像是一名高三生在思考就業市場的情況。我們上次見面是半年前，當時他一心想成為運輸局的維修技師。「我沒考過，我的英文不夠好。」他的語氣似乎一點也不難受。

在此同時，他又應徵在甘迺迪機場內的GAP服飾店和另一家免稅店的兼職銷售員，但始終沒有收到回音。

儘管王學頌的冒險之旅已經邁開一小步，他仍堅持和我約在法拉盛圖書館上回那扇角窗前的同一張長凳上。那是一個晚秋的早晨，樹葉已經開始轉黃。窗外對街店面寫滿中文字：「翠江超市」、「明星第一美髮沙龍」、「平安健康藥局」……諸如此類，其中的異國風情讓我聯想到上海的長樂路最近的轉變，愈來愈多外國餐廳與咖啡店選擇用英文自我行銷。王學頌身穿奶油色花襯衫，下擺塞進正式的黑長褲中。「這袋裝的是你們家的信。」我把一個裝滿紙張的塑膠袋遞過去，袋子沉甸甸的彷彿裝了顆保齡球。

今年夏天，他花了點時間重新考慮這些信的事，於是當我從上海來電，表示即將再次造訪紐約時，他鼓起勇氣開口：「你、你願意把那些信影印一份給我嗎？」

他拿起袋子說：「哇，我沒想到信那麼多。你大老遠把這些從上海帶來，還要搭火車從紐澤西拿到這裡，一定給你添麻煩了。」

「沒有。」這是中國人表示「不會」時常用的說法。

王學頌伸手從袋子裡拿出一疊信，開始翻閱，在發現一封由母親寫的信件時停下來細看。信紙上方寫了一九六〇年，當時的她三十四歲，而王學頌才兩歲。「我記得姊姊告訴過我這件事。」他話沒說完，又繼續讀起那封信。「政府收、收走房子，我們只好開始付租金。一個月收八點五元人民幣，換算起來大概只有一美元吧，但我母親當時連這點錢都付不出來。她得養六個孩子，我們當時都還小。」

他把那封信擱在大腿上。「幾個月後，房屋管理局的官員前來通知，要是再不付房租，就要把我們送到甘肅省。他們保證提供工作與住屋，但一定是謊言。我媽、媽媽知道鄰居中有人就是被送到甘肅，後來只能靠乞討維生，最後想盡方法才逃回上海。我媽哭了，她告、告訴官員自己不能虧待孩子，好不容易才讓他們放過我們。不然我們就會流落到甘肅去了。」王學頌的眼神流連於母親的手寫字句中。「甘肅的饑荒很嚴重，人們得吃草和樹皮，甚至還有更慘的。很多人在那邊餓死，我們可能也會死在那裡。」

甘肅省位於中國西北的山區沙漠，三年內餓死超過百萬人。人吃人的消息也時有所聞。

我想像劉舒元站在上海一條安靜巷弄的門口哭求，身後的孩子卻不懂為何一名陌生男子能讓母親哭得那麼傷心。我也想像那名官員，他正在衡量是否要因為房租遲付的問題，把這個女人連帶孩子丟去鄉間送死。究竟是什麼改變了他的心意？憐憫之情？還是因為工作了一整天懶得跑書面程序？正是那毫秒之差下的決定，讓我和王學頌得以在五十五年後出現在世界另一端，並肩坐在這間圖書館內。

其他人的命運也就這麼定了。我從王學頌那裡得知了他姊姊們的消息：大姊、二姊、四姊都和家人住在紐約，孩子們都上了大學。送人領養的小妹離婚又再婚，早早退休後與丈夫及女兒一起搬到溫哥華定居。「她很會做生意，賺了很多錢。我的姊姊們都過得很好，也擁有自己的家庭。比起來我過得最糟。」他自嘲地笑出聲。「我已經六十歲了，還在這裡學英文。」

王學頌覺得自己該早點開始學英文，但也承認實際上有困難，畢竟在他還是青少年時，學校常因政治活動關閉，英文又被視為資本階級的語言。「現在這麼多國家都在說英文，我們該把英文視為全球性的語言。想像一下，要是全世界的人都說英文有多好？許多國際衝突說穿了就是溝通問題。這下不就解決了嗎？」

一開始來到紐約這個第二家鄉，他的朋友都是中國人，但五年後，他已經因為英文課認識了來自俄羅斯、印度、古巴的朋友。他們常彼此交換祖國的故事，也談世界上各式各樣的問題。王學頌向我袒露心思：「我有個或許不大成熟的生意點子，我想成立一間約會公司，幫來自不同國家的人牽線。我覺得要是有一天，所有人都能屬於同一個種族，說同一種語言，那該有多好？人人平等。」

王學頌似乎備受紐約精神的鼓舞。「無論得花多長時間，理想上來說，你覺得人民需要什麼樣的政府？」我問他。

王學頌說：「我有些朋友認為中國的政治體制比較有效率，不會拖拖拉拉。一個人就能做決定，不需要經過對立黨派花上大把時間爭執後尋求妥協。」

他又靜靜地思考了一下：「但要是做決定的那個人不夠好，或者領導國家的知識不夠，可能就會做出錯誤決定，那我們就都完了。我覺得美國的政治體制比較優良。」

王學頌還沒投過票。如果要成為美國公民，他得先放棄中國公民身分，那代表他會失去在長樂路上的祖屋。

正在思考的王學頌皺起眉頭。「我終究得處理這個問題，畢竟一個人只能住在一個地方。一旦決定稱美國為家，我想就得把那棟老家賣掉。」

家庭正在召喚他。直到那個秋日早晨對話接近尾聲，他才不經意地提起這項消息：「我結婚了，妻子在廣東，她希望明年可以搬來定居。」他輕聲說。

王學頌看起來有點難為情。他一直善盡孝道，出生於一個沒有父親的家庭，他很清楚獨生子有什麼義務。他這輩子都在照顧母親，填補她失去丈夫的空缺，但過去幾年母親的眼神逐漸變得空茫，他知道自己正在失去這個相伴之人。

兩人是相親結婚的。王學頌的一個朋友把女方介紹給他，兩人在網路上聊了一個月後，他搭機到廣東這個南方省分與她見面。幾天後，兩人就在女方家鄉成婚。她是一名來自鄉村的三十八歲離婚婦女。王學頌笑說：「比我小十九歲，現在正在申請美國簽證。」

「她會說英語嗎？」

「不大會，不過可以先做看護。她會說中文和廣東話，對找工作有幫助。」王學頌說。在法拉盛這個地方，能夠掌握兩種中國方言比熟習英語還有用，此外，兩人光靠王學頌的失業福利津貼生活其實綽綽有餘。「有她的照片嗎？」我問。

王學頌負擔不起智慧型手機。他總在皮夾裡收著幾張照片，但今天一看，發現忘了放妻子的照片。「現在沒有，不過反正她也長得不大好看。」他開心地說。

他似乎對這點感到滿意。這段婚姻和中國許多婚姻一樣，兩人就是各取所需。那名女性來自貧窮的廣東北部，王學頌很清楚，美國居留權是她即便相差近二十歲仍願與他結婚的主因。如果她長得太好看，王學頌擔心她在紐約認識別人之後會跑掉。

「你們想生小孩嗎？」我問。

王學頌微笑：「我們是這麼希望。」他的雙眼望向窗外蔚藍的紐約天色。

王學頌把影印信件仔細收回塑膠袋，拉開他的黑帆布袋裝進去，就整齊收在他的高中筆記本一旁。課堂要開始了，他的朋友陸陸續續走進圖書館，並在下樓走進教室前與我們揮手致意。地球的另一邊，他的妻子正在為展開新人生做準備。王學頌起身微笑，與我握手道別，他說：「每個人都需要家庭，你無法獨活。」

第十五章 中國夢們

CK離開湖南的這十年之間，他的家人從未要求他回家，但二〇一四年冬天，他接到一通電話，父親告訴他：「奶奶中風了，半身癱瘓，需要你回來幫忙。」

為了照顧奶奶，他父親每天得餵三次飯，下午還得推坐輪椅的奶奶出外透氣，每晚還得起床兩次照顧她上廁所。他不能離開她身邊超過一小時，至多兩小時。另外他的身體健康也每況愈下，已經因為輕微心臟病預定進行一次手術。CK得回家照顧奶奶一個月。

如果是手風琴生意，他靠電話連繫即可，但「二樓」三明治屋情況完全不同。他的生意夥伴Max因為女友懷孕，打算回老家結婚。「你得靠自己了。」他告訴CK。

即將成為父親的Max決定退居小股東，由CK全權負責餐廳的每日營運。雖然眼看接下來幾個月店內會有很多事要處理，但CK知道這可能是他最後一次見到奶奶，於是他拿出行李箱，丟了幾本意義深奧的藏傳佛教書籍和換洗衣物進去，搭上高鐵，橫越超過一千二百公里回到湖南。

這是一次遠離城市物質誘惑的喘息機會。自從我們一起去過那間寺廟之後，他又獨自前去朝聖過幾次，也因此看起來更為健康開心。以前打烊之後，他習慣和朋友去喝上幾杯，現在卻寧可回家做睡前冥想。

「為信仰而活，為信仰而戰，為信仰而死。」他在微信的自我介紹上如此寫道。曾經他的微信發文充滿和朋友到處參加派對的照片，現在則是他和師兄弟一起幫忙師父的寺廟擴建工程。其中一篇貼文如此寫道：「我們正在內面屋頂上裝置一千零八十尊釋迦牟尼，如果想要捐錢，每尊雕像的奉獻金額是五百元人民幣，你的大名會被刻在雕像的蓮座上。願佛祖保佑你。」

ＣＫ的奶奶已經九十歲了。他小時候曾聽她談過那段優渥的童年。當時她是銀行家之女，每天都有司機開車送她到私立女校上課，畢業後與一名文學教授結婚。共產黨上台時，她二十五歲，政府不但奪走了她家的財產，還給他們貼上「地主階級」標籤。多年後，紅衛兵又為他們貼上另一張標籤：反革命。ＣＫ的爺爺則是在國民黨占領村莊時被召募為兵，為對抗共產黨而戰。

在文化大革命最激烈的時候，紅衛兵幾乎每天凌晨三點都來敲這對夫妻的門，又是審問又是出言威嚇。這樣的情況每日不斷地持續數月，爺爺失眠，被壓力逼得幾乎要發瘋。「你根本找不到對抗體制的方法，你要不就自殺，當時很多人選這麼做，要不就繼續受苦，沒有其他方法。所有人都被洗腦了，所有人都害怕。」ＣＫ告訴我。

等到ＣＫ出生時，爺爺已經搬離，決定在家人樓下一間狹小、散發惡臭的房間內獨自受苦。奶奶每天都會下樓替他燒飯。ＣＫ告訴我：「他根本無法理性思考，身體抖個不停，老怕半夜會有人來敲門把他帶走。」所有人際互動只會讓他病得更厲害。

這讓我想起在法拉盛的圖書館內，王學頌對我說了一件事。有時候，他那煎熬於阿茲海默症的母親會在半夜突然坐起身，深信自己聽見紅衛兵在敲打他們位於紐約的公寓大門。

「他們要來訊問我了。」她會這麼告訴兒子。

ＣＫ知道他永遠不能問奶奶關於爺爺發生的事。但正因如此，他才會在年幼時感到如此痛苦，甚至在距離奶奶沒幾公分的地方試圖割腕。她也完全沒意識到外孫的苦惱。

不過，這都是過去的事了。ＣＫ這一代面對的是無比豐饒的機會之海。他的父母或祖父母一輩或許完全受限於體制，只盼生存，但他在成長過程中卻有了更多選項。於是他選擇了自己的事業、自己的宗教、自己的家，以及自己的夢想。

但ＣＫ無法選擇自己出生的國家。這是一片要求所有人奉行孝道精神的土地。於是，三個星期以來，他每天凌晨四點起床，把奶奶背去廁所，再背到廚房好為她做早餐。接著他去市場買各式用品，順道去醫院探望父親，再回家為奶奶準備午餐與晚餐。每天他會推著奶奶到戶外呼吸新鮮空氣，晚上起床兩次帶她去上廁所。等到父親的狀況足以回家休養後，ＣＫ需要照顧的人又多了一位。

「重新和父親一起生活並不容易。」ＣＫ回上海後告訴我。他的奶奶早就失去語言能力，父親也就習慣面對一片靜默，並且以自言自語回應家中的空寂，就算和他講話，他也不會回應。

這是一種沉默治療，幫助ＣＫ正式揮別聆聽父親抱怨體制數小時的童年。現在的父親只是一具喃喃自語的空殼，不過他也承認，自己不知道哪一種父親比較糟。

只有那麼一次，父親還算清醒地命令他把三明治屋收掉變現。賠太多錢了，他告訴兒子。

「或許之後我會接受他的建議吧，但我還有存款。只是真的搞不清楚銀行帳戶裡頭還有多少錢。」他皺著眉說。

我想這種說法應該算是好徵兆。他生活節儉，賣手風琴的收入也累積到足夠作為退休基金。這些年來，他每月還寄給兩老各二千元人民幣支應生活開銷。

某天下午只有ＣＫ和奶奶在家，她要求他把自己抱上床。

「她要求的時候臉上有種表情，我覺得好怪。但我只說：『好的，奶奶。』然後扶她上床。」

兩分鐘之後，他還是因為奶奶的要求感到不安。他推開臥房的門。

「她把圍巾的一端綁在床頭柱上。」他告訴我。

奶奶把圍巾的另一段則綁在脖子上，試圖翻身下床勒死自己。ＣＫ瘋狂衝上前，將奶奶虛弱的身體移回床墊中央，把圍巾從她脖子上取下，一起癱倒在床上；就在這張兩人曾共同入睡的床上，孫子把奶奶擁入懷裡。

＊＊＊

「還能忙代表你在賺錢，一旦開始無所事事，那就是要賠錢了。」傅大嬸揮手指向丈夫說。

馮大叔平躺在床上打瞌睡，身上蓋著被子，他的電視大聲播放著健康節目。傅大嬸則在我抵達時關掉了自己那台。

當時正是冬天最冷的時節。長樂路兩側的梧桐樹枝條赤裸，足以讓人對上方的建築有清楚的視野：一世紀前歐洲人建造的華美別墅，後方襯著整排中國人建造的摩天玻璃鋼骨建築。過去十年來，上海大興土木，上海幾乎沒有閒著的傢伙。

傅大嬸尤其沒閒著。我在蛇年年末時結算了她投身的各式投資騙局：性生活保養貼片的金字塔詐騙、交易金條的溫州公司、號稱經營「中國最大骨董交易平台」的公司、販賣萃取自灌木「沙棘」的藥草茶的內蒙古公司、曾邀傅大嬸參觀過公司總部的真菌公司，另外當然還有那間電商公司蓋網。

這些公司看來毫無前景可言。真菌公司已被當地法庭判決為詐騙公司，公司職員也即刻鋃鐺入獄。許多網路論壇上的討論也直指蓋網進行詐騙。而我才調查了這兩間公司而已。

為了迅速致富，傅大嬸總共投資了大約五萬美元，差不多就是她的畢生積蓄。

這對夫妻進行的房地產投資看來同樣不妙。大兒子出生後，兩人於一九九三年回到上海，此後總共買了五間房子。我同樣清算了一下他們的地產狀況：兩間房子已經因為上海市的發展工程遭到拆除，一間被發現進行違法裝修，還有一間馮大叔賣掉後為情婦買了新房，最後一間位於長樂路一棟破舊房屋的一樓，也就是目前夫妻倆居住的單間。此外，其中兩間房子因為傅大嬸提告而牽扯於訴訟中，其中一件的被告還是她丈夫。兩件案子目前皆未獲解決。

一輩子的打拚怎麼會落得如此下場？傅大嬸在和我喝著沙棘茶檢討時，偶爾還忍不住要推銷一下：「這茶對心臟很好，買一盒，推薦給朋友。」

我瞄了躺在床上的馮大叔一眼，很想爬上床，以胎兒姿態蜷曲在他身邊。表面上看來，這兩人生活簡單——有間小公寓，退休金過得去，每個週末都能去看兒孫，但底下卻是暗潮洶湧，充滿欺瞞、心碎、貪婪等複雜情節。

等到我們喝完茶，馮大叔已經鼾聲大作。傅大嬸默默地拿起遙控器調低電視音量。她走到房間角落，用雙手小心地從箱子內取出一本老相簿，她拿了一張廁紙，以電視作為光源擦去相簿上的灰塵，然後戴上眼鏡，到桌旁我身邊坐下。

「上次來的時候，你說想看我們在新疆的照片。」她把相簿遞給我。

相簿封面覆蓋著白色絲緞，上面畫有熊貓母子一起吃竹葉的圖案，裡面的照片橫越了幾十年的時光。我一頁頁緩慢翻看，然後停下來看這對夫妻最早的一張相片：一九七一年拍攝的一張黑白照。當時的傅大嬸與馮大叔都才二十來歲，新婚，馮大叔頭上斜戴一頂報童帽，穿著一件破舊的橫紋襯衫，並因此露出長年在沙漠日曬工作的黝黑寬廣胸膛。他的牙齒又白又整齊，開朗微笑時看來自信、英俊，完全看不出後來個性中的憤世嫉俗。

傅大嬸坐在他前方，身體往後傾靠在他的肩膀上，黝黑的雙頰襯托出那抹愉悅、深刻的微笑。兩人看來就是一對熱戀中的年輕愛侶。

攝影棚的背景畫了一整排沿湖邊生長的松樹，湖面則反射了覆蓋白雪的皚皚山脈。「新疆真的有這樣一個地方，離我們住的地方不遠。」傅大嬸用食指指著那片布景，完全忽視她和丈夫的笑臉。

傅大嬸微笑起來，敲敲照片說：「等蓋網上市，我賺了錢，就要在那裡買間房子，搬回去。」

這是她的夢想：回到那片尚未被人類馴服的荒原，河水恣意奔流，松樹環繞的清透湖面反射山巒倒影，多麼美麗純樸的地方。

但要買到這張回家的車票恐怕還要很久。目前她在蓋網的股份仍然一毛不值；這間公司很可能永遠不會上市。每次拜訪傅大嬸，我都要確認一下進度。

「還沒。」她的聲音透露出一絲失望，但臉上總會迅速一掃陰霾。「下個月就會上市了。」

過去一年我已經聽她重覆這句話十一次了。

但這個春天，她口中的「下個月」總算到了。「蓋網在倫敦交易所上市了，我很快就要回收我的投資了。」傅大嬸向我宣布。

我立刻趕回辦公室確認這項消息，最後卻只能失望地搖頭。蓋網的董事局主席朱軍在倫敦一間名字類似蓋網的「蓋特創投公司」（GATE Ventures）取得權益，但那就是間空殼公司，也只有在倫敦證券交易所的另類投資市場上市，這個市場規模較小，上市門檻也低。

他們便宜行事地將股票代號設定為蓋特（ＧＡＴＥ）。二〇〇五年三月，朱軍在蓋網的年度會議中宣布：「我們上市了。」投資人詢問股票代號，他回答：「ＧＡＴＥ。」儘管表面名稱與蓋網（Gatewang）類似，但實際上根本是不同的公司。

「這類詐騙手法實在太驚人了。」一名投資部落客在評論蓋網的手法時這麼說道。

幸好，蓋網不是傅大嬸回去新疆定居的唯一門票。她的妹妹住在新疆，所以尋找退休住所時可以先去那裡借住。在陰暗的公寓中，手上還拿著相簿的我往後瞥了馮大叔一眼，他似乎還熟睡著。「你們會一起搬過去嗎？」我悄聲問。

「不會，我要自己回去，再也不會回來。」她甚至沒打算壓低音量。

我們繼續翻看相簿，最後一張相片攝於一九八〇年代初，當時他們已經生了三個小孩。相片中，最小的兒子坐在傅大嬸腿上，年紀大約四歲，女兒和大兒子則站在兩人身後。當時距離大兒子在河中溺死還有八年。

我仔細看了那個大男孩，他很高，長得和馮大叔一樣好看，一隻手搭在父親肩上。馮大叔身穿一件軍服，頭頂的深綠色帽子上畫了一顆紅色星星。三名孩子都一臉木然地看著鏡頭。馮大叔也一臉怒意，彷彿剛剛才對著任性的孩子大吼過。這次的布景又是新疆的山巒美景，只不過在白雪覆頂的山脈前，出現的是一整片點綴著野花的草原。

唯一面露微笑的只有傅大嬸。

七月是花店的淡季。許多官方活動暫停，婚禮也紛紛被提前或延後到較為乾燥溫和的春季或秋季。此外，七月一個中國節慶也沒有。

二〇一四年七月的某個週日午後，我騎著腳踏車前往趙小姐的花店。人行道仍因剛剛的午後暴雨潮濕，太陽剛從雲層後方探出頭來。經過「二樓」三明治屋時，我放慢速度，剛好看到CK正在為一名午餐客人上義大利麵。再往下騎，傅大嬸和馮大叔賣餅的窗口深鎖；馮大叔已經放棄在夏天賣蔥油餅了。抵達花店後，我發現趙小姐和媳婦張敏坐在花店門口的小藤椅上，待在梧桐樹的樹蔭底下搧著扇子乘涼，而趙小姐的孫子碩碩則在店內玩迷你模型車。

「你來了，吃。」趙小姐放下扇子對我喊，然後拿刀朝一顆肥碩的西瓜切下去。我拿了張椅子坐在兩位女士之間。趙小姐遞了一片西瓜給我，太陽高高掛在天上，氣溫已經超過攝氏三十二度。我們頭頂的樹冠孵出了第一批夏蟬，彷彿無人機的巨大嗡鳴聲與吹過街上的微風自然又和諧地交織在一起。我們坐在樹下安靜吃西瓜，看著眼前車流走走停停，像是上海這座城市緩慢卻又穩定的心跳聲。

這是我在上海最喜歡的月份。學校放假，大部分住在法國租界的外國人都回到美國、歐洲、澳洲或其他國家避暑。這些居民的缺席反而使街區多了一絲寧靜。颱風季很快就要粉墨登場。原本從北方與西方夾帶汙染物襲來的風開始轉向，改由東海帶來乾淨空氣。

對趙小姐而言，七月則是休養沉潛的月份。當她坐在梧桐樹茂盛的樹冠底下休息，心思自然轉到仍未了結的事。

「明年新年過後，大陽就二十九歲了。年紀真的太大了。」她發牢騷，一邊把西瓜皮丟到人行道上。「我已經在老家又找了兩個女孩，一個二十四歲，馬年出生。另一個比較老，都三十了，但她教育程度很好，大學主修機械工程。」

趙小姐從口袋拿出手機，給我看那名年輕女性對著鏡頭嘟嘴的照片。「大陽已經說他對這位沒興趣。」趙小姐嘆了口氣。

不過趙小姐也有大陽的好消息：他辭掉美髮師的工作，在上海找了份期貨交易員的工作。他任職的公司幫忙中國投資者在紐約證券交易所買賣股票期貨。這份工作是佣金制的，而且他得和母親同住，但趙小姐對此倒是很滿意，因為她就有機會為他介紹更多相親機會。此外，她對於大陽被迫搬回棗莊讀書始終滿心愧疚，就近照顧他也能減輕罪惡感。

大陽是個好學的人，但因為學業成績不好，始終只能在一份份缺乏發展的工作流轉，聰明才智也無從發揮。不過這些卑微的工作卻讓他擁有不少自學時間。他始終對投資策略充滿熱情，這幾年也常坐在髮廊的空椅子上，花時間反覆翻讀相關書籍。因此，趙小姐相信這份工作能讓他發揮所長，當然最重要的是，她的兒子又能回到上海，回到她的身邊。

雖然回來了一個兒子，另一個卻即將離開。如同趙小姐二十年前抵達上海時所面臨的，小陽和妻子得為兒子的教育做出選擇。小碩碩的命運與他的家鄉緊密相連。他可以在上海以外來者的身分上幼稚園，也可以回到戶口所在地的棗莊，以便之後順利升上國高中就讀。

他母親搖著手上的扇子說：「不只要考量學業問題，還要考量來往的人。」

張敏大大嘆了口氣。「如果沒有錢，做什麼都難。」

她繼續說：「其他孩子的父親都是工程師或經理。昨天在公園有人問他爸爸做什麼的，他說不知道，跑來問我。我說：『他在廚房工作。』他於是也回對方：『他在廚房工作。』」

趙小姐點點頭。「大陽在這邊讀書時，其他小孩會叫他『農夫』。我不希望孫子也遇到這種事。」

「如果你不是上海人，書讀得再好也沒用。老師根本不願意栽培你。」張敏說。

造成這種結果的原因很多。上海孩子的父母往往與老師的社交網路有所交集，移工的孩子缺乏這項優勢，也不會說當地方言。他們的父母通常也不像上海父母那般密切參與孩子的教育。

不過如果回到棗莊，基於爭一口氣，趙小姐相信老師會想辦法拉拔碩碩。「老師會說：『我們山東也有人才。』不過在上海，老師根本懶得管，只把我們當成外地人。」

趙小姐已經對抗這種歧視心態多年。她一直是個好鄰居，總是買水果和零食分送給附近的店老闆。每當他們有雜務要忙，她也會幫忙照顧孩子，而這些鄰居（幾乎全是移工）也會在她有需要時伸出援手。她之前腳受傷，整條街的人都來幫忙。但她的上海鄰居就沒有這種守望相助的精神。

「上海本地人不喜歡我們，要是我們賺得多，他們會眼紅，但要是賺得少，他們又會把我們當窮兮兮的賊。但事實是，上海人普遍都很懶，根本不能吃苦。」趙小姐說。

「至少在家鄉沒人會叫他『農夫』。」張敏說。

兩人都因此輕笑出聲。「不要客氣呀，多吃一點西瓜。」趙小姐催促我繼續吃。

我又拿了一片，張敏也拿了一片。

我們三個外地人就這樣一起吃著西瓜，交換對於本地人的看法。

目前看來，小陽和張敏打算把碩碩送回棗莊，但他們兩人呢？小陽在希臘餐廳擔任主廚，賺的至少是回家鄉工作的兩倍，妻子張敏在一家小型法國餐廳擔任經理，賺的比丈夫還多。他們本來考慮請張敏的母親照顧碩碩，但她幾乎不識字，無法協助他做功課。以此看來，這對夫妻中得有一人放棄工作回老家顧小孩。

「我想應該會是我，我到哪裡都能適應，和蟑螂一樣。」張敏認命地說。我又想起她總是讓我聯想到趙小姐：直言不諱、強悍、學習能力高。她不像趙小姐那麼親切，但畢竟也才二十六歲，還有很多時間練習與顧客來往的技巧。我完全能想像她在一千公里以外的家鄉棗莊開設一間花店或咖啡店的畫面。

她丈夫就不同。小陽最好還是待在習慣的地方做習慣的事：在上海燒希臘菜。

「在我們家鄉，男人要不就得有工技，不然得要有體力。我丈夫都沒有。」張敏向我解釋。

趙小姐笑到吐了幾顆西瓜籽。她們兩人常這樣坐在一起抱怨另一半，趙小姐也早過了會為小陽辯護的階段。張敏繼續抱怨道：「如果夠強壯，他可以做建築工人，但他又不行；要是會鋪磁磚的話也能賺更多錢，但他就是沒有這方面的技能。」

「也不能這樣說，他會燒希臘菜呀。」趙小姐笑道。

然後兩人一起狂笑。確實，中國正處於快速轉變的階段，但希臘菠菜餅顯然短時間之內還不會在棗莊大受歡迎。

「我們還沒正式決定啦，說不定碩碩會先和我媽住個一年，走一步算一步。」張敏說。

趙小姐露出哀傷的微笑。「我沒想過碩碩會成為留守兒童。」她的眼神朝著人行道的方向看去。「他要和父親一樣了，兩代都是留守兒童，哎呀。」

儘管她嘴上這麼說，神色卻透露出些許不同。碩碩不會像他父親一樣困在那座煤礦小鎮，他會住在奶奶在中產階級郊區為家人買的公寓，位於十七樓又鋪了硬木地板的寬敞公寓。他不會像父親一樣被誤診為自閉症，和許多自閉症孩童一起讀特殊學校。有人會每天接送他去上離家只有一個街區的高級幼稚園。以前得花十二小時坐臥鋪才能抵達的上海，現在也只要三小時高鐵，所以爸媽每隔週都能去探望他。不過二十年的時間，中國就已經轉變為一個現代的發展中國家。**不知道再過二十年又會是什麼模樣？**趙小姐不禁大聲自問。說不定到時候完全沒有戶口這項政策了吧。

一陣使人舒爽的東風沿著長樂路吹來，輕輕搖動我們頭頂層層疊疊的梧桐樹葉，點點的光影隨之在地面舞動，照得散落在人行道上的西瓜皮也亮閃閃的。小碩碩張開雙臂從店內跑來，抖動雙脣模仿引擎聲：「叭叭叭叭叭啦。」他在人行道上口齒不清地發出各種聲音，先是跑到人行道邊緣，又為了避開行人跳到馬路上。碩碩老是這麼做，我每次看了都很緊張，但他母親和奶奶都沒注意到這個古怪的習慣。截至目前為止，碩碩的人生都是在這個小小的街區內度過，而且已經學會該閃避哪些事物。每次只要有汽車或機車急速駛過，他總能及時跳回人行道上。

我把注意力拉回來，發現趙小姐和張敏都已閉上雙眼。她們把頭輕輕往後仰，一邊感受輕風吹拂，一邊聆聽樹葉沙沙的摩擦聲。強風讓梧桐樹葉的聲音聽起來就像湍急的流水聲：奔騰不止，永不停息。一陣陣風聲漸歇，蟬鳴又捲土重來。碩碩嘴中發出的嗡嗚聲愈來愈大，終於撲上奶奶大腿，差點把她撞倒，精神也重新回到現實世界。

他抬頭調皮對她笑，她也會心一笑。她站起來，把孩子抱起放到背上，開始沿著長樂路奔跑，碩碩於是開心地尖叫起來，她也跟著笑。然後碩碩像鳥一樣張開雙手：「飛奶奶，飛！」他興奮尖叫。

她於是飛了起來。

謝詞[10]

過去六年來，許多長樂路上的朋友與鄰居與我分享他們的生活，我對此深懷感激。他們信任我，花了許多時間與我耐心相處，沒有他們就沒有這本書。距離我的住處一條街外，陳凱與我共享無數杯咖啡的時光談論夢想。幾個街區外，傅大嬸與馮大叔總是準備好蔥油餅與新疆水果招待我。而就在路底的小花店，趙希林、孫華、孫偉、張敏、小碩碩總是把我當成自家人。

麥琪里的康承剛、陳忠道、謝國珍冒著生命危險分享了鄰里間的各種悲傷故事。就在陳忠道與謝國珍的房子被徵收兩年之後，謝國珍過世了，我為此深感悲傷。

奚國珍與她的兒子朱偉祺讓我明白，活在今日中國，毅力多麼重要。我也很感謝他們與我分享了這麼多深刻的人生回憶。非常感謝魏西忠及吳哈利幫助我了解勞改營內部的日常生

10 謝詞中英文人名多採音譯，不一一標注。

活。住在紐約法拉盛的王學頌不但耐心替我補上父母信件中必要的歷史細節，還與我分享身處第二家鄉對未來懷抱的期許，我真心感激。

我還在長樂路上交了許多摯友，包括張乃善、陳亨利、唐銳濤、王才亮、褚宏生、朱忠林、鞏姚、徐淵、李奇心、劉松、戚黃欣、陳宜義、涂東秀、臧龍。

我在中國住的愈久，就愈不敢說對這個地方有多了解。因此，我對謝宜芬這位優秀的搜查記者虧欠甚多。因為有她幫忙把訪談、信件、歷史文件翻譯成英文，我才有辦法精確紀錄發生在這條路上的眾多歷史事件。我尤其感謝她與我分享了豐富的本地知識，以及存在於我們之間的深刻友誼。

這本書一開始是我為《市場新聞》在廣播上進行的報導內容，非常感謝執行總監黛博拉・克拉克（Deborah Clark）支持我報導在長樂路上接觸到的第一手故事，之後又大方讓我為了寫書請假。另外也感謝美國公共媒體（American Public Media）的出色團隊對這個計畫的支持，包括瓊恩・麥克塔高特（Jon McTaggart）、大衛・坎薩斯（David Kansas）、道格・羅德里克（Doug Roderick）、密茲・葛蘭姆林（Mitzi Gramling）等人。多虧外文編輯約翰・巴克力（John Buckley）犀利的編輯意見及善意監督，另外還有為我發揮了驚人編輯天分的約翰・哈斯（John Hass）。我非常感激J・J・約爾（J. J. Yore）和喬治・卓德森（George Judson）給了我在《市場新聞》工作的機會，那真是世界上最棒的工作之一，另外也感謝蒂娜・亞當斯（Tina Admans）的後勤支援。無論是過去或這份工作的同事，我都從他們身上獲益良多，也很高興能和如此投入工作的廣播同行共事。其中幾位特別值得一提：凱伊・萊斯朵（Kai Ryssdal）、席塔拉・尼福斯（Sitara Nieves）、大衛・布朗卡奇歐（David Brancaccio）、妮可・查爾德斯（Nicole Childers）、馬克・米勒（Mark Miller）、史考特・唐（Scott Tong）、南西・法哈利（Nancy Farghalli）。

我很幸運，在這行中一路受到許多資深前輩的提攜，幫助我增進了報導與寫作技巧。就讀哥倫比亞大學（Columbia University）新聞研究所時，亞力・高曼（Ari Goldman）、羅達・利普頓（Rhoda Lipton）、茱莉・哈騰斯坦（Julie Hartenstein）和喬伊・李奇曼（Joe Richman）都是我的恩師。就職於明尼蘇達州公共廣播電台（Minnesota Public Radio）時，凱薩琳・史密斯（Katherine Smith）、尤安・克爾（Euan Kerr）、蓋瑞・伊克坦（Gary Eichten）、莎拉・梅爾（Sara Meyer）耐心地帶我進入了這個廣播新聞世界。在南加公共廣播電台（KPCC）的工作非常愉快，因為帶領我的同事能力卓絕，包括保羅・葛里克曼（Paul Glickman）、尼克・羅曼（Nick Roman）、比爾・戴維斯（Bill Davis）。在北加州公共媒體（KQED）工作時，英格麗・貝克（Ingrid Becker）、史考特・薛佛（Scott Shafer）、凱特・史諾（Kat Snow）、克雷格・米勒（Craig Miller）、維多莉亞・莫里翁（Victoria Mauleon）幫助我進一步精進報導技巧。美國全國公共廣播電台（NPR）的傑出編輯艾莉莎・巴爾巴（Alisa Barba）和凱特・康克農（Kate Concannon）也讓我得以在國家級平台上恣意發揮。

我很感謝梅英東（Michael Meyer）為我看了初稿，陪我克服寫作初期的一些問題。何偉（Peter Hessler）是我在和平部隊的另一位前同事，他也為我看了初稿，並給了許多有幫助的幽默評論，幫助我思考如何重新調整寫作架構。我也要特別感謝張彤禾（Leslie T. Chang），她在看到新書提案時提供了不少詳盡妥貼的建議，艾蓮．玫松（Alane Mason）也鼓勵我投稿給出版社。我很感謝傑佛瑞．威瑟史壯姆（Jeffery Wassertrom）替我補充了書內必要的歷史脈絡，也感謝仔細替我審稿的詹姆斯．麥克奎格（James McGregor）和約翰．路維奇（John Ruwitch）。

這些年來，許多中國相關工作者的友誼與協助帶給我非常大的幫助，包括史坦．艾布姆斯（Stan Abrams）、詹姆斯．T．艾瑞迪（James T. Areddy）、張大衛（David Barboza）、畢韓娜（Hannah Beech）、瑪莉．柏格斯壯姆（Mary Bergstrom）、塔尼亞．布蘭尼根（Tania Branigan）、強納森．布朗寧（Jonathan Browning）、齊麥可（Mike Chinoy）、程志宇（Patrick Chovanec）、瑪格麗特．孔利（Margaret Conley）、郭展睿（Geoffrey Crothall）、毛拉．坎寧安（Maura Cunningham）、比爾．達森（Bill Dodson）、克雷頓．杜比（Clayton Dube）、麥可．杜恩（Michael Dunne）、黛博拉．法羅斯（Deborah Fallows）、詹姆斯．法羅斯（James Fallows）、范魯賢（Russell Flannery）、保羅．法蘭奇（Paul French）、林啾比（Jeremy Friedlein）、喬許．嘉德納（Josh Gartner）、齊福德（Rob Gifford）、杜磊（Dru Gladney）、金玉米（Jeremy Goldkorn）、亞歷山卓．哈尼（Alexandra Harney）、威廉．黑

斯（William Hess）、當肯・修伊特（Duncan Hewitt）、葛藝豪（Arthur Kroeber）、郭怡廣（Kaiser Kuo）、藍費特（Frank Langfitt）、布魯克・拉莫（Brook Larmer）、林慕蓮（Louisa Lim）、林留清怡（Jen Lin-Liu）、馬天杰（Ma Tianjie）、亞當・明特（Adam Minter）、馬爾科姆・穆爾（Malcolm Moore）、倪青青（Ching-Ching Ni）、歐逸文（Evan Osnons）、潘公凱（Philip Pan）、麥可・佩提斯（Michael Pettis）、湯姆・菲利普斯（Tom Phillips）、皮爾森（David Pierson）、裘小龍（Qiu Xiaolong）、賴斯（James Rice）、羅福萬（Andy Rothman）、歐陽德（Simon Rabinovitch）、克雷格・西蒙斯（Craig Simons）、楊思安（Anne Stevenson-Yang）、簡森（Jason Subler）、沙磊（John Sudworth）、陸建鑫（Pete Sweeney）、蘇安泰（Sue Anne Tay）、王大仁（Alex Wang）、路易斯・吳（Louis Woo）、謝國忠（Andy Xie）、朱大可（Zhe Dake）。

我也要感謝在上海及其他地方眾多朋友的陪伴：愛麗希雅・奧斯頓（Alyshea Austern）、朱利安・博默德茲（Julian Bermudez）、凱瑟琳・布洛因（Kathryn Blouin）、大衛・柏格斯（David Boggs）、史蒂芬・包恩（Steven Bourne）、布蘭特利・透納—布萊德利（Brantley Turner-Bradley）、道格・布萊德利（Doug Bradley）、溫蒂・布萊恩（Wendy Bryan）、凱蒂・布（Kitty Bu）、塔米・查普曼（Tamy Chapman）、威廉・周（William Chou）、依蓮・趙（Elaine Chow）、尚恩・寇弟（Sean Coady）、丹恩・康納利（Dan Connelly）、葛蕾斯・李・康納利（Grace Lee Connelly）、派翠克・克連立（Patrick

Cranley）、羅伯與海第・克雷頓（Robert and Heidi Creighton）、費茲・蒂・史梅特（Fitz De Smet）、愛麗森・戴思拔特（Allison Despard）、阿西亞・戴維崔（Arsheya Devitre）、肯恩及布蘭達・艾利克森（Ken and Brenda Erickson）、丹恩及艾米・費茲派崔克（Dan and Amy Fitzpatrick）、傑瑞・弗蘭那根（Jerry Flanagan）、安娜・蓋（Anna Gai）、傑瑞米與及凱倫・蓋斯吉爾（Jeremy and Karen Gaskill）、凱文・吉彭思（Kevin Gibbons）、吉安及布萊恩・葛里爾（Jeanne and Briand Greer）、米雪爾・加爾納特（Michelle Garnaut）、麥克・喬喬亭（Mike Goettig）、阿道佛・葛茲曼・羅培茲（Aldofo Guzman Lopez）、梅蘭妮・漢姆（Melanie Ham）、克里斯頓及亞力克山卓・漢斯梅爾（Christian and Alexandra Hansmeyer）、史蒂芬・哈德及約克—奇・哈德（Stephen Herder and York-Chi Harder）、史蒂夫・哈里斯（Steve Harris）和梅瑟迪斯・薇爾—哈里斯（Mercedes Valle-Harris）、朱利安・德・奧特克勞格・豪依（Julian de Hautecloqe Howe）、艾瑞克・海勒曼（Erich Heilemann）、瑞秋・伊—海勒曼（Rachel Ee-Heilmann）、史蒂芬・韓恩（Stephen Henn）、艾倫・海默法柏（Ellen Himelfarb）、凡妮莎・華（Vanessa Hua）、狄尼絲・黃（Denise Huang）、約翰及梅格・伊德克（John and Meg Ideker）、梅爾・杰德林斯基（Maile Jedlinsky）、蒂娜・肯娜嘉拉南（Tina Kanagaratnam）、喬治及海瑟・凱伊（George and Heather Kaye）、梅莉莎・連姆（Melissa Lam）、茱莉・連菲特（Julie Langfitt）、懷爾德・留（Wilde Lao）、寇蒂・拉薩爾（Codi Lazar）、約翰・李瑞（John Leary）、珍恩・李（Jane Lee）、丹恩・李

維（Dan Levine）、唐恩・麥金（Dawn MacKeen）、麗莎・麥克朗姆（Lisa McCallum）、瑪莉・麥寇伊（Mary McCoy）、亞當及莎拉・米爾（Adam and Sara Meier）、安・米爾（Ann Meier）、文森・摩奇亞（Vincent Moccia）、瑪姬・沐恩（Meggie Moon）、薩維爾・納維爾（Xavier Naville）、戴希・阮（Daisy Nguyen）、理查及凱倫・歐陶特（Richard and Karen Oothoudt）、凱洛琳・潘（Caroline Pan）、露西亞・皮爾斯（Lucia Pierce）、葛雷格・皮拉洛斯基（Greg Pilarowsky）、珍妮佛・皮曼（Jennifer Pitman）、約翰・瑞伯（John Rabe）、大衛・瑞特納（David Ratner）、黛安娜・瑞西安朵（Diana Ricciardone）、麗莎・梭茲曼（Lysa Saltzman）、莎拉・薛佛（Sarah Schafer）、克雷・薛奇（Clay Shirky）、亞羅克・索曼尼（Alok Somani）、比爾及伊蓮娜・史畢朵（Bill and Elena Speidel）、傑森・史丹納德（Jason Stanard）、法蘭克・史多茲（Frank Stoltze）、克里斯汀・譚（Christine Tan）、張玉（Anh Truong）、莉恩・簡（Lian Tsien）、麥克・唐奇（Michael Tunkey）、布雷特和瑞貝卡・瓦里漢（Brett and Rebecca Wallihan）、馬克及薛凌・華頓（Marc and Sherine Walton）、安德魯及莫莉・華金斯（Andrew and Molly Watkins）、布萊恩・瓦特（Brian Watt）、亞當・魏斯（Adam Weiss）、賽斯・瓦納（Seth Werner）、史特芬及戴芳・惠特尼（Stefan and Devon Whitney）、珍妮佛・吳（Jennifer Wu）、蘭恩・徐（Ran Xu）、紀維・葉（Jiwei Ye）、亞馬茲・翠雷克（Almaz Zelleke）以及亞密及海莉・茨威格（Ami and Hayley Zweig）。特別感謝理查・藍岡（Richard Langone）和彭蕾（Lei Lei Peng），因為有他們大方地將那盒信件寄給

我，我才能橫跨整個世界找到信件的主人，另外也要感謝曹文（Wen Cao）替我抄錄信件內容。

我非常感謝美國紐約皇冠出版社（Crown Publishers New York）的出色編輯多明尼卡．阿里亞托（Domenica Alioto），她耐心又仔細地讀完整份稿件，也針對愛士坎地多（Escondido）當地的網速問題給了我一段專業建議。感謝克萊爾．波特（Claire Potter）平日為我提供的各種專業協助，以及莎拉．佩克迪馬（Sarah Pekdemir）和瑞貝卡．馬許（Rebecca Marsh）為我進行書的行銷與宣傳。我也感謝凡妮莎．馬伯利（Vanessa Mobley）願意接受這份書稿，以及她在這本書籍製作初期的指導及支持。另外真心感激我的經紀人溫蒂．雪曼（Wendy Sherman）對本書的潛力深具信心，以及珍妮．梅爾（Jenny Meyer）處理國外版權的專業表現。

我永遠感激我美好的母親喬安（JoAnn），以及為家庭奉獻的父親吉姆（Jim）。他們教導我要努力工作、熱愛人生，並且永遠不要停止繼續探索。這些教訓一度使我遠離他們身邊，但他們始終耐心以對，並持續關愛支持著我。真希望父親能活著看到以上文字。

我很幸運擁有萊恩．史密茲（Ryan Schmitz）及丹恩．史密茲（Dan Schmitz）作為兄弟，我把他們當成最親近的好友。我很感謝他們長期陪伴我、給我建議，並忍受我總是在聚會中缺席。我很期待未來能和他們住在同一片大陸，包括狄尼絲．蘭德羅斯—史密茲（Denise Landeros-Schmitz）、艾胥利．丹霍茲—史密茲（Ashley Denholtz Schmitz），以及我的姪子和姪女：安卓（Andre）、布萊德利（Bradley）、娜塔莉（Natalie）、史嘉蕾（Scarlett）。

我在紐約讀研究所時愛上蕾諾拉·楚（Lenora Chu），她在第一次約會時就知道我曾到中國做志工，覺得我還想回去那裡當記者簡直是瘋了，還不知道我打算把她也一起拐去。她非常善良地暫緩了個人的職涯規劃與夢想，就為了讓我實現願望。她是我最忠實的編輯兼工作夥伴，也讓我擁有了第二個家庭：茱迪（Judy Chu）以及杭伯特·楚（Humbert Chu）、喬伊斯·楚·穆爾（Joyce Chu Moore）以及肯尼·穆爾（Kenny Moore），另外還有葛雷森（Greyson）及卡拉萊（Coralai）。我對他們的大方與仁慈虧欠甚多。

蕾諾拉和我帶著一歲的兒子瑞諾從洛杉磯來到上海，幾年後蘭登出生，我們的家庭就此完整。我很高興我們四人能一同踏上這趟旅程，家人之愛為我的人生帶來光明。這本書獻給你們。

長樂路：上海一條馬路上的中國夢

Street of Eternal Happiness: Big City Dreams Along a Shanghai Road

作　　者—史明智（Rob Schmitz）
譯　　者—葉佳怡
編　　輯—翁仲琪（特約）、張啟淵
封面設計—兒日
企　　劃—林進韋
總 編 輯—余宜芳
發 行 人—趙政岷
出 版 者—時報文化出版企業股份有限公司
10803台北市和平西路三段二四〇號四樓
發行專線—（〇二）二三〇六六八四二
讀者服務專線—〇八〇〇二三一七〇五（〇二）二三〇四七一〇三
讀者服務傳真—（〇二）二三〇四六八五八
郵撥—一九三四四七二四時報文化出版公司
信箱—台北郵政七九～九九信箱
時報悅讀網—http://www.readingtimes.com.tw
法律顧問—理律法律事務所　陳長文律師、李念祖律師
印　　刷—盈昌印刷有限公司
初版一刷—二〇一七年九月八日
初版三刷—二〇一九年六月十七日
定　　價—新台幣四二〇元
（缺頁或破損的書，請寄回更換）

時報文化出版公司成立於一九七五年，
並於一九九九年股票上櫃公開發行，於二〇〇八年脫離中時集團非屬旺中，
以「尊重智慧與創意的文化事業」為信念。

長樂路：上海一條馬路上的中國夢 / 史明智（Rob Schmitz）著；葉佳怡譯. -- 初版. -- 臺北市：時報文化, 2017.09
面；　公分. --（歷史與現場；246）
譯自：Street of Eternal Happiness: Big City Dreams Along a Shanghai Road
ISBN 978-957-13-7095-8（平裝）

1.人物志 2.社會生活 3.人文地理 4.上海市

672.094　　106012764

ISBN 978-957-13-7095-8
Printed in Taiwan